用一生

—— 思 考 中 国 ——

拥抱中国

吕正惠集

徐秀慧 主编

诗圣杜甫

吕 正 惠 ◎ 著

九 州 出 版 社

图书在版编目（CIP）数据

诗圣杜甫／吕正惠著；徐秀慧主编. -- 北京：九州出版社，2023.5

ISBN 978-7-5225-1790-2

Ⅰ. ①诗… Ⅱ. ①吕… ②徐… Ⅲ. ①杜甫（712-770）-人物研究 Ⅳ. ①K825.6

中国国家版本馆 CIP 数据核字（2023）第 075430 号

诗圣杜甫

作　　者	吕正惠　著	
责任编辑	邓金艳	
出版发行	九州出版社	
地　　址	北京市西城区阜外大街甲 35 号（100037）	
发行电话	（010）68992190/3/5/6	
网　　址	www.jiuzhoupress.com	
印　　刷	鑫艺佳利（天津）印刷有限公司	
开　　本	880 毫米 × 1230 毫米　32 开	
印　　张	10.25	
字　　数	230 千字	
版　　次	2023 年 6 月第 1 版	
印　　次	2023 年 6 月第 1 次印刷	
书　　号	ISBN 978-7-5225-1790-2	
定　　价	56.00 元	

赵孟頫画杜甫像

同治刊本《杜诗镜铨》书影

躬逢盛世

——《吕正惠集》总序

吕正惠

我生于1948年11月，西医的病历上注记我的年龄是"74岁6月"，十分精确。在这个年纪出版文集，未免太早了，何况就著作的数量和质量而言，我实在没有资格出版文集，可以说，这是"情非得已"的。这事说来真是有点话长，我尽可能长话短说。

我在就读高中阶段，就立志要当一个研究中国古代文史的学者，并且希望能够在大学任职。这样，既有稳定的工作，又有合乎自己兴趣的职业，可谓两全其美。那是20世纪60年代中期，我读的是台湾最好的高中——台北市建国中学。从小学开始，我的数学成绩一直很好，而在那个年代，台湾社会普遍认为，数学好的人就应该读理工，读文科是没有出息的。而且那个时代，教师（包括大学老师）待遇不好，好学生不可能选择教书这个行业。所以我决定要读文科，要当大学教授，不但不被认为是心存"奢望"，反而会被讥笑是傻瓜。我爸爸就强烈反对，但我是独子，一意孤行，我爸爸也无可奈何。

就这样，我一路读到博士，而且在大学任教，我的专业是中国古代文学，以唐诗为重点。当我拿到博士，当了台湾清华大学副教授，分配到宿舍，我非常满足。我出身农村，别无他求，以为可以以此终老。

但是，就在我读博士期间，台湾社会开始产生变化，而且越变越快，越变越激烈。变化主调是，企图改变国民党政权长期"戒严"，一手掌控政治、社会、文化秩序的局面。整个社会蠢蠢欲动，民主化的浪潮难以抵挡，连我这个一心想献身学术的人也受到影响。

我逐渐被卷入当时日渐兴起的"乡土文学"运动和党外政治运动之中，受到强大的文化与政治冲击。我日渐感受到，我一向喜爱的古代文史与现实相距太远，我需要与时代脉搏合拍，于是我开始写起现当代文学评论来。由于我的文章颇受欢迎，我越写越多，几乎凌驾于古代文学之上。在此之前，台湾的中文系极端保守，把自己闭锁在古代文史之中，现当代文学几乎完全被排斥在外。现在由于时代气氛变化，中文系也不得不接纳现当代文学，因此，我所写的大量现当代文学评论，也成了改变传统中文系体制的助力之一。

然后就来到了1987年的解除"戒严令"，可以组织反对党，甚至还开放两岸探亲。所谓"探亲"也只是个名目，实际上是，任何人都可以申请到大陆去了，这是我完全梦想不到的。从此以后，我就可以到大陆各地去看看我一直魂牵梦萦的祖国山川，我从小在地理、历史课本上熟读、熟知的无数城市和著名景点（我是台湾本地人，并不是随国民党迁徙到台湾来的移民）。

但是，接下来我面临了时代对我最大的考验。由于两岸开始接触，台湾媒体不断报道大陆的种种落后现象，两岸的"心理距离"越拉越大，台湾人（包括本省人和外省人）越来越不认为两岸都是中国人。这时，中华人民共和国早就恢复在联合国的一切合法权利，而一向自居为"中国正统"的"中华民国"在国际上已没有立足之处（这是1971年的事），所以从20世纪70年代开始，就逐渐产生了台湾要"独立"于大陆之外的分离意识（这有种种表现形态，其中最极端的就是我们所熟知的"台独"运动）。这种分离意识愈演愈烈，并且在80年代末达到高潮，以迄于今。整个80年代后半期，我在台湾听到的都是毁谤、污蔑大陆的言论，这让我感到非常痛苦。

由于我深受七十年代"乡土文学"运动和党外政治运动的影响，我对国民党政权越来越没有好印象，但我始终相信我从小所接受的中国历史、文化教育，我绝对无法认同"我不是中国人"这样的观念。因此，到了八九十年代之交，在一片"我不是中国人"的叫嚷声中，我变得非常孤独。这时候，有人告诉我，现在有一个"中国统一联盟"，公开主张两岸都是中国人，应该和平统一，不要互相猜忌、对立。经过一阵子的徘徊、犹疑之后，我毅然决然地加入中国统一联盟，从此我成为台湾文化界知名的统派人士（这是1992年的事，我刚从台湾清华大学中文系主任的位置上卸任）。

在那一段最痛苦、孤独的日子里，我长时期沉浸于西洋经典音乐，一听就是好几个小时，心有所感，就借着谈这些音乐来抒发内心的情绪。实际上，这并不是乐评，而是一种特殊形态的抒情文。由这些文章组成的《CD流浪记》是我唯一的散文集。

除了借西方经典音乐以排遣情绪外，我把大部分的时间都花在读杂书上。也就是说，我只偶尔写一点关于中国古代文学或台湾现当代文学的论文，其他大部分时间，我都在读关于中国或西方历史、文化的各种书籍或文章。我心中充满了困惑，想要借由这些阅读来寻求答案。

我所思考的问题大致如下：为什么台湾人（包括本省人和外省人）那么瞧不起中国文化？不只如此而已，在改革开放初期，瞧不起中国文化的大陆知识分子也到处都是。人类文明自古代以来一直持续发展到今天的，就只有中华文明。其他古文明，或者早已中断，如两河文明、埃及文明、希腊文明，现在的伊拉克、埃及、希腊，和古代的两河流域、古埃及和古希腊并没有直接的承袭关系；或者如古代印度文明和伊朗文明，已因为多次被外族征服，面目改变很多，跟现在的印度和伊朗文明已有极大的差异。如伊朗原来信拜火教，现在信伊斯兰教；又如古印度已分裂成信仰伊斯兰教的巴基斯坦和孟加拉，以及主要仍维持印度教信仰的印度。中华文明自古至今的延续性是非常明显的，虽然有一些外国人老是怀疑是否存在着一个始终连续不断的中国，但这种怀疑完全站不住脚。就是这样的中华文明，现在却被误认为是世界上"最颟顸、最陈腐、最不求进步"的文明！而那些在中世纪之后才走出野蛮状态、明显充满了侵略性和种族歧视，甚至有种族灭绝倾向的西方列强，特别是以盎格鲁-撒克逊民族为主体的英国和美国人，却被吹捧上天，认为他们为全人类提供了普世文明和普世价值（人权和民主！——想想看他们发动了多少战争，屠杀和奴役了多少土著，印第安人和非洲黑人不过是最明显的例子而已！）。

关于现代中国的问题，我也有一大堆困惑需要解决。譬如，在抗战胜利后的内战中，为什么共产党能够战胜国民党？就是因为对这个问题有了明确的认识，我才会在八九十年代之交成为坚定的统派。接下去，我一直在思考，共产党是如何建设新中国的？从当下这个时刻回顾过去的七十多年，你会觉得历史是多么不可思议啊！1949年中华人民共和国刚成立的时候，中国真的是一穷二白，而现在的2023年，中国不但是世界第二大经济体，而且迫使美国表现出极大的不安，因为它明显感受到中国对它的霸权所形成的威胁。

也不过是四十多年前，改革开放之初，中国的"公知们"不断地在说，毛泽东时代中国完全走错路了，现在才走回正确的道路。后来，他们硬是要把新中国的前三十年和后三十年切割开来，而且还认为，如果还是没有走上西方的道路，改革开放就不可能成功。如果改革开放是从1979年算起，至今也不过四十四年，这个问题现在还需要再争论吗？1989年我第一次到大陆去，第二次是1992年。从1995年开始，每年都要去好几次，除了西藏自治区之外，我已走遍了中国所有的省份（包括自治区和直辖市），看到了改革开放后许多不可思议的变化，真是不虚此生了！

在接手人间出版社以后，我就把我所阅读和经历的种种感想借着写序的机会表达出来，并且终于有机会汇集成《写在人间》一书（在台湾出版的《走向现代中国之路》是其精简版）。写这书的三十年间，我基本上放弃了我的学术专业，成为一个杂读家和杂文作者，但我从来没有后悔过。

新冠疫情爆发以后，我只在2021年去过大陆一次，那时候因为管控的关系，我大部分时间待在北京，此外就只短暂去过上海和厦门。年底回到台湾，我开始发现，身体好像有一点问题。经过将近一年的问诊和治疗，就在去年11月，我确认自己得了重症。除了刚得知恶耗的那一刹那之外，我一直努力保持内心的平静，接受医生安排的所有治疗。

我的朋友和学生，不论是在大陆，还是在台湾，都对我表现出极大的关切。就在这个时候，福建师范大学的徐秀慧教授（我以前在台湾的博士生）和九州出版社的副社长王守兵先生，提出要帮我出一套著作集。我了解他们的心意，同时，北京的生活·读书·新知三联书店和北京大学出版社（培文）得知这一计划后，都主动提供他们原有的排版文件，供九州出版社重校，并不计较其中有些书签约期限尚未到期。我很感谢他们的盛情，我会调整自己的生活形态，让自己活得更健康。三十年来我的生活虽然有一点坎坷，但现在面对中华民族伟大复兴的关键时刻，我尤其必须努力。在人类历史的长河中，只有极少数人能够躬逢盛世，我怎么能够不好好把握呢！

正如前文所说的，由于我在台湾独特的经历，我的著作既包括中国古代文学研究、台湾现当代文学评论，也包括《CD流浪记》这一类独特的抒情文，同时也有收入《写在人间》一书中的许多历史、文化、政治评论，实在难以归类，只能笼统名之为"杂文"。我不好说自己是个学者，更不能说自己是个杂文家，总之一句话，我最终写出了性质这么庞杂的文字，这可以说是历史的特殊际遇吧。

2023 年 5 月 19 日

补记：我想对《情感与韵律》这一册做个简单说明。这一册包含两本小书《中国的抒情传统》和《诗词曲格律浅说》。我原本就把一些旧稿特别保存下来，准备在未来加上一些文章，编成《中国的抒情传统》这样一部书。现在得了重病，这个工作显然是不可能完成了，所以这一部分就只能是未完稿。但这些稿子牵涉到我和高友工先生的一段旧因缘，而且其中有好几篇论文，我自己是比较重视的，虽然是残稿，我还是特别收进这一套著作集中。

20世纪70年代后期，高友工先生回到台大外文系客座，主要讲他构思中的那一套"中国抒情美典"（他特别使用"美典"这个名词），我和蔡英俊先生（那时候我们分别在读博士和硕士）都去旁听，我们因此成为好朋友，后来也是台湾清华大学中文系的同事。我们两人，特别是我，常常有意跟高先生抬杠，高先生不以为忤，因此我跟蔡英俊从来不缺课。我们两人都深受高先生影响，但我们都根据自己的想法"改造"高先生的理论。几年后蔡英俊出版他的《比兴物色与情景交融》，我也发表了两三篇论文，我们两人因此在几年内受到台湾中文学界的瞩目。不久，蔡英俊到英国读博士，好像就不再研究这些问题了，我虽然还保持兴趣，但注意力逐渐分散，相关的论文也就越来越少了。但我完全没想到，高友工先生2008年在北京的三联书店出版了《美典：中国文学研究论集》，特别托人送我他的亲笔签名本。他在序中有这样一句话："仅就抒情传统这一方面，台湾的蔡英俊、吕正惠和新加坡的萧驰，早就后来居上，我只能远远赞叹和欣赏。"高先生很会赞赏别人，特别喜欢奖掖后进，他这个话让我非常惭愧，但实际上也等于公开说，我们三人是受过他影响的。遗憾的是，后来只有萧驰始终关注这个问题（很不幸，他前几年去世了）。

《诗词曲格律浅说》在台湾出版的时候，是一本独立的、薄薄的小书，不过，销售状况却很不错，重印过好几次。我虽然研究古代诗词，但却不是格律专家。我从小讲闽南话，闽南话和客家话、广东话一样，保留了唐宋时代很多的入声音，而这种入声音在现代的汉语普通话中却已经完全消失了，这给研究和欣赏唐宋诗词造成很大的困难。我在台湾大学中文系读书的时候，我的诗词老师是郑骞先生和叶嘉莹先生，他们从小在北京长大，普通话讲得非常好，但他们两位都常常提醒我们，研究古诗词一定要注意入声字。大部分学生都没有注意他们的警告，我因为从小在农村长大，闽南话讲得比普通话早，很容易就能够分辨入声字，所以一直谨记在心。我后来在做研究和讲课的时候，也一直关注这个问题，所以当我一个办出版社的朋友要我写一本关于诗词曲格律的小书时，我立刻答应。他跟我都没想到，这本书出版后一直受到欢迎。但这本书字数太少了，很难适合大陆的出版规格，所以一直无法在大陆出版，我觉得非常可惜，所以这一次就想办法编了进来。

一般讲格律的书，都是由专家写的，专家写书有他们的规范，一般人常常觉得不容易体会。我不是专家，我写这本小书时，主要考虑的重点是，如何让外行人容易了解。我曾经在台湾网络上看到一位中学语文教师写文章推荐我的书，他说，他很想了解诗词格律问题，找了好几本书来读，都读不懂，直到找到我的书，才终于真正读懂了。我认为这是对我的最高赞美，可惜我当时没有保存下来，现在已经找不到了。我所以写这段话，是希望大家不要因为这本书的篇幅太小而忽略了，我希望大家能够留意这本小书。

5 月 22 日

目　录

序言　为什么杜甫是诗圣

　　杜甫与李白并称盛唐两大诗人，也是中国古代最著名的两位诗人。一般的读者，有些人可能更欣赏李白，有些人认为李、杜二人各有长处，很难分辨优劣；但是，在后代诗人和评论家的心目中，杜甫当然是更伟大的诗人。李白人称"诗仙"，杜甫人称"诗圣"，"仙"虽然超越凡人，似乎总不如"圣"之为人中之"圣"。杜甫之为诗人之"圣"，正如孔子之为人伦之"圣"——"诗圣"的称号充分表现了杜甫在中国诗史中的独特地位。

　　杜甫之所以成为中国的"诗圣"，原因很多，解释起来，每个人可能都有自己独特的看法。我个人认为，杜甫作为伟大的诗人具有三个特质，这三大特质也是使杜甫被后代尊为诗圣的重要因素。

　　杜甫的第一个特质，纯粹从历史的观点来看，他是整个中国诗歌发展、流变的过程之中最重要的诗人。站在杜甫的时代往前看，杜甫汇集了以前一切诗人的精华，他成了超越以前的一切诗人的最高峰；站在杜甫的时代往后看，杜甫以后的诗人极少不受杜甫影响、不把杜甫当成导师的，所以杜甫也是启导后代一切诗人的最高峰。杜甫这种承先启后的独特性，使他成为中国诗史最具有历史地位的诗人。可以肯定地说，他的这种地位是无人能及的。

杜甫所活动于其中的盛唐是一个集大成的时代，集合了汉魏六朝诗人在诗歌形式与内容上的一切试验，而融合成一个整体。这种集大成的工作表现得最为具体的就是：在这个集大成的时代，出现了集大成的诗人，他的整体作品就是集大成的最好的例子，而杜甫正是这样一个集大成的诗人。

盛唐的另一个大诗人李白也是这样一个集大成的诗人，但是他在这方面的工作并没有杜甫进行得那么彻底。我们只要稍微比较一下他们两人在这方面的贡献，就可以更清楚地看出杜甫的特质。

在诗歌形式上，李白比较喜欢古体，比较排斥律体，律体那种严谨的格律对他奔放潇洒的个性是比较不适宜的。不能说李白在律体上没有什么成就，他的五律和七绝仍然相当可观，但他几乎不写七律，整体而言他在律体方面的成绩还是比不上他的古体。杜甫就不是这样，杜甫在律体上所下的功夫绝不下于古体，他在古体、律体两方面平衡发展，而李白则较偏于一面。所以，可以说，杜甫在形式上的集大成实在要胜过李白。

其次说到内容。李白对前代诗人题材的承袭是相当明显的，他学了阮籍的咏怀诗，郭璞的游仙诗，陶潜、谢灵运的自然诗，齐梁诗人的宫体诗。他的成就是：他对每一种题材都擅长，而且都写得极富个性。但是，他对每一种题材的承袭也很明显。相反地，杜甫也从以前的每种题材学到表现技巧，但他把这些表现技巧糅合起来，把这些题材也糅合起来，从而表现出全新的面貌。因此，他的作品的内容和以前诗人的关系就没有像李白那样明显。可以说，杜甫在对前人题材的集大成方面，表现得要比李白具有"创意"。

总括而言，杜甫在集大成这一工作上的成就是：形式上，把前人已有相当成绩的古体发挥到极致，把前人刚刚试验完成的律体大力加以开拓；内容上，把前人的题材和表现技巧加以灵活运用，从而推陈出新，呈现出新的面目。所以，杜甫在集大成之中又有所开创。他不但总结了前人的成就，而且在总结之中又开创出新的东西来。在这方面，李白是比不上杜甫的。李白的总结工作做得非常出色，但他在总结之中所开创出来的新东西就远比不上杜甫。

这就可以解释，为什么杜甫对后代诗人的影响要远大于李白。因为，当后代诗人要在李白、杜甫身上找到一些启示时，他们在杜甫那里所能找到的新东西远比李白多得多。这种情形在唐代后半期就已经明显表现出来：唐代后半期最重要的四个诗人韩愈、白居易、杜牧、李商隐都是学杜甫的。到了宋代，那就更一面倒了，几乎宋代所有的大诗人受杜甫影响的成分都要比李白多得多。他们不是直接受到杜甫启示，就是间接透过别人（如韩愈）而受到杜甫启示。

因此，我们就很清楚地看出，杜甫既总结前人的成就而成为集大成的诗人，又在集大成之中开创出新东西，从而对后代许许多多的大诗人产生强烈的影响。这种在诗歌史上的重要性是独一无二的，这也就成为杜甫在中国诗坛占据独特地位的重要因素之一。

从以上的说明可以看得出来，杜甫所以能够在中国诗史上发挥承先启后的作用，主要归功于：他对诗歌的表现形式不断地加以试验，他对诗歌内容不停地求新求变，也就是说，他对艺术的完美具有锲而不舍的追求精神。从这里，我们可以谈到杜甫作为一个伟大诗人的第二种特质，即他不断成长、不断变化的艺术创造力。

杜甫的一生正处于大唐帝国由盛而衰的关键时期。这样的历史时代，使他的一生颠沛流离，尝尽种种的痛苦。从个人生活来说，这实在是大不幸的事情。然而，这种大不幸却成为杜甫艺术生命的大幸。因为，每当杜甫的生活经历了大变化，面临了新的状况，作为艺术家的杜甫即能感受到这种生命的新局面，随而加以沉思，并且表现在他的诗歌创作中。结果就是，随着杜甫生活经历的不断变化，杜甫的诗歌内容以及随之而来的诗歌技巧也就配合着变化。因此，就整体来说，杜甫作品的内容就显得极其丰富，杜甫的诗歌技巧也随之而变化多端。杜甫这种随时代成长而显现出来的作品的多面性，在中国诗史上可以说无人可及，因此，他的伟大成就也就无人可以超越了。

在年轻的时候，杜甫是一个充满壮志的诗人。那时，他还没有看出大唐帝国的政治已经逐渐走下坡，他还自信满满地认为，以他的才干，他一定可以出人头地，可以在官场上有所作为，可以"致君尧舜上，再使风俗淳"，因此，当他望着泰山时，他不禁喊道：

会当凌绝顶，一览众山小。

充分表现出那傲视一切的年轻的豪气。可是，随着时间的推移，他的挫折感越来越强，在长久的沦落之后，他终于体会到人生的艰辛，他不由得牢骚满腹，而说道：

儒术于我何有哉？孔丘盗跖俱尘埃！

不过，这种纯粹个人式的牢骚并没持续多久。他终于认识到，他的失意并不是他个人的事情，而是大唐帝国政治败坏的结果。在上位者的宴乐偷安，不理国政，不提拔人才，才使得像他一样沦落民间的有才能之士到处都是，也使得一般人民的生活日趋于痛苦。由于他这样的觉醒，他终于能够把个人的失意转化为政治的关怀，因而创作了他早期的政治讽刺诗《丽人行》和《兵车行》。并且，他终于能够在安史之乱前夕，凭着他的直觉，预感到国家动乱的不可避免，从而写下了他早期最伟大的一首诗《自京赴奉先县咏怀五百字》。就在这首诗里，他极其愤慨地说：

朱门酒肉臭，路有冻死骨。

他已经成为一个地地道道的人民诗人了。

在安史之乱中，他一方面极为关心乱事的发展，热切盼望官军能够早日平乱；但另一方面，在他个人的实际生活经验中，他又看到人民在战乱之中如何挣扎着生存下去。这就使得他在安史之乱期间的作品充满了国事的关怀和人民痛苦的描写。在前一方面，产生了像《哀江头》《哀王孙》《悲陈陶》《悲青坂》《春望》《塞芦子》一类的名作；在后一方面，则有尽人皆知的《新安吏》《潼关吏》《石壕吏》《新婚别》《垂老别》《无家别》一组作品。可以说，就在安史之乱的最高潮，杜甫把自己发展为一个成熟的社会写实诗人。

就在这个时期中，杜甫也像一般人民一样，经历了一段最为颠沛流离的日子。在经过短期的，但极为艰辛的逃难之后，杜甫终于能够在四川定居下来。相对于前一阶段的生活，四川时期杜甫享受了一生最为安定的生活。随着生活的变化，他的作品也变成了另一种样子。譬如：

> 清江一曲抱村流，长夏江村事事幽。
> 自去自来堂上燕，相亲相近水中鸥。
> 老妻画纸为棋局，稚子敲针作钓钩。
> 多病所须唯药物，微躯此外复何求？（《江村》）

> 舍南舍北皆春水，但见群鸥日日来。
> 花径不曾缘客扫，蓬门今始为君开。
> 盘飧市远无兼味，樽酒家贫只旧醅。
> 肯与邻翁相对饮，隔篱呼取尽余杯。（《客至》）

从这些作品可以看出，杜甫在四川定居时期悠闲轻松的一面。相对于前一时期的字字血泪，这一时期的潇洒适意也自有其迷人之处。

也就在这一时期，因为生活相对较为悠闲自在，杜甫开始把注意力转移到格律最为严谨的七律这一种体式之上。他从各方面对这一种尚待开拓的诗体做各种实验，从而奠定了七律的基础。也由于他这种"晚年渐于诗律细"的功夫，他也就被后代尊为"律圣"。

然而，四川生活虽然较为安定，但总是"他乡"，不是久居之地。于是，杜甫终于决定离开四川，顺着长江东下，目标是回到他的故乡洛阳。不幸，由于种种的因素，他不得不在长江三峡的夔州停留了将近两年的时间。这两年可能是他一生最为寂寞的时期，因为蛰居在偏僻的山城之中，极少有朋友可以来往。就在这样的环境底下，杜甫开始回忆自己的一生，并且，也开始思索大唐帝国的前途。他把自己的回顾、沉思的结果，利用他在四川时期已经可以充分掌握的七律这种形式，写成了三组伟大的作品，即：《秋兴》（八首）、《咏怀古迹》（五首）、《诸将》（五首）。这几组作品的艺术性与沉思性成了他一生作品的另一个高峰，证明在生命的最后几年，他的艺术敏感力与创作力丝毫没有衰退。

以上我们简单叙述了杜甫一生的经历，以及他的艺术成长跟这些经历的关系。从这些简要的叙述和分析之中，我们可以具体了解到，为什么杜甫是一个不断成长的诗人，为什么杜甫的作品，不论在题材上还是技巧上如此丰富而多变。

像杜甫这样的特质，我们除了说，他在艺术上具有锲而不舍的追求完美的精神以外，还需要承认，他对新的生活经验的感受力也是非常人所能及的。他永远是一个面对生活的人，他永远以开放的心胸去迎接每一个全新的生活经验，因此他的诗歌题材才能随着他的生活经验的转变而不断地扩大。从这方面来说，杜甫又是一个最具有广博心胸的诗人。这样的心胸使他能够接纳一切、同情一切，而这也就是杜甫作为一个伟大诗人的第三特质。

这种特质表现得最明显的是他对人的关怀与同情。他写得最好的诗当中，不少是他对朋友和兄弟的怀念作品。几乎他的每一个好朋友，他都写过真挚动人的诗作。譬如对于他的患难之交郑虔，他在送别时就写过这样的句子：

便与先生应永诀，九重泉路尽交期。

如果不是跟朋友具有非比寻常的交情，谁能够讲得出这么痛切的话。

杜甫对李白的感情尤其动人。他跟李白一生只见过两次面，但他每一回忆起李白，就写出极为动人的作品。他那两首《梦李白》可以说是古往今来描写朋友之情最令人难忘的诗。

亲情是一切人伦之情的基础。中国人说，"至情无文"，也许因为如此，中国古代的诗人轻易不写亲情。在这方面，杜甫是少见的例外，在他的作品里写太太的、写儿女的、写弟弟妹妹的，很容易找到。他在著名的《月夜》《羌村》和《北征》中，关于太太的句子令人难忘。晚年在四川，当他漂泊于梓州、阆州之间，和家人短暂离别时，他还说，"老妻书数纸，应悉未归情"（《客夜》），"女病妻忧归意速，秋花锦石谁复数？别来三月一得书，避地何时免愁苦！"（《发阆中》）都写得朴素动人[1]谁都知道杜甫对四个弟弟随时挂心，但少人留意到，这四个弟弟都是异母所生。杜甫幼年失母，他对弟弟们有一份长兄如父的深厚感情（友人解志熙聊天时对我如此说）。在诗歌里这么真切地描写亲人伦理之情的，在古代的中国诗人之中也是极为少见的。

儒家谈到人伦之情时，人们往往会说"亲亲而仁民，仁民而爱物"，杜甫就是典型的例子，他甚至对动物也会表现出深厚的感情，如下面的诗句：

> 榉柳枝枝弱，枇杷树树香。
> 鸬鹚西日照，晒翅满鱼梁。（《田舍》）

---

[1] 参夏承焘说，见冯至《杜甫传》215—216页，人民文学出版社，2014。

鹅儿黄似酒，对酒爱新鹅。

引颈嗔船逼，无行乱眼多。(《舟前小鹅儿》)

在第一首诗中，他对鸬鹚的"乐得其所"有一种欣慰之情，在第二首诗中，他欣赏小鹅儿的可爱与淘气，好像它们也都具有人性一样，充分体现了"民胞物与"的胸怀。这种胸怀甚至扩展到他所住过的房子。当他漂泊于梓州、阆州之间时，他常常想起成都的草堂，有一次写了《寄题江外草堂》，还有一次派弟弟杜占回成都"检校"草堂时，特别交代杜占"鹅鸭宜长数，柴荆莫浪开"。当他终于回到草堂时，他连续写了《草堂》《题桃树》《四松》《水槛》《破船》诸诗来表达他与草堂重逢之后的复杂感情。

从以上种种可以看出，杜甫确实是"忠爱出于天性"，随时流露出纯挚与仁厚之情，决不虚矫。只有从杜甫的这种个性出发，我们才能体会，杜甫是一个真正的"忠君爱国的诗人"，也是一个真正的"关怀人民的诗人"。现代人对这两个头衔可能都会嗤之以鼻，认为是教科书上的口号，但杜甫确实担当得起。试看下一首诗：

春旱天地昏，日色赤如血。

这是天将大旱的景象，杜甫忧心如焚，因为

农事都已休，兵戈况骚屑。

巴人困军须，恸哭厚土热。

农民无法耕种，又要负担军队的开支，后果难以预料。还好，晚上下了一场雨，"谷根小苏息"，可惜雨并不大，"沴气终不灭"。杜甫不由得感叹：

> 何由见宁岁，解我忧思结？

他仰看着群山，看到山上还有乌云，还可能继续下雨，不由得大声疾呼：

> 安得鞭雷公，滂沱洗吴越。

> （原注：时闻浙右多盗贼。《喜雨》）

这首诗读起来会让人有一种奇异之感。这时杜甫并未居官，大旱跟他有何关系，但他却用"日色赤如血""恸哭厚土热"这么重的字眼来表达他的沉重心情。看到下了雨，他就高兴，看到雨下得不够大，他的忧心就不能解除。他怎么老是为天下人担心呢？更奇怪的是，浙东有农民"暴动"，他远在四川，怎么也会知道？他怎么老是关怀天下事呢？这跟他有何相干？有人说，他希望一场滂沱大雨把浙东的"民乱"冲刷干净，其实根本不是。因为天旱，老百姓无力供养军队，才会铤而走险。杜甫正是担心四川再不下雨，就会变成第二个浙东，只有一场滂沱大雨，才能彻底消解天地间的"沴气"。这就是杜甫，说他"忠爱出于天性"一点也不虚假。在《自京赴奉先县咏怀五百字》近结尾处，他说到，回到家门听到妻子的号咷，才知道小儿子已饿死。然后，他说自己作为士大夫，

> 生常免租税，名不隶征伐。
> 抚迹犹酸辛，平人固骚屑。

默思失业徒，因念远戍卒。

忧端齐终南，澒洞不可掇。

一个士大夫，因自己的遭遇而想到一般老百姓的苦难，从而"忧端齐终南"，产生无法扼制的悲哀。这样的诗，中国哪个诗人写过？我每次讲这首，读到这里，总是声音微微颤抖，而教室里也总是鸦雀无声，能说他不是中国最伟大的诗人吗？

这只是就两首诗来谈杜甫的心态与人格，如果就杜甫所有作品来看，我们更会对他那么关心时局和百姓而感到惊讶。安史乱中就不用说了，我想再举一个一般不太注意的例子。代宗广德元年（763）十月，由于朝廷举措失当，吐蕃轻易地攻进长安，这是长安继安史之乱后第二度沦陷。当时杜甫和四川的官员正密切注意吐蕃对四川西北边疆的进犯，谁也没有留意长安的消息。当年岁末，杜甫终于听到一些传闻，心急如焚，连续写了《遣忧》《巴山》《早花》三首诗。从这个时候，一直到第二年的春天，杜甫始终关注局势的发展。据我估算，对于这一事件，他至少又写了二十一首诗，包括《伤春五首》《收京》《释闷》《有感五首》《忆昔二首》。古人称他为"每饭不忘其君"，翻译成现代话，就是杜甫极为关注现实政治，常常为之寝食难安。这种关心，竟然可以逼迫他不得不写诗，而且，这种诗常常写得很动人。对杜甫来讲，现实政治已经成为他生命中不可分割的一部分，构成他感情波动的核心要素，这样的诗人，在中国再也找不到第二个。他年轻时立志要"致君尧舜上，再使风俗淳"，无非是希望天下太平，世间永远没有苦难。他对现实政治的关怀，其实也不过是这种善良愿望的热切表现。如果我们说他是一个"封建道德"的护卫者，或者说他是在为"统治阶级"说话，那只能证明我们是个糟糕的政治教条主义者。杜甫所以让人感到不可思议，是因为天地间很难再找到像他这样的第二个大诗人。从人格上来讲，这不是"诗圣"，还能是什么？

杜甫生长于盛唐，而盛唐还是一个佛教、道教盛行的时代，李白是个道教徒，王维是个佛教徒，儒学在当时很少有人真正信服。说到诗人的追求，不论孟浩然、王昌龄，还是李白、高适、岑参，都是热衷功名之士。当然，杜甫也热衷功名，但除此之外，他确实有仁民爱物之心，在当时可谓"特立一代"，再没有第二个人像他一样。在儒学尚未复兴的时代，怎么会出现这样一个"纯儒"的诗人，真是不可思议！在儒学全面复兴的宋代，大家一致称赞杜甫，从此以后杜甫成为中国诗人的最高典范。杜甫重视人伦之情，充满"民胞物与""济世爱民"之心，完全体现了儒家的精神。杜甫的作品把这种精神表达到了极致，因此理所当然地被中国人称为"诗圣"。

2014 年 11 月 17—18 日
2015 年 5 月 28 日修订

上编　杜甫与六朝诗人

第一章 绪论

一

在下面一系列研究里，我们将探讨杜甫与前代诗人（特别是六朝诗人）的关系。这一研究具有双重的目的：一方面，我们将具体地分析，杜甫从前代诗人那里继承了哪些东西；他如何把这些东西加以发展，加以综合，加以突破，因而形成了他个人的伟大的成就。另一方面，透过杜甫与前代诗人的关系，我们也将更清楚地看到每个前代诗人的特质，并且了解到，他们在文学史上的贡献与地位。

现代英国诗人艾略特在他的著名论文《传统和个人的才具》里说：

> 任何一位诗人，任何一种艺术家，都不能单凭一己的力量使他的作品的意义获得完整。我们要了解他、鉴赏他，就是要了解并鉴赏他和那些业已亡故的诗人和艺术家之间的关系。你无法把一位作家孤立起来予以评价。你必须把他放在

已故世的作家中间，借以对照和比较。[1]

这就是我们这一系列研究的第一个目的。我们将循着这一方向，把杜甫"放在已故世的作家中间，借以对照和比较"，以了解杜甫"和那些业已亡故的诗人"之间的关系，以确定杜甫伟大成就的特质及其来源。

艾略特又说：

> 一件崭新的艺术品问世，使我们改变了对过去作品的看法，那也就是说：它所发生的作用同时影响了它以前的一切作品。现存的不朽巨著在它的本身之间，本来形成了某种秩序；当一件新的艺术品（真正新的）出现时，它就调整了原来的秩序。在新作品出现以前，现存的秩序是完整无缺的；一旦有新的因素投入，为了保持组织的协调，"整个"现存的秩序就必须改变（即使改变得极为微小）。[2]

如果我们把杜甫的所有作品看作新的艺术品，新的因素；那么，由于它的投入，过去的诗歌传统所维持的原有秩序，就必须改变。在杜甫的新作品的映照下，我们对前代诗人的作品所具有的意义，就会有重新调整过来的不同的看法。这就是我们这一系列研究的第二个目的：我们将透过杜甫的作品来重新评价六朝诗人（特别是谢灵运、鲍照和庾信三位诗人）。

---

[1]《美国文学批评选》，8页，今日世界社，1961。
[2]《美国文学批评选》，8页，今日世界社，1961。

二

　　事实上，我们可以运用前面所述的方法来研究每一位大诗人与传统的关系：研究这一位大诗人如何在传统的基础上创造出自己的特质；并从他的独特成就出发去重新诠释传统，重新赋予过去的诗人以不同的意义。不过，以这一观点来研究杜甫，比研究其他大诗人，都要更为重要、更具有不同寻常的意义。我们可以从两方面来说明这一点：即，杜甫所处的时代——盛唐，和传统的关系；以及作为一个诗人，杜甫个人所具有的特殊的品质。

　　盛唐所以在诗歌方面获致辉煌灿烂的成就，当然有其政治、社会的因素。但无可否认，没有汉朝以来所建立的五言、七言诗的传统，盛唐的成就是不可想象的。正如许多评论家所说的，盛唐是一个集大成的时代[1]；它汇聚了汉朝以降五言、七言诗的一切形式与题材上的试验，加以融合，加以拓展，才有了如此的成就。虽然唐代诗人对于自己所继承的传统并不完全满意，虽然他们对南朝诗人尤其没有好评（这种批评大致为后代的评论家所接受，并成为后代评论南朝诗的主流），但是，前代诗人对他们的影响却是绝对无法否认的。盛唐在诗歌上的成就是如此地伟大，相对于在它之前的齐、梁、陈、隋来讲，是如此地突出，人们几乎要认为，盛唐的成就是盛唐诗人自己创造的。然而，正是在这样的一个时代，我们最能够看出传统的重要性。即使在这样一个具有辉煌的独创性的时代，传统的影响还是如此地鲜明而不

---

　　[1]　参看叶嘉莹《论杜甫七律之演进及其承先启后之成就》，《迦陵谈诗》，56—63页，三民书局，1970。

可抹煞。由此可见，在人类文化的创造过程中，传统所据有的地位。如果我们要在中国文学史上证明这一点，那就莫过于研究盛唐诗与过去的时代的关系了。

当然，一切研究都要有个出发点，或者说，有个焦点。如果我们能够在盛唐这样一个集大成的时代，找出一个具有多方面成就的诗人——一个集大成的诗人，并且证明，他的整个作品是如何在前人的基础之上发展出来的，那么，我们也就等于说明了，他所生活于其中的时代和过去传统的关系。杜甫正是这样的诗人，我们可以在杜甫身上"具体而微"地看出盛唐诗歌对汉魏六朝诗的承袭与递嬗[1]。这就是研究杜甫与传统的关系所以具有特殊重要性的第一个原因。

但是，就盛唐这个时代而言，李白也是一个具有多方面成就，并且在许多方面集前人之大成的诗人。如果要研究盛唐诗与过去诗歌传统的关系，李白也是一个极好的焦点。不过，比较而言，在这方面，研究李白的收获恐怕还是要略逊于杜甫，因为这关系到两个人作为诗人的独特品质。

李、杜二人对于过去的诗歌传统所持的态度是有相当大的差异的。李白是一个"复古"的诗人，如陈子昂一般，重汉魏而轻六朝[2]，甚至还说过"自从建安来，绮丽不足珍"[3] 这么具有

---

[1]　参看叶嘉莹《论杜甫七律之演进及其承先启后之成就》，《迦陵谈诗》，56—63 页，三民书局，1970。

[2]　关于唐诗的复古潮流，请参看郭绍虞《中国文学批评史》第五篇第二章第一节（上册，194—221 页），上海古籍出版社，1979。

[3]　古风五十九首之一，《李白集校注》卷二，91 页，上海古籍出版社，1980。

偏见的话。我们不能否认谢朓对李白的意义，我们也无法说，齐梁以下的声律说对李白诗毫无影响[1]。但由于李白个人对齐梁以下诗歌的排斥，透过李白的研究，我们就无法完整地看到盛唐诗与汉魏六朝诗的"全部"关系。

杜甫就不如此，杜甫在《戏为六绝句》里劝导后辈诗人说：

> 不薄今人爱古人，清词丽句必为邻。

又说：

> 别裁伪体亲风雅，转益多师是汝师。[2]

他所强调的是，兼容并包的学习精神，即使是唐代复古派所大力反对的靡弱的齐梁诗，他也能看到它们的长处，从而加以吸收。由于他这一"转益多师"的精神，当他教导儿子宗武作诗时，他告诉宗武要：

> 熟精文选理。[3]

这就让我们看到，杜甫对前代文学传统那种多方面亲炙的态度。

可以说，杜甫是中国历代大诗人中最不轻易放弃任何传统的

---

[1] 李白对谢朓的景仰人所共知；又，李白虽不喜作七律，但五律作品颇多（百首左右），成就亦极可观。

[2] 《杜诗镜铨》卷九，398—399页，上海古籍出版社，1980。

[3] 同上书，《宗武生日》，414页。

诗人。从表面看，杜甫那种雄浑博大的风格，那种热烈拥抱现实的精神，与齐梁专门讲究小巧与纤细的作品，相去岂止以万里计。但事实上，杜甫却从齐梁诗人身上学到了许许多多的技巧[1]，并且把这些技巧转化来丰富自己诗歌的内容。对待齐梁诗人尚且如此，其他更重要的诗人就不必说了。也许我们应该说，正由于杜甫具有广博的心胸，正由于他能够接纳前代诗人的一切成就，他才能在最博大的基础上创造出中国诗歌中最宏伟的高峰，正如元稹所说的："尽得古今之体势，而兼人人之所独专矣。"[2] 正是在杜甫身上，我们看到，最尊重传统的诗人也可以是最具有独创性的诗人；或者说，只有在努力学习传统的过程中，一个诗人才可能达到最扎实的独创性：一个前无所承的创造的天才是不可想象的，这是研究杜甫与传统之关系所以具有重大意义的第二个原因。

三

最后，简单谈到方法论上的问题。在台湾，最常看到的"影响"研究——某某人对某某人的影响的研究，是这样的：尽可能地摘取两人诗句类似之处，加以排列开来，好像这就证明了甲对乙有深远的影响，或者乙受了甲重大的影响。

对于这种方法，我们可以从两方面加以批评。首先，所列举

---

[1] 参看第五章《杜甫与齐梁诗人》。
[2] 《唐故工部员外郎杜君墓系铭》，《元稹集》卷五十六，601页，中华书局，1982。"兼人人之所独专"，"人人"一作"今人"。

的甲、乙相似之句，可能仅止于"相似"而已，未必能确切证明，乙的句子即是从甲的句子承袭而来的。张秉权先生曾列举杜甫在词汇、动词用法、句法各方面模拟谢灵运诗数十例，依我看来，大都犯了这种错误，如：

> 〔一〕得性非外求（谢，《道路忆山中》）
>
> 　　炯然无外求（杜，《凤凰台》）
>
> 〔二〕徇禄及穷海（谢，《登池上楼》）
>
> 　　浩荡及关愁（杜，《秦州杂诗》）
>
> 〔三〕杪秋寻远山，山远行不近（谢，《登临海峤》）
>
> 　　我病书不成，成字读亦误（杜，《送高司直寻》）[1]

在第一、二例里，"外求"与"及"或是极普通的词汇，或是极常见的动词，未必杜甫这一句就是从谢灵运那一句学来的。第三例的顶针句法，也是相当平常的句子，一定要说杜是从谢而来，恐怕也难以令人心服。然而，像这样只求表面相似，贪多务得的类举方式却是颇为常见的。

当然，有些句子绝对可以确定，是杜甫模拟谢灵运：

> 〔一〕初篁苞绿箨，新蒲含紫茸
>
> 　　　　　　　　　　　（谢，《于南山往北山经湖中瞻眺》）

---

[1] 张秉权《杜甫与谢灵运》，《大陆杂志》语文丛书第一辑，文学（上），374—379页（未注明出版日期）。所举三例见376及378页。

泥笋苞初荻，沙茸出小蒲

（杜，《白帝城放船出瞿塘峡》）

〔二〕崖倾光难留，林深响易奔

（谢，《石门新营所住四面高山回溪石濑茂林修竹》）

寒水光难定，秋山响易哀

（杜，《课小竖锄斫舍北果林枝蔓荒秽净讫移床》）[1]

从这样的句子可以看出，杜甫是在"夺胎换骨"了（第二例甚至连制题都有模仿痕迹）。然而，即使我们能够在两个诗人之间找出许多这一类的句子，我们又能证明什么呢？我们能证明的是：甲在遣词造句上受了乙许多影响。假如我们足够勤勉的话，我们还可以证明，甲在字句上承袭于乙的比承袭于丙的要多得多，等等。但是，我们所想证明的文学史上的"影响"，就只是这些吗？

用反例来说，一般都承认，杜甫"影响"了韩愈与李商隐，也"影响"了黄庭坚与陆游，而韩、李、黄、陆彼此之间的风格又是多么地不同。我们是无法"只"用字句的相似来"证明"杜甫是"如何"影响韩、李、黄、陆诸人的。

从方法论来看，我们恐怕很难制定一套公式，根据这一套公式，我们可以证明：甲"是否"影响了乙，甲又"如何"影响了乙。"影响研究"是一种"历史研究"，而"历史研究"常常是无公式可循的。即使在某种程度上有"公式"可循，公式应用得

---

[1] 张秉权《杜甫与谢灵运》，《大陆杂志》语文丛书第一辑，文学（上），378 页。

正确与否，主要还是要看研究者对历史熟悉的程度。历史愈是熟悉的人，愈能灵活应用公式；历史愈是不熟悉的人，愈是会硬套公式，而成为"历史法则"的大罪人。在我看来，在历史研究上，对实际历史的熟悉，其重要性绝对不下于对"历史法则"的掌握。然而，在如今的科学时代，即使是人文学者，往往也会过度迷信"公式"，而忽视了具体的历史事实。因此，在我看来，目前的许多文学史的研究，常常只是从一知半解的公式出发的强拼硬套，而不是植根于具体历史的、具有真正历史感的研究。

在下面的系列研究里，基本上我是从自己长期阅读汉魏六朝及唐诗所获得的经验出发，由此得出一种历史感，再从这一历史感的"整体"角度，来论述杜甫与前代诗人的关系。这当然不是文学史上的"影响研究"的唯一方法。不过，为了让其他人对这些论文有个判断的依据，我愿意把我的方法简单地加以描述。

假设我们对于诗歌史上的作品有着长期的阅读、长期的浸淫体会，我们或许能够得出结论说：诗人甲的特质在于A、乙的特质在于B、丙的特质在于C，并且能够进一步确认诗人丁从甲的A学到A′，从乙的B学到B′，从丙的C学到C′。我想做的工作是，找出甲的特质A、乙的特质B、丙的特质C，并证明丁（即杜甫）从A、B、C学到A′、B′、C′。

对于这一"方法"，我应该进一步说明两点。首先，在杜甫的前代诗人身上（在这一系列研究里，主要是谢灵运、鲍照和庾信），我只找出每个诗人最重要的一点特色。这一特色是他在文学史上所以具有特殊地位的非常重要的一点，也是他和杜甫有着传承关系的极紧要的一点。其次，我并不是先从谢灵运、鲍照和庾信的身上找出各自的特点A、B、C，再从杜甫诗中去寻找是否有类似的 A′、B′、C′。A、B、C 和 A′、B′、C′是我在读过谢、鲍、庾、杜诸人的作品，并且和其他诗人相比较以后，才凭体会得到的。也就是说，阅读的经验累积到某一时刻时，A 和 A′是同时发现的，B 和 B′、C 和 C′也是如此。

简单地说，我的方法不过是：经过长时期的阅读，凭自己的直觉去把握每个诗人的关键特点，以及这些关键特点与杜甫诗的关系[1]。这一方法的成败主要系于：阅读的时间是否够长，阅读的作品是否够多，体会是否够深刻，直觉是否够正确。当然，这一切只能由别人来判断，我只能明白说出我的方法，以作为别人判断的基础。

---

[1] 这种直觉与体会并不全部出自自己主观的看法，相反地，常常可以从前人的诗评与诗话中得到印证。譬如，在了解杜甫与谢灵运、鲍照二人的关系上，我是非常得益于方东树的《昭昧詹言》的。

第二章　汉魏晋诗的三个传统

——兼论杜甫与三大传统之关系

一

在后面四章，我们将集中讨论杜甫与谢灵运、鲍照、齐梁诗人以及庾信之关系。不过，在此之前，我们先要说明，五言诗形成以后到谢灵运出现之前，也就是说，汉、魏、晋三代的诗歌传统。把这个背景分析清楚以后，我们才能适切地了解谢灵运、鲍照、齐梁诗人和庾信在其后的诗歌发展中的贡献与地位，才能适切地讨论他们与杜甫的关系。同时，在把汉、魏、晋诗整体地加以掌握之后，我们也就知道，为什么杜甫与谢灵运、鲍照、齐梁诗人和庾信的传承关系特别重要，值得提出来单独讨论。

综合前人的看法，整个汉、魏、晋诗可以分成三个类别，或者说，三个小传统，即：乐府民歌传统，咏怀传统（以古诗十九首、阮籍、陶潜为代表）[1]，以及美文传统（以曹植、陆机、谢

---

[1]　古诗十九首以感怀人生为主，阮籍的"咏怀"以政治为主。这里"咏怀传统"的"咏怀"取其广义，包含以上两者。

灵运及齐梁诗人为代表）[1]。这三个传统并不一定同时存在，譬如，乐府民歌传统至晋太康时代逐渐汇入美文传统而丧失了独立的性格（详下），咏怀传统至陶潜而中断（详第二节），而美文传统则初起于建安（以曹植为代表），至南朝而一枝独秀；而且，这三个传统也并非完全彼此独立，譬如，建安诗歌就同时拥有三种传统的性格；不过，大致而论，这三个传统彼此之间有相当的独立性。至少，要了解汉、魏、晋诗的流变，从这三个传统的分辨出发，再来加以爬梳整理，并不失为历史研究的方便法门。

要分辨这三个传统的最好的起点是，把诗与乐府之间的界限划分清楚。就后代的眼光来看（特别是唐诗出现以后），这种区别已经不甚重要。譬如《唐诗三百首》虽然在每一体（五言、七言古、近体）之后，都把原属乐府题的作品特别标明出来，但已经很少人去留意这种分类了。后代最重要的一部唐诗选集，沈德潜的《唐诗别裁》，干脆就只分五古、七古、五律、七律、排律、五绝、七绝，而完全取消乐府这一类别。就唐诗而言，这种做法并无不妥之处。但在五言诗发展的初期，情形就完全不一样了，那时候乐府跟诗之间，是有体制上的区别之意义的。譬如在唐诗选里并不特别标举乐府的沈德潜，在论到早期五言诗时就会说：

> 《风》《骚》既息，汉人代兴，五言为标准矣。就五言中较然两体：苏、李赠答，无名氏十九首是古诗体；《庐江小

---

[1] 一般文学史称作"唯美文学"，"唯美"二字稍嫌洋化，未必适用，这里改称"美文"（此一词语梁启超曾用过，见所著《中国之美文及其历史》，但取义与此处所用并不相同）。

吏妻》《羽林郎》《陌上桑》之类，是乐府体。[1]

另外，王士祯在《古诗选》的五言部分也说：

> 乐府别是声调体裁，与古诗迥别。[2]

沈、王两人都明白地提到"体""体裁"，可见在五言诗的早期阶段，乐府在"体制"上是与古诗迥然有别的。只是愈到后来，乐府愈是被吸纳到古诗之中，丧失了体制上的意义，后人也就逐渐忘掉了它在历史上曾经有过的特殊地位。不过，当我们谈到汉、魏、晋诗时，我们就有必要重新记取这种区别，才能正确地理解早期五言诗的流变。

那么，乐府与古诗的区别何在呢？沈德潜说：

> 乐府之妙，全在繁音促节，其来于于，其去徐徐，往往于回翔屈折处感人，是即依永和声之遗意也。
>
> 乐府宁朴毋巧，宁疏毋炼。[3]

前者从音乐上说，后者从文字风格上说，但都比较抽象，难于掌握。至于王士祯，当学生问他：乐府与古诗何以有别，他答说：

> 古乐府五言，如《孔雀东南飞》《皑如山上雪》之属，

---

[1] 《说诗晬语》，见《清诗话》530 页，上海古籍出版社，1963。
[2] 《古诗选》五言诗凡例，广文书局，1972。
[3] 《说诗晬语》，见《清诗话》529 页。

七言如《大风》《垓下》《饮马长城窟》《河中之水歌》之属，自与五七言古音情迥别，于此悟入，思过半矣。[1]

这简直是知其然而不知其所以然的逃避之词，倒是张笃庆（历友）和张实居（萧亭）回答得比较具体。他们说：

> 盖乐府主纪功，古诗主言情，亦微有别。
>
> 乐府之异于诗者，往往叙事；诗贵温裕纯雅，乐府贵遒深劲绝，又其不同也。[2]

为了比较和归纳，我们再把其他诗话中的一些看法罗列于下：

> 乐府往往叙事，故与诗殊。（徐祯卿《谈艺录》)[3]

> 古乐府多俚言，然韵甚趣甚。（陆时雍《诗镜总论》)[4]

> 古诗贵浑厚，乐府尚铺张，凡譬喻多方、形容尽致之作，皆乐府遗派也，混入古诗者谬。（施补华《岘庸说诗》)[5]

综合以上的看法，我们可以说，古乐府（汉乐府民歌）[6]

---

[1] 《师友诗传录》，见《清诗话》，132页。

[2] 同上。又，萧亭所言"温裕纯雅""遒深劲绝"一语，实出自徐祯卿《谈艺录》，见《历代诗话》，770页，中华书局，1981。

[3] 《历代诗话》，769页。

[4] 《历代诗话续编》，1404页，中华书局，1983。

[5] 《清诗话》，976页。

[6] 不包括文人为朝廷所作的乐章，如《安世房中歌》等。

至少有不同于苏、李诗和十九首的三点特色。首先，古乐府多叙事。这是很明显的，最有名的乐府诗如《孔雀东南飞》《陌上桑》《东门行》《妇病行》《孤儿行》都是叙事诗；而以古诗十九首为首的正统的古诗，则尽量不叙事，或者尽量把叙事的成分加以压缩。其次，古乐府多描写，此即《岘庸说诗》所谓的"尚铺张""譬喻多方、形容尽致"，如《陌上桑》写秦罗敷的装扮云：

> 头上倭堕髻，耳中明月珠。
>
> 缃绮为下裙，紫绮为上襦。

写人们见到罗敷的反应云：

> 行者见罗敷，下担捋髭须。
>
> 少年见罗敷，脱帽著帩头。
>
> 耕者忘其犁，锄者忘其锄。[1]

　　像这样铺张描写、淋漓尽致的做法，在古诗十九首那一系统的作品里，总以尽量避免为宜；[2] 古诗以含蓄、比兴、情景交融为主。因此《岘庸说诗》会认为，这种作法"皆乐府遗派，混入古诗者谬"。最后，乐府的语言杂有相当成分的民间俗语，这就是《诗镜总论》所谓的"古乐府多俚语"，也就是为什么沈德潜认为乐府"宁朴毋巧，宁疏毋炼"。譬如，相传为卓文君所作的《白头吟》：

---

　　[1]　见逯钦立辑校《先秦汉魏晋南北朝诗》，260页，中华书局，1988。

　　[2]　十九首中《青青河畔草》颇有铺陈，其他少见。

竹竿何袅袅，鱼尾何簁簁。

男儿重意气，何用刀钱为。[1]

或者，又题为蔡邕所作的《饮马长城窟行》：

枯桑知天风，海水知天寒。

入门各自媚，谁肯相为言。[2]

这都是脱胎于民间的语言与比喻的活泼生动的语句。而最早的"古诗"——古诗十九首，不论在语言上多么质朴自然，但从整体上看起来，总是以"雅言"为主的[3]。至于后来的古诗系统的作品，那就更不用说，愈来愈文人化，愈来愈"雅"了。

其实，以上的说法还是比较传统式的，我们还可以用更现代的语言来分辨汉乐府民歌和古诗之间的区别。汉乐府民歌，按照民国以来的学者所说的，是属于民间文学、社会文学和写实文学的范围。它对一般人民的生活与感情有相当程度的反映，像《东门行》《妇病行》《孤儿行》和《孔雀东南飞》那样的作品，在五言诗逐渐文人化以后，的确是很少见的。它表达感情的方式，如《白头吟》的：

---

[1] 见《先秦汉魏晋南北朝诗》，274 页。

[2] 同上书，192 页。

[3] 朱自清说："十九首没有作者；但并不是民间的作品，而是文人仿乐府作的诗。"又说："诗中常用典故，正是文人的色彩。"（见《朱自清古典文学专集续编》，《古诗歌笺释三种》，220 页，上海古籍出版社，1981.）可见十九首虽接近乐府民歌，但究与民歌有别。

男儿重义气，何用刀钱为。

或者如《悲歌》的：

悲歌可以当泣，远望可以当归，思念故乡，郁郁累累。[1]

那种直截痛快的作风，和十九首以降的含蓄不尽、吞吐夷犹实在有很大的差别。

事实上，被传统列入乐府的作品，有些未必具有这种风格，反倒更接近文人化的五言诗，如《长歌行》：

青青园中葵，朝露待日晞。
阳春布德泽，万物生光辉。
常恐秋节至，焜黄华叶衰。
百川东到海，何时复西归？
少壮不努力，老大徒伤悲。[2]

不论就内容还是就语言来看，这都不是我们通常所意谓的乐府民歌。《君子行》（君子防未然，不处嫌疑间）[3] 也是如此。反过来讲，不列入乐府，或不一定列入乐府的作品，有些在精神上倒是和乐府相近。前者如赵壹的《疾邪诗》：

河清不可恃，人命不可延。
顺风激靡草，富贵者称贤。

---

[1] 见《先秦汉魏晋南北朝诗》，282 页。
[2] 同上书，262 页。
[3] 见《先秦汉魏晋南北朝诗》，263 页。

文籍虽满腹，不如一囊钱。

伊优北堂上，肮脏倚门边。[1]

后者如《上山采蘼芜》《十五从军征》等无主名的古诗。

我们可以说，在东汉末年五言诗逐渐趋于成熟的阶段，作品明显分成两大类：第一类具有鲜明的现实感，以相当民间化的语言描写当时社会的种种现象，常出之以叙事的方式。这就是传统所谓的乐府民歌。第二类也反映了东汉末年的乱象，但以感怀人生为主，比较不涉及具体的人民的痛苦，语言比较典雅（但还是保持质朴的风格），感情比较含蓄，这就是以十九首为主体的古诗。用现代的语言来说，第一类是社会写实诗，第二类是文人化的抒情诗。这两类的作品不一定可以截然划分清楚，但区别是有的。所以，在强调"辨体"[2]的清代，王士禛和沈德潜等人都努力想要加以区分。只是他们拘泥于抽象的、形式的层次，不能从内容着手，尤其是不能从社会内容着手，因此一直不能分析得很清楚。

在紧接着而来的建安时代，这两类诗歌——这两个传统，还是并行而不悖。在写实诗方面，最伟大的作品当然是非蔡琰的《悲愤诗》莫属了，除此之外，较著名的还有曹操的《薤露》《蒿里行》，曹植的《送应氏诗》第一首（步登北邙阪），王粲的《七哀诗》，陈琳的《饮马长城窟行》等。建安诗人在写乐府诗

---

[1] 《先秦汉魏晋南北朝诗》，190 页。

[2] 自从明前后七子提倡复古以后，分辨体式之不同就成为诗论家的主要工作，因为只有辨明体式之后，才知道每一种体式应如何去写。王士禛在《古诗选》，沈德潜在《古诗源》和《唐诗别裁》的凡例里都特别说明各种体式的分别，其原因即在于此。

时，常常用旧题来歌咏时事，而置本意于不顾。如《薤露》《蒿里行》本是挽歌，曹操却拿来写汉末的乱事。表面上看起来，完全不合后代所认为的正统乐府诗的写法，其实正保留了汉乐府的写实精神，和唐代杜甫、白居易的干脆抛弃旧题，"即事名篇"，实有异曲同工之妙。

在古诗方面，最能继承十九首传统的，当然是曹植的《杂诗》和《赠白马王彪》了。其余如曹操的《苦寒行》和《却东西门行》，曹丕的《杂诗》，也都属于这个系统[1]。不过，曹操这两首诗的写实性较为鲜明，可算介于乐府与古诗之间。

到了正始时代，乐府与古诗的平行发展有了非常突兀的变化。就这个时代最重要的两个诗人阮籍和嵇康所遗留下来的作品来看，阮籍完全不写乐府，嵇康也只有一首《秋胡行》（共七章）；而这首《秋胡行》，也只是在题目上保留乐府的形式而已，就内容与风格而言，应该属于古诗。也就是说，写实的乐府传统，到了正始时代突然完全断绝。

接着而来的西晋，乐府似乎复兴起来了。当时最重要的三个乐府作家，就现存比较完整的作品来看，傅玄就有二十六首，张华七首，陆机则多至四十六首[2]。然而，这只是表面的"繁荣"。仔细分析起来，正可以从这些作品看出汉乐府民歌精神的消亡。这些乐府，事实上只是拟古。有故事性的，借古题咏古

---

[1] 就题目而言，曹操的《苦寒行》和《却东西门行》应属乐府；此处是就"精神"而言。上面所说建安的乐府传统也是如此，譬如曹植的《送应氏》是古诗体，但其第一首的精神却较接近乐府的写实传统。

[2] 分别见《先秦汉魏晋南北朝诗》，553—567、610—614、651—669页。

事,"所借为何题,则所咏亦必为何事",不像建安乐府之借古题来叙时事。没有故事性的,借古题咏古意,"大抵就前人原意,敷衍成篇"。[1] 如果说,建安乐府继承了汉乐府的写实精神,那么,西晋乐府就开了后代拟古乐府的先河。

我们如果把陆机的拟古乐府拿来和他的拟古诗十四首比较,就更加可以看出西晋乐府的精神了。当陆机模拟十九首时,他对原作的题意与结构亦步亦趋;当他模拟古乐府时,他对乐府旧题的本事或本意也亦步亦趋。乐府跟诗已经没有什么区别了,对陆机而言,他不过是在写甲类诗或乙类诗而已。

从此以后,乐府就照这个趋势发展下去,乐府丧失了它的独立性,完全被吸纳到诗里去了。换成现代话来说,在五言诗的早期阶段,在汉魏时代,中国本来有一股强烈的写实诗潮流。然而,这个潮流到了正始和西晋以后,却几乎完全中断了。只有在刘宋时代的鲍照身上,我们才看到短暂的再现;只有到了唐代的杜甫,我们才看到这一传统重新被发扬光大。而这就是本系列研究的第四章杜甫与鲍照所要讨论的主题。

二

前一节在分析乐府民歌传统的性质、发展及其逐渐消失的过程时,我们曾简单提到,在形式和内容上与乐府民歌截然有别的古诗。这种古诗,当然是以十九首(以及风格相近的苏、李诗)

---

[1] 参见萧涤非《汉魏六朝乐府文学史》,167、172 页,长安出版社,1981。

为基础而确立起来的。不过，在后来的发展中，古诗并没有始终维持单一的性格，也还是逐步地分化的。在这分化中，我们大致可以区分出两大类别：以十九首、阮籍、陶潜为代表的感怀诗；以曹植、陆机、谢灵运为一线传承的注重华美风格的诗歌。前者我们将称之为咏怀传统，后者则称为美文传统。这两个传统有时并不能绝对划分开来（譬如在曹植身上），不过，一般而言，以这样的区别来讨论早期五言诗的发展，实际上是颇能适用的。为了清楚起见，本节仅限于分析咏怀传统，至于美文传统，则留待下节再来讨论。

我们先简单叙述一下咏怀传统的发展与变迁，再来详细分析这一传统的特质。咏怀传统最早期的代表作是古诗十九首与苏、李诗，就内容而言，这些作品主要是因离别而引起的感怀诗。不过，也并非全部如此，在十九首诗里也有一部分是更具一般性的人生感怀诗，如《驱车上东门》《回车驾言迈》《生年不满百》等。在极少的几首作品中，我们可以嗅到一点政治感怀的意味，如《青青陵上柏》在"游戏宛与洛"以后感慨说："极宴娱心意，戚戚何所迫。"[1] 至于《今日良宴会》一首说："何不策高足，先据要路津。无为守穷贱，轗轲长苦辛"[2]，那就更加明显了。

这种以离别感怀和人生感怀为主，而以政治感怀为辅的情形，到了建安时代有了明显的改变。像曹操的《短歌行》《苦寒行》，和曹丕的《杂诗》（漫漫秋长夜、西北有浮云），基本上延续了十九首的风格。但曹植就不如此了。由于个人后半生在政治

---

[1] 《先秦汉魏晋南北朝诗》，329 页。
[2] 《先秦汉魏晋南北朝诗》，330 页。

上的处境，曹植并不以写离别诗和一般的人生感怀为满足，他企图更直接地表现他在政治上遭遇挫折的心情。于是，在《杂诗》六首里我们就看到像"仆夫早严驾"和"飞观百余尺"这种更直接的心情的表白。更值得注意的是，《南国有佳人》这一首以及不列入《杂诗》的那一首《七哀》诗中的《明月照高楼》，虽然在表现形式上更接近十九首，但很难否认其中具有政治托喻的味道[1]。所以，在曹植身上，我们看到，古诗十九首的人生感怀（包括离别感怀）如何逐渐转化为政治咏怀。

这个转化工作是由阮籍加以完成的。在阮籍身上，我们看到，"古诗"终于完全蜕化成"咏怀诗"了，也就是说，由一般的人生感怀蜕化为特殊的政治咏怀了。在阮籍的作品里，即使较具一般性的感怀，也是有政治指涉的，如：

> 嘉树下成蹊，东园桃与李。
> 秋风吹飞藿，零落从此始。
> 繁华有憔悴，堂上生荆杞。
> 驱马舍之去，去上西山趾。
> 一身不自保，何况恋妻子。
> 凝霜被野草，岁暮亦云已。[2]

这是"魏晋之际，天下多故，名士少有全者"[3] 的历史情

---

[1] 传统笺释家比较会认为，《明月照高楼》及《南国有佳人》有政治寄托，民国以后的学者则常加以否认。个人相信，若对照《洛神赋》来看，这些作品应该是有寄托的（《美女篇》则更明显）。

[2] 陈伯君《阮籍集校注》，216 页，中华书局，1987。

[3] 《晋书》卷四十九《阮籍传》，1360 页，中华书局，1974。

境所引发的"忧生"之叹。

到了西晋时代，拟古作风（详下节）与华美文风盛行，古诗与咏怀的传统几乎完全中断了[1]；只有到了东晋玄言诗时代，这一传统才又重新复活。不过，在这时候，阮籍式的咏怀又被哲学性的人生感怀所取代。当然，这些"平典似道德论"[2]的作品是没有什么文学价值的。只有在这时代即将结束的时候，才又出现另一个咏怀传统的大诗人，那就是陶潜。陶潜无疑受了玄言诗的影响[3]，因此他的作品有浓厚的人生感怀的味道。但是，他又身处"易代之际"，不免也像阮籍一样，写了许多政治咏怀诗[4]，因此他可以算是这一古诗咏怀传统的最光辉的结束者。在他之后的整个南朝时代，这一传统基本上是消失了[5]，一直要到初唐、盛唐之际才又复兴起来。

咏怀传统的代表作品——十九首、苏李诗、曹植（部分）、阮籍、陶潜——所构成的整体，在中国诗歌史上具有非常崇高的地位。在此之前是诗经、楚辞，在此之后是唐诗、宋诗，咏怀传统的代表作品一直被视为汉魏六朝诗的核心部分，是它的最高成就。这个传统所树立的典型，被后代的许多学者看作是诗——特别是抒情诗的模范，是衡量诗歌的一种标准。

那么，这个传统的作品具有什么特质呢？从精神上来说，它

---

[1] 左思的《咏史诗》继承了咏怀传统，但左思在太康时期却是违反潮流的例外。

[2] 钟嵘评语，见《诗品》序。

[3] 陶潜的《形影神》三首是最直接受玄言诗影响的作品。

[4] 最明显的是《饮酒》诗与《拟古》九首。

[5] 只有在江淹和庾信的作品里偶然再现。

是抒情的，非常纯粹的抒情；从表现上来说，它特别注重寄托与比兴；从风格上来说，它是浑成自然、温柔敦厚的。以下我们将就这三方面逐一加以说明。

咏怀传统基本上是抒情诗，这是很明显的，我们很难在十九首和阮籍、陶潜的作品中发现叙事诗[1]。它不处理人生中的事件（故事），如《东门行》或《陌上桑》等；也不把人生的经验放在一个长久的时间之流里加以贯串，如蔡琰的《悲愤诗》或杜甫的《自京赴奉先县咏怀五百字》。它只截取人生经验的一个片刻、一个刹那，并且重视的是这一片刻、这一刹那的"情绪"。它也可以回顾一个"过程"，但它所重视的并不是那一"过程"，而是正在回顾这一"过程"的现在这一"片刻"的心情，如阮籍的这一首诗：

昔年十四五，志尚好诗书。
被褐怀珠玉，颜闵相与期。
开轩临四野，登高望所思。
丘墓蔽山冈，万代同一时。
千秋万岁后，荣名安所之？
乃悟羡门子，噭噭今自嗤。[2]

在这首诗里，阮籍并不详细"叙述"过去的事情；提起过

[1]　在陶潜的作品中，只有《咏荆轲》《咏三良》等少数诗作有叙事味道。又，阮、陶二人从未写乐府题（陶潜的《挽歌诗》是否为乐府仍有待争论），亦可作为证明。
[2]　陈伯君《阮籍集校注》，265—266 页。又，陶潜《拟古》九首《少时壮且厉》一章表现方法亦与此类似。

去，只不过要反衬现在对人生觉悟之后所产生的"感受"。重要的是现在的"情"而不是过去的"事"。

为了把现在这一片刻、这一刹那的情绪，以最纯粹、最精致的方式表现出来，咏怀传统的作品采取了两种非常重要的表现方式：寄托和比兴。所谓寄托，用《诗品》评阮籍的话来说，就是："颇多感慨之词，厥旨渊放，归趣难求。"[1] 这基本上是针对政治咏怀而说的。它并不直接而明白地说出它所要批评的政治事件，而只笼统地暗示或比喻。譬如：

> 徘徊蓬池上，还顾望大梁。
> 绿水扬洪波，旷野莽茫茫。
> 走兽交横驰，飞鸟相随翔。
> 是时鹑火中，日月正相望。
> 朔风厉严寒，阴气下微霜。
> 羁旅无俦匹，俯仰怀哀伤。
> 小人计其功，君子道其常。
> 岂惜终憔悴，咏言著斯章。（阮籍《咏怀诗》)[2]

从"是时鹑火中，日月正相望"这两句来看，明显是有所指。但作者模糊其词，我们也就只能领略他那时"忧心悄悄"的感慨了。又如：

> 种桑长江边，三年望当采。
> 枝条始欲茂，忽值山河改。

---

[1] 《历代诗话》，8页，中华书局，1981。
[2] 《阮籍集校注》，270页。

柯叶自摧折，根株浮沧海。

春蚕既无食，寒衣欲谁待？

本不植高原，今日复何悔。（陶潜《拟古》）[1]

　　我们不知道这里的比喻所指的是什么，但可以确定，这里面一定有政治"寄托"。为了突显出这种政治托喻诗的特质，我们可以举曹操一首更直接明白的政治诗来作为对比：

关东有义士，兴兵讨群凶。

初期会盟津，乃心在咸阳。

军合力不齐，踌躇而雁行。

势利使人争，嗣还自相戕。

淮南弟称号，刻玺于北方。

铠甲生虮虱，万姓以死亡。

白骨露于野，千里无鸡鸣。

生民百遗一，念之断人肠。[2]

　　这就是写实的政治诗和咏怀的政治诗的不同。前者直接描写经验，具体而真实；后者避开事件，而以烘托、暗示或比喻的方法来呈现。这种"寄托"的写法，其实是对现实政治的无可奈何的逃避——不敢针对实际事件加以指明批评，而只能表现模糊的情绪反应[3]。比起写实诗来，这更是属于"内心"层面的，更

---

[1]　逯钦立校注《陶渊明集》，114 页，中华书局，1979。

[2]　《先秦汉魏晋南北朝诗》，347 页。

[3]　奠定咏怀体政治诗的阮籍，所以用这一方式来表现，明显是为了避祸。

是纯粹的抒情性的。

咏怀传统的作品在表现方式上的另一项重要的特色是，多用比兴[1]。也就是说，它比较不直接而显豁地表达感情，而常以情、景相互烘托的方式来暗示感情，来增强感情，譬如：

> 涉江采芙蓉，兰泽多芳草。
> 采之欲遗谁，所思在远道。
> 还顾望旧乡，长路漫浩浩。
> 同心而离居，忧心以终老。[2]

在这首诗的前六句，芬芳的芙蓉和浩浩的长路作为烘托感情的景被提出来以后，后面两句的情："同心而离居，忧伤以终老"就有了着落，而且显得更加深厚。情因景而"兴"，景因情而存，两者相激相荡，遂成一绵密悠长的情景世界。这一世界，有别于直接、坦率而热烈的赤裸裸的情，如：

> 闻君有他心，拉杂摧烧之，摧烧之，当风扬其灰，从今以往，勿复相思……（《有所思》）[3]

又如：

> 秋风萧萧愁煞人，出亦愁，入亦愁。座中何人，谁不怀

---

[1] "比兴"一词有两种意义，一种与"寄托"同义，如陈沆《诗比兴笺》即用此意；一种指表现方式，即与"赋"相对之"比兴"，此处即用此意。

[2] 《先秦汉魏晋南北朝诗》，330页。

[3] 《先秦汉魏晋南北朝诗》，160页。

忧，令我白头……（《古歌》）[1]

也有别于铺张扬厉的为描写而描写，如：

> 长裾连理带，广袖合欢襦。
>
> 头上蓝田玉，耳后大秦珠。
>
> 两鬟何窈窕，一世良所无。
>
> 一鬟五百万，两鬟千万余。（辛延年《羽林郎》）[2]

也不会回环往复地描写，如：

> 长去本根逝，宿夜无休闲。
>
> 东西经七陌，南北越九阡。
>
> 卒遇回风起，吹我入云间。
>
> 自谓终天路，忽然下沉泉。
>
> 惊飙接我出，故归彼中田。
>
> 当南而更北，谓东而反西。
>
> 宕若当何依，忽亡而复存……（曹植《吁嗟篇》）[3]

简单地说，比兴手法里的外景以含蓄简短为宜，长篇描写的"赋体"是非常不适合的。这种以景兴情，以情摄景，情景交融的方式，无疑达到了抒情的最纯粹的高度。

咏怀传统的抒情诗实际上是把人生经验加以"纯化"和"压

---

[1] 《先秦汉魏晋南北朝诗》，289 页。

[2] 同上书，198 页。

[3] 黄节《曹子建诗注》，89—90 页，人民文学出版社，1957。

缩"：尽量减去叙述性与描写性，而只突出片刻感情的核心部分。从处理方式来讲，它是非常"简朴"的——能省则省。事实上，质朴自然、浑然天成正是它在风格上的最高境界，古诗十九首、阮籍、陶潜无不如此。

当然，所谓浑成自然，主要还是就文字而论，而不是指处理人生经验的"纯化"方式。在文字上要求这种风格，也是很可以理解的。所谓"至情无文"，指的正是"满心而发，肆口而成"[1]，不容雕琢与文采插足于其间。不然就是"为文而造情"，益见其虚矫与不自然而已。

然而，以这种表现方式和文字风格所形成的感情，却是含蓄深厚、令人味之无极的，也就是古人所谓的"温柔敦厚"。我们可以看得出来，以比兴、寄托、质朴自然所塑造而成的这一感情状态，并不是人生感情经验的全部，而只是其中一个特殊的样貌而已。在中国古典诗歌里，能够把这一特殊的感情状态表达到最完美的境界的，当然就要数古诗十九首、阮籍、陶潜这一系列作品了。这就是咏怀传统的五言诗对中国诗歌，尤其是对中国抒情诗的最大贡献了。

三

在建安时代，当古诗经由曹植的作品逐渐从一般性的人生感怀蜕变为特殊的政治咏怀时，我们也在曹植身上发现另一种分化

---

[1] 元好问《陶然集诗序》，《遗山先生全集》卷三十七，382页，商务印书馆，四部丛刊初编。

的痕迹。在曹植的诗里，我们可以看到这样的句子：

> 秋兰被长坂，朱华冒绿池。（《公宴》）

> 白日曜青春，时雨静飞尘。（《侍太子坐》）

> 凝霜依玉除，清风飘飞阁。（《赠丁仪》）[1]

这些句子，明显是在讲求对仗；每一句的第三个字，也有努力炼字的味道，类似后代的诗眼（如"冒""曜""静""依"）；遣词也力求典雅、华美[2]。这种特质，我们可以在《美女篇》的一段描写里看得更清楚：

> 攘袖见素手，皓腕约金环。
> 头上金雀钗，腰佩翠琅玕。
> 明珠交玉体，珊瑚间木难。
> 罗衣何飘飘，轻裾随风还。
> 顾盼遗光彩，长啸气若兰。[3]

这一段描写明显是从古乐府《陌上桑》"头上倭堕髻，耳中明月珠。缃绮为下裙，紫绮为上襦"几句脱胎而来的。《陌上桑》的原句比较质朴自然，还可以看出民歌的特质；而曹植的"模拟"，一方面更为铺张（四句衍为十句），一方面句子更见其典雅

---

[1] 《曹子建诗注》，1、2、32 页。
[2] 参见叶庆炳先生《中国文学史》（上），131 页，学生书局，1987。
[3] 《曹子建诗注》，77 页。

华丽。也就是说，曹植把民歌式的描写铺排转化为文人式的华丽的"赋体"了。这种作法在曹植的乐府诗里颇为常见，如《白马篇》《名都篇》《箜篌引》，以及上一节引用过的《吁嗟篇》，都是以"赋体"的方式来加以铺张。[1]

因此，正如前人所说的，曹植是太康、元嘉及整个南朝文风的开启者[2]。也就是说，他正是本文所说的"美文传统"的先驱，正是由于他的作品，原本以感怀为主的质朴自然的古诗，逐渐分化出另一个流派；而且这个流派，在太康、元嘉以后，反而成为南朝诗的主流，而使原来那一个古诗——咏怀传统式微了几百年之久。

众所周知，这个讲究华美文风的美文传统，是在西晋的太康时代正式确立下来的。我们可以在太康文风的代表人物陆机的作品中，看到当时的风气的一般状况。陆机曾经模拟过古诗，我们且拿其中的一首来加以比较：

> 迢迢牵牛星，皎皎河汉女。
>
> 纤纤擢素手，札札弄机杼。
>
> 终日不成章，泣涕零如雨。
>
> 河汉清且浅，相去复几许。
>
> 盈盈一水间，脉脉不得语。（原作）[3]

---

[1]　曹丕《典论·论文》云："诗赋欲丽"，诗、赋并列，皆求其"丽"，可见这是建安时代的一般趋势，曹植不过是最明显的例子罢了。

[2]　钟嵘《诗品》把陆机和谢灵运列为"其源出于陈思"，而且只有他们两人"出于陈思"，已暗示了这种传承关系。

[3]　《先秦汉魏晋南北朝诗》，331页。

昭昭清汉晖，粲粲光天步。

牵牛西北回，织女东南顾。

华容一何冶，挥手如振素。

怨彼河无梁，悲此年岁暮。

跂彼无良缘，皖焉不得度。

引领望大川，双涕如霜露。（陆机,拟作）[1]

　　陆机的拟作完全遵照原作的主题与结构，亦步亦趋地模拟，不同的只是"换字面"。他把原来较自然的排偶、散行错杂的句子换成较工整的排偶句，把较质朴的词汇换成非常典雅华丽的词藻。陆机不只在拟古诗上这么做，他在拟古乐府方面也是如此做。而且，他还不是始作俑者。在他之前，傅玄、张华已写了许多拟古乐府（参看本章第一节），也是同样的作风，只不过不像陆机那么亦步亦趋罢了。他们整体的趋势是在"改写"古诗和古乐府，把原来质朴、爽朗、平易的作品改写成典雅、华美、庄重的风格。从保持原作的内容和结构上来说，他们是在"拟古"，但从改变文字风格上来说，他们又在提倡某种新风气。他们以"拟古"的方式来"重写"过去的作品，使这些作品呈现"新面目"，借以建立新的写作风格、新的写作传统，这就是我们所谓的美文传统。

　　从作品的实际成就来说，太康诗人的努力并没有得到很好的收获。沈德潜批评道：

　　士衡旧推大家，然通赡自足，而绚彩无力，遂开出排偶

---

[1] 《先秦汉魏晋南北朝诗》，686页。

一家。[1]

明白地说出，太康的代表诗人陆机，虽然有"绚彩"，但作品并没有表现出特别的生命力（无力）。这几乎是一般对陆机和其他太康诗人（左思除外）的看法。不过，我们不能否认，陆机和太康诗人建立了一种特殊的写诗的传统，这一传统在东晋中断一百多年以后，为元嘉诗人所复兴，从此以后一直居于南朝文学的主流，并且一直到盛唐时代，才被吸纳到更大的洪流中而逐渐消失。

四

以上我们分析了五言诗在汉、魏、晋三代的发展所形成的三个传统。对于前两个传统（乐府民歌传统和咏怀传统），我们说明得比较详尽，相对来说，关于美文传统的叙述就相当简略。这实际上是我们所处理的时代（汉、魏、晋）的诗歌发展史的反映。因为，就汉、魏、晋三代而言，咏怀传统和乐府民歌传统是较主要的，美文传统则迟至西晋太康时代才建立起来。而且，美文传统才形成不久，就因永嘉之乱而中断，直到南朝才又复兴起来。

接下去的几章，我们所要讨论的重点是：美文传统在南朝的发展，及其与杜甫诗的关系。但是，为什么我们要从南朝的美文传统出发，去讨论杜甫与前人（汉魏六朝诗人）的关系，而不直接把杜甫放在汉、魏、晋诗的脉络里，去分析杜甫是否受当时诗人（譬如说曹植、阮籍或陶潜）影响。要回答这个问题，我们就

---

[1]《说诗晬语》，见《清诗话》，532页。

要进一步说明，杜甫与我们上面所叙述的三个传统到底是什么样的关系。

当初、盛唐之际，唐代诗人开始整体检讨数百年来的美文传统时，最极端的一派是以批判性的，甚至否定性的态度来对待这一传统的，这就是一般所谓的复古派。复古派的陈子昂说：

> 汉、魏风骨，晋、宋莫传，然而文献有可征者。仆尝暇时观齐、梁间诗，彩丽竞繁，而兴寄都绝，每以咏叹。[1]

陈子昂所说的晋、宋、齐、梁诗，就是以陆机、谢灵运为首的美文传统。他这种宗尚汉魏，而批判晋宋，特别是齐梁以下的倾向，是唐朝复古派诗人的共同特质。陈子昂以下的张九龄、元结、白居易、韩愈，都是这一派的诗人。就创作而言，他们常常重古诗而轻律体。[2]

杜甫并不属于这一派的诗人。杜甫很少正面谈诗，但从《戏为六绝句》来看，在学习上他是兼容并包的（参看《绪论》）。我们很少看到他明白地贬抑齐梁诗人，相反，我们倒看到他说自己"颇学阴何苦用心"[3]。就实际创作来看，他是非常虚心地从谢灵运、鲍照、齐梁诗人和庾信身上学到许多东西，就正如我们下面各章要加以证明的。

简单地讲，杜甫从来没有忽略过美文传统，他努力地从这一传统中去学习。我们很难想象，如果没有前面数百年的美文传

---

[1] 《与东方左史虬修竹篇并书》，见《全唐诗》卷八十三，895页，中华书局，1960。

[2] 第五章有较详尽的讨论，请参看。

[3] 《解闷》十二首之七，见《杜诗镜铨》卷十七，817页。

统，杜甫如何成为我们所看到的杜甫。作为一个诗人，杜甫首先是在这一传统的影响之下成长起来的。如果说，复古派的诗人对晋、宋、齐、梁诗采取一种"革命"的态度，那么，杜甫就是"改革派"。他是在美文传统的基础之上进行改革的。在汉、魏、晋诗的三大传统之中，杜甫和美文传统的关系最为密切。这看起来似乎非常奇怪，中国最伟大的写实诗人怎么会这样对待南朝诗的？然而，情形确实如此。

那么，杜甫的写实诗是从哪里来的？当然是从汉魏乐府民歌来的；但是，并不是直接从乐府来的，或者可以说，并不"完全"从乐府来的。当杜甫在中年以后开始写他那些著名的社会诗时，他已经非常熟悉美文传统的许多技巧了。用一种比较机械但却比较清楚的方法来说，杜甫是应用了某些美文传统的"技巧"来创作他的社会诗的。杜甫的社会写实诗是乐府民歌与美文传统的综合，没有美文传统，杜甫的写实诗不会是我们所看到的样子。这就是我们在第三、四章，特别是在第四章讨论杜甫与鲍照的关系时所要着重说明的。

杜甫与美文传统有直接而密切的关系，杜甫与乐府民歌传统的关系必须透过美文传统才能看得全面而完整。那么，最后，杜甫与咏怀传统的关系又是如何呢？

说来更是奇怪，杜甫与一般所认为的五言诗最高模范的咏怀传统（包括十九首和陶潜），关系却是最为淡漠。这有沈德潜的话可以作为凭证，沈德潜说：

> 苏、李、十九首后，五言所贵，大率优柔善入，婉而多

风。少陵才力标举，篇幅恢张，纵横挥霍，诗品又一变矣[1]。

这里明白地点出，杜甫在一向的五言模范风格之外独创了一种新作风。他的"诗品一变"，使得后人不得不在"温柔敦厚"之外，提出"沉郁顿挫"的评语（或者如沈德潜所说的"纵横挥霍"），使得严羽不得不在"优游不迫"之外另立"沉着痛快"一体[2]。

杜甫在批评时政时，通常直陈其事，如《兵车行》《丽人行》《塞芦子》《留花门》之类。他不太写阮籍体的政治咏怀诗（这是陈子昂、张九龄、李白所擅长的），但并非完全没有。试看他在秦州时期所作的《遣兴五首》：

> 猛虎凭其威，往往遭急缚。
> 雷吼徒咆哮，枝撑已在脚。
> 忽看皮寝处，无复睛闪烁。
> 人有甚于斯，足以劝元恶。（其四）
>
> 朝逢富家葬，前后皆辉光。
> 共指亲戚大，缌麻百夫行。
> 送者各有死，不须羡其强。
> 君看束缚去，亦得归山冈。（其五）[3]

---

[1] 《唐诗别裁》凡例，2页，上海古籍出版社，1979。
[2] 《沧浪诗话·诗辩》，见《历代诗话》，687页。
[3] 《杜诗镜铨》卷五，238页。

这简直就是赵壹《疾邪诗》（参看第一节）"诗书虽满腹，不如一囊钱"的直率风格的翻版，哪里还有一点"优柔善入，婉而多风"的味道。由此可见，古诗—咏怀传统的作法是不甚合乎杜甫的性格的。

但是，这并不是说，杜甫对咏怀传统的扩大完全没有贡献。就在杜甫晚年，由于一辈子漂泊的身世之感，杜甫特别能欣赏庾信的《拟咏怀》二十七首（以及庾信晚年的赋）。就在庾信的影响之下，杜甫创作了《咏怀古迹》和《秋兴》这两组千古名作。透过这两组作品，杜甫在一向的咏怀传统之外别立天地（这是第六章所要讨论的主题）。这就更加证明了：杜甫并不墨守传统，而是善学传统，善于在传统之上创新的伟大诗人。

通过以上的说明，我们就可以知道，为什么要把这一系列研究的重点放在杜甫与南朝诗人的关系上，为什么要经由这种关系来了解汉、魏、晋诗的三大传统在杜甫诗中的地位。反过来讲，当我们把汉、魏、晋诗的源流分析清楚以后，当我们大致了解杜甫与汉、魏、晋诗的关系以后，我们就可以比较顺理成章地去分析杜甫从谢灵运、鲍照、齐梁诗人和庾信的作品中所学到的东西了。

第三章　杜甫与谢灵运

一

从中国诗歌发展史的角度来看，元嘉时代具有特殊的意义，其重要性恐怕不下于建安时代。在建安以前，五言诗基本上还是民间文学，文人的创作并不多见，而且大都是无主名的作品（如古诗十九首），仍然具有浓厚的民间文学的性格。到了建安时代，有地位的文人（七子与曹氏父子）大量试作乐府诗和五言诗，这一新兴的诗体才完全确立下来，成为后代诗歌传统的基础。这是建安诗人对中国文学的重大贡献。

建安诗人承袭汉乐府之精神所建立起来的诗歌传统，如前一章所分析的，包含两种类别，即，以叙述和写实为主的乐府民歌传统，和以感怀人生和政治为主的咏怀传统。在元嘉以前，这两个传统是五言诗的主流，是构成后代所谓"汉魏风骨"的主干。在整个汉、魏、晋时代，只有太康这一个短暂的时期是逸出这一主流之外的。东晋一百多年，虽然只出现了一个大诗人陶潜，但其诗歌的基本精神，仍然属于"汉魏"传统（参看前章）。

但是，从元嘉时代起，情况完全改变过来了。元嘉诗人承袭太康所建立的以"美文"为主的新的写作传统，把它发扬光大，把它延续下去，而成为未来两三百年的诗歌之主流。"汉魏风骨"从此中断了，"美文传统"因此完全确立了。这是中国诗歌史上的"大变局"之一，这就是元嘉时代具有特别的重要性的原因。

不过，这个变局所产生的后果并不令人满意。这个变局的前身——太康时代，没有出现一流的诗人（左思并不属于这一传统）；这个变局的延续——齐、梁时代，更是等而下之，成为后代批判的对象。这个变局本身所产生的唯一的大诗人谢灵运（鲍照并不完全属于这一传统），从后代许多评论家的观点来看，并不是没有缺点，至少，他是无法跟曹植、陶潜比肩而立的。由于这一变局的结果一般而论是"不好"的，因此这一变局本身就不太引起文学史家的注意，它所具有的更深一层的意义当然就更加没有人去探讨了。

然而，当我们从杜甫出发，当我们考察杜诗的特质之所由来，我们不得不承认杜甫与这一变局的密切关系，不得不承认，没有这一变局可能就没有杜甫。对产生出杜甫这样一个大诗人具有重大影响的变局，从文学史的角度来看，确实是有特殊意义的。

对杜甫、对后代诗人而言，这一变局的重大意义在哪里呢？让我们从前一章已引述过的沈德潜的一段评语开始说明。沈德潜说：

> 苏、李、十九首以后，五言所贵，大率优柔善入，婉而多风。少陵才力标举，篇幅恢张，纵横挥霍，诗品又一变矣。[1]

---

[1]《唐诗别裁》凡例，2页，上海古籍出版社，1979。

我们只要想一想十九首与陶潜的"温柔敦厚",再想一想《自京赴奉先县咏怀五百字》、《北征》、"三吏三别"的"沉郁顿挫",淋漓尽致,就可以了解沈德潜所谓"诗品又一变矣"的意义。

在中国古代的诗论中,一向有一个推崇"浑成自然""温柔敦厚"(也就是沈德潜所谓的"优柔善入,婉而多风")的传统。这一种倾向的见解可说俯拾即是,譬如:

> 天下事有意为之,辄不能尽妙,而文章尤然;文章之间,诗尤然。世乃有日锻月炼之说,此所以用功者虽多,而名家者终少也。(蔡宽夫诗话"诗重自然"条)[1]

> 诗本触物寓兴,吟咏情性,但能抒写胸中所欲言,无有不佳。而世但役于组织雕镂,故语言虽工,而淡然无味。(叶梦得《玉涧杂书》)[2]

根据这一种标准,古诗十九首和陶潜可说是最高模范了,只是不知道他们要如何评断像《赴奉先咏怀》和《北征》这一类的作品。根据这一种标准来批评历代诗歌,很容易得出一个结论,即每一文体时代愈早的,作品也就愈好。因为文学正如文明的演进,凡时代愈早的,愈能看到人在无意之中的创造,时代愈后的,人的"机心"与"匠意"也就愈来愈明显。张戒《岁寒堂诗话》说:

---

[1] 《陶渊明资料汇编》,45页,中华书局,1970。

[2] 同上书,53页。

古诗、苏、李、曹、刘、陶、阮，本不期于咏物，而咏物之工，卓然天成，不可复及……潘、陆以后，专意咏物，雕镌刻镂之工日以增，而诗人之本旨扫地尽矣。[1]

这一方面清楚地说出，时代先后与"自然天成"及专意刻镂的关系，一方面也据此加以评价。

以上的简单说明，指出了一个尽人皆知的事实，即，中国诗论里有一影响深远的传统。这一传统特别推崇"自然天成"，贬抑雕琢锻炼，并据此评断诗歌的发展，而得出"贵古贱今"的看法。[2]

从文学评价的观点来说，对于这一种看法，我们可以有见仁见智的批评。但从文学史的立场来看，这种崇尚"自然"的倾向，对于诗歌发展历程的研究是非常不利的。不可否认，在文学的发展史中，"技巧"的创新是一项非常重要的因素。如果不能把这一方面的"流变"说明清楚，文学史的领域就会出现一些空白。但是，从"自然"论者的眼光来看，"技巧"不但不重要，反而还是影响文学作品之本质的不良因素。在这种观念下，他们当然不可能从历史的角度去分析历代诗歌"技巧"的变化，从而对文学史的研究产生负面的影响。

在这方面，严羽在《沧浪诗话》里的说法就显得比较圆满得多，他说：

---

[1] 《历代诗话续编》，450 页，中华书局，1983。

[2] 王国维的《人间词话》是近代的一个著名的例子。他的崇五代、北宋词而贬南宋以下，就是这种倾向的反映。

> 论诗如论禅：汉、魏、晋等作与盛唐之诗，则第一义
> 也。大历以还之诗，则已落第二义矣……大抵禅道惟在妙
> 悟，诗道亦在妙悟……汉、魏尚矣，不假悟也。谢灵运至盛
> 唐诸公，透彻之悟也。他虽有悟者，皆非第一义也。[1]

严沧浪虽然还是不脱"贵古贱今"的习气（他把大历以还的诗，包括韩愈、白居易以及宋诗都归入第二义），不过，他到底比较有"历史"眼光，他已经看出，汉、魏的"不假悟"和盛唐的"透彻悟"是不同的。更令人佩服的是，他知道"透彻悟"是从谢灵运开始的，这就和本章特别要讨论的"元嘉变局"的特殊意义有直接而密切的关系了。

纯粹从文字和技巧的层面来看，严羽所谓汉、魏的"不假悟"，应当是指"浑然天成"而言。相对地，谢灵运和盛唐的"透彻悟"，应当是：虽然并非"浑成"，但他们在文字与技巧上努力的结果，却还是"悟"了，也就是说，他们也写出好诗来了[2]。这也就是说，严羽承认，从文字上下功夫（日锻月炼、雕镌刻镂）也可以"悟"。作为元嘉诗人的代表，谢灵运的最大贡献就在于：以他的实际创作呈现给人知道，从"文字功夫"也可以写出好诗。只有从这方面来看，才能了解"元嘉变局"的深刻意义，才能看出谢灵运在中国诗歌史上的真正重要性，才能体

---

[1] 《历代诗话》，686 页，中华书局，1981。

[2] 严羽的"悟"和吕本中的"活法"都跟江西诗派讲"诗法"有关。江西末流执着于"法"，"活法"跟"悟"都在救"法"之弊。所以，严羽的"透彻悟"应当牵涉文字功夫。当然，我们可以从严羽的诗论体系谈到"悟"的复杂意义。不过，这跟本章的论题无关，故不涉及。

会他对杜甫所产生的深刻的影响。

二

我们要了解谢灵运的贡献，就必须从"元嘉变局"的前身——太康时代谈起。太康诗人所发展出来的新的写作方式，可以说就是重视"文字"本身。我们在前一章已经比较过陆机的拟古诗及其原作。陆机并没有改变原作的主题与结构，几乎是亦步亦趋的模仿。他所作的只不过是：把原本较为质朴、自然的词汇与句式"换成"比较工整的对仗、比较华丽典雅的辞藻。也就是说，在陆机及太康诗人的观念里，"特殊的文字"（排偶与辞藻）是好诗的必要条件。于是他们就在上面做"功夫"，因而改变了汉魏以来的作诗方式。

从这个角度来看，太康诗人打破了汉魏以来平易自然的传统，而成为"文字功夫"传统的开创者。正因为他们是开创者，他们还不能真正了解"文字功夫"的意义。他们把"文字功夫"看成纯粹是"文字"上的，如典丽的辞句、工整的排偶等。他们只在这一方面下"功夫"，所以失败了，没有写出好作品来。他们只是"修辞学家"，不是真正的"诗人"。他们的错误等于向后人证明了，文字功夫不仅仅如此而已，想要透过文字功夫来写出好作品，必须再做更多的努力。

承袭太康诗风的是元嘉。"元嘉变局"的重要性在于：他的代表诗人谢灵运，突破了太康诗人只做"修辞"功夫的困境，第一次通过"文字功夫"写出好诗来。

谢灵运诗最明显的特色是写景。按照钟嵘的评论，太康诗人张协已经有"巧构形似之言"的倾向[1]。再根据现代学者的研究,东晋的玄言诗已有相当篇幅的写景部分[2]。但是,玄言诗中的景物描写,几乎不会在读者心中留下深刻的印象。谢灵运的写景则不然,在这方面,他能够"状难写之景,如在目前"。他的名句,一直为历代的诗评家所称道,如:

> 白云抱幽石,绿筱媚清涟。(《过始宁墅》)
>
> 连嶂叠巘崿,青翠杳深沉。(《晚出西射堂》)
>
> 密林含余清,远峰隐半规。(《游南亭》)
>
> 云日相辉映,空水共澄鲜。(《登江中孤屿》)
>
> 林壑敛暝色,云霞收夕霏。(《石壁精舍还湖中作》)[3]

比较没有历史感的人,在读过盛唐诗人(尤其是王维)的写景名句之后,再来读谢灵运诗,也许会觉得这种句子并不特殊。但当时人的感觉则完全不同。《宋书·谢灵运传》记载谢诗在当时为人所传诵的情形说:

> 每一诗至都邑,贵贱莫不竞写,宿昔之间,士庶皆遍,

---

[1] 《历代诗话》,9页。

[2] 王瑶《中古文学史论》,J. D. Frodsham《中国山水诗的起源》(见《英美学人论中国古典文学》,香港中文大学,1973),林文月《从游仙诗到山水诗》(见《山水与古典》,纯文学出版社,1976)。

[3] 黄节《谢康乐诗注》,68、76、78、92、113页,人民文学出版社,1958。

远近钦慕，名动京师。[1]

从历史的角度看，这是不难理解的。因为在谢灵运之前，从来就没有人以"巧构形似""模山范水"的方式，把山水之美这么真切地表现出来的。

当然，谢灵运这一类的诗句并不是"自然天成"的。虽然鲍照称赞谢诗说："如初日芙蓉，自然可爱"[2]，但这绝对不是"妙手偶得之"；谢灵运透过了不平凡的"文字功夫"才捕捉到这种山水之美。陆机在文字上"雕镌刻镂"，但没有得到什么；谢灵运在文字上"日锻月炼"，却能够把景物呈现出来。这就是谢灵运的贡献，他以实际的创作向世人证明，按照陆机的诗歌理念也可以写出好诗，不过在方法上要加以改变。

谢灵运的创作方法（即他的文字功夫），我们可以再举一些例子来进一步加以说明：

> 鸟鸣识夜栖，木落知风发。
> 异音同至听，殊响俱清越。（《石门岩上宿》)[3]

从鸟鸣到木落，从木落到山中所有"清越"的"异音"，这是更深人静之际，对于深山中各种声响的体会。

> 眷西谓初月，顾东疑落日。

---

[1]《宋书》卷六十七，1754 页，中华书局，1974。
[2]《南史》卷三十四《颜延之传》，881 页。中华书局，1975。
[3]《谢康乐诗注》，129 页。

残夕奄昏曙，蔽翳皆周悉。(《登永嘉绿嶂山》)[1]

这里对于日落时分整个山中世界通体透亮的景况，有敏锐而动人的描写。

猿鸣诚知曙，谷幽光未显。

岩下云方合，花上露犹泫。(《从斤竹涧越岭溪行》)[2]

这是一个较复杂的例子。在这里，诗人听到猿鸣，知道天已曙，但从视觉上来说，山谷还幽暗未明。透过微微的光线，诗人看到山中云还未散，花上露还未干，正是朝阳尚未照到山中的景象。

这三个例子（尤其是最后一例），明白地告诉我们，谢灵运的文字功夫是以细致的体物作为基础的。文字功夫如果只是像陆机那样，把古诗较质朴、较散行的句子，换成较华丽、较骈俪的句子，那就只是"修辞"，并没有表现什么。谢灵运的文字功夫是以内心的感觉作基础的，也就是说，所以要苦心经营、苦心锻炼，正是为了适切地表达出心中那一份难以言说的感受。如果缺乏那一份感受，缺乏那一份感受背后的事物（如谢诗中的山水），那么，文字功夫就变成只是"咬文嚼字"，只是"修辞练习"，那就毫无文学上的意义可言。

对于当时齐名的谢灵运与颜延之，鲍照曾经加以比较。他说，颜延之如"铺锦列绣"[3]，谢灵运则如"初日芙蓉"。"铺锦

---

[1]　《谢康乐诗注》，94 页。

[2]　同上书，133 页。

[3]　《南史》卷三十四《颜延之传》，881 页。中华书局，1975。

列绣"，正是暗示颜延之只不过是堆砌辞藻；而谢灵运则能捕捉山水之美，加以呈现，所以如"初日芙蓉"之可爱。谢灵运以他的实际创作告诉世人，致力于文字，是为了深入事物的本质，如果不能掌握事物真正生命之所在，再大的文字功夫，再多的辞藻与排偶，一点也无济于事。

如果说，以陆机为代表的太康诗人，把重视文字功夫的传统确立下来；那么，可以说，赋予这个传统真正的活力，透过文字功夫成功写出好作品来的第一个大诗人就是谢灵运。谢灵运是这个传统的"不祧之祖"，这一传统的大诗人，如鲍照、杜甫、韩愈、黄庭坚，如果不是直接受他影响，就是间接受惠于他（主要是透过杜甫）。凡对于这个传统加以漠视的人，大都不能了解谢灵运的重要性。民国以来，谢灵运就是因此而备受忽视的。[1]

民国以来的学者，大都只能欣赏谢灵运的写景名句。甚至在这方面，他们也有所保留，认为后来的谢朓和王维已超越了谢灵运。事实上，正如前面已经分析过的，谢灵运的本领并不只是以一联两句来描写一幅生动的景象。对于整个大自然的声、色、季节、天候的细微变化，他都有极细腻的体会。但是，这还不是他的主要成就，他的作品最大的价值是在于：把自己对大自然种种现象的感受，跟自己的心境结合起来，从而表达出他那一份特殊的"孤独感"。对于这一方面，古人大都领会到，但今人大都忽

---

[1]　民国以来的文学史家，因受新文学运动影响，崇尚朴质与自然，贬抑雕琢、晦涩的作品，对这一传统大都忽略，因此也就不能了解谢灵运的重要性。

略，实在令人感到奇怪[1]。谢灵运不只是一个"山水诗人"，就像陶渊明也不只是一个"田园诗人"一般。为了说明谢灵运这一极为重要的方面，我想较详尽地分析他的名作《登池上楼》：

> 潜虬媚幽姿，飞鸿响远音。
>
> 薄霄愧云浮，栖川怍渊沉。
>
> 进德智所拙，退耕力不任。
>
> 徇禄及穷海，卧疴对空林。
>
> 衾枕昧节候，褰开暂窥临。
>
> 倾耳聆波澜，举目眺岖嵚。
>
> 初景革绪风，新阳改故阴。
>
> 池塘生春草，园柳变鸣禽。
>
> 祁祁伤豳歌，萋萋感楚吟。
>
> 索居易永久，离群难处心。
>
> 持操岂独古，无闷征在今。[2]

这首诗里的"池塘生春草，园柳变鸣禽"，是谢诗中有数的名句，一般都举为谢诗"清新"的例子。事实上，这两句真正的好处并不在其本身，而在于它在全诗中所处的位置。也就是说，从结构上来看，我们才能真正了解这两句诗的作用。全诗的主题是，诗人由失意的郁闷心境逐渐达到化解的过程。前六句以自责

---

[1] 林文月先生在她有关的论文中（主要收集在《山水与古典》），一再强调山水诗与孤独感的关系，但许多学者论山水诗却不注意这方面的问题，只谈山水美感或人与自然的和谐。

[2]《谢康乐诗注》，73 页。

的方式表达自己被贬谪到永嘉时的矛盾痛苦的心情，这一心理的困境以"卧疴对空林"的生理状况加以象征。接着，因"褰开暂窥临"，诗人有机会目睹了"池塘生春草，园柳变鸣禽"的新春景象。这种新春的清新气息，纾解了他的郁闷，化解了他的痛苦，感情因此能够流泻出来，因此有了以下的自我表白：承认"离群难处心"，但又希望透过自我的努力，能够"无闷征在今"。从这简短的分析可以看出，这首诗的景物描写完全扣紧了谢灵运内心感情的流动。这里的景物不只是单纯的景物，也不只是谢灵运对某一景物的感受印象，而是他的内心状态的某种象征。

因此，我们可以说，谢灵运的作品不能只从局部去看，他如何描写景物，如何捕捉他对自然的印象，更重要的是，我们要把他的每一首诗当作一场小小的"心理过程"，要掌握到他每一首诗的整个描写过程背后的"心理基础"。也就是说，谢灵运的文字功夫所要捕捉的"事物"有两层，第一层是他所观察的大自然，第二层则是那个正在观察大自然的"我"。只有深入到第二层，我们才算真正读懂了谢灵运。从这方面来看，我觉得，谢灵运的作品，除了《登池上楼》之外，诸如《游南亭》《石门新营所住四面高山回溪石濑茂林修竹》《于南山往北山经湖中瞻眺》《从斤竹涧越岭溪行》[1]，都属上乘之作。在这些诗里，经由游山过程和细腻的景物描写，一个寂寞的诗人心灵就逐渐地向我们显露出来。

为了更清楚地呈现以上的论述，我想引用本世纪初俄国形式主义的理论来进一步加以说明。俄国形式主义也是非常重视文字

---

[1]　以上诸作分别见《谢康乐诗注》，78、108、129、133 页。

和技巧的。它的代表人物之一，希柯洛夫斯基（Viktor Shklovsky）的一篇著名论文，题目即为：《艺术即技巧》（Art as Technique）。希氏认为，在日常生活中我们对一切事物已因为习以为常而丧失新鲜的感受，文学即透过特殊的文字呈现而重新把这一"新鲜感"传达出来。他把文字的这种作用称为"陌生化"（making strange，defamiliarisation），他是这样说明文学性的语言的这一特质的：

> 艺术的目的是要传达事物的知觉——按照事物被"感受"的方式，而不是按照事物被"知道"的方式。艺术的技巧是要使得外在事物"陌生化"，使得文学表现难于接受，让我们较艰困地、较长时间地去感受，因为感受的过程本身就是一个美学目的，必须加以延长。艺术即是感受事物的"艺术性方式"，至于感受的是哪一种事物并不重要。[1]

希柯洛夫斯基很清楚地说明了"难于接受的""艰困的"文字和对事物的感受的关系。他的理论最足以印证谢灵运的诗歌艺术。前面说过，谢灵运的文字功夫的最大特色是，它能够深入事物的本质。用希氏的话来说，谢灵运的诗所以能够让我们感受事物、深入事物，其关键就在于他的文字功夫所呈现出来的特殊的表达方式。

如果抛开对事物的感受不谈，那么，谢灵运的诗就表面而言就是一个绵密的文字组织体；从每一个字、词到每一句话，从句与句的转接到整首诗的结构，都严密无比；这就是它"较艰困"

---

[1] L. Lemon&M. Reis（tr.），*Russian Formalist Criticism*，p. 12，University of Nebraska Press，1965. 所引文字为笔者所译。

而"难于接受"的特质。这一特质，方东树在《昭昧詹言》里说明得极为清楚而详尽，他说：

> 观康乐诗纯是功力，如挽强弩，规矩步武，寸步不失；如养木鸡，伏伺不轻动一步。自命意、顾题、布局、选字、下语，如香象渡河，直沉水底；又如累棋，如都庐寻橦，如佝偻承蜩，一口气不敢出，恐粗也；又如造凌风台，称停材木，分毫不得偏畸。[1]

希柯洛夫斯基把这种特质称之为"暴露"（laying bare）技巧，也就是说，把"文字的呈现性"强调出来，让每一个读者都可以"看得到"，可以"感受"得到。

谢灵运作诗，确实如方东树所形容的这么小心翼翼，这么字字用心，句句用力，或者如希柯洛夫斯基所说的这么"暴露"技巧。但是，我们也要了解，在这"纯是功力"（或刻意强调的"文字呈现性"）背后，也要有一个事物的本质，也要让我们感受到事物。否则，钟嵘在批评颜延之时也曾经说：

> 体裁绮密，情喻渊深，动无虚散，一句一字，皆致意焉。[2]

事实上这也就是方东树前面那一段话的意思，但颜延之并没有像谢灵运一样成为大诗人。由此可见，"文字呈现性"背后还是要有一个"事物的本质"，才能够让我们有所"感受"。

---

[1] 《昭昧詹言》，134 页，人民文学出版社，1961。
[2] 《历代诗话》，13 页。

三

综合前一节所论，我们可以说，谢灵运诗的特色在于：透过绵密的文字功夫（从个别字句贯串到整个篇章），捕捉事物（包括诗人自己）的本质，以表现出事物独特的生命。他就是以这种方式，突破太康诗人那种机械而了无生气的修辞功夫，赋予"雕琢、锻炼"以新面目，真正开创了中国诗史中的"文字功夫"传统。

从整体上来讲，整个南朝文学都是对于太康—元嘉诗风的继承与发展。但在众多诗人之中，真正能发扬谢灵运的作诗精神的，恐怕就只有比谢灵运稍晚的鲍照。其余大多依违于陆机与谢灵运之间，不能像谢灵运、鲍照那样，以"雕镌刻镂"的手段，塑造出独特的诗歌世界，而流为华丽的辞藻堆砌。这就是南朝文学为后代诟病的主要原因。一直要到盛唐，才又出现这种类型的大诗人，那就是杜甫。

杜甫跟谢灵运、鲍照两人的关系可说相当复杂。他有直接学自谢灵运的，有透过鲍照去学谢灵运的，也有特别学自鲍照而与谢灵运无关的。为了简化论题起见，我们将直接拿杜甫和谢灵运作对照，分析杜甫在"文字功夫"上和谢灵运的关系。至于这种关系，有多少是受到鲍照影响，我们留在下一章讨论。

杜甫曾经说，作诗要"熟精文选理"[1]，这应该是他自己的

---

[1]《杜诗镜铨》卷九，《宗武生日》，398—399页，上海古籍出版社，1980。

经验与心得。以他对《文选》的精熟，又以谢灵运的崇高地位，杜甫对谢诗的熟悉应该是可以想象的。当然，在作诗时也就不可能不受影响。张秉权先生曾经举出许多实例，证明杜诗跟谢诗在词汇、动词用法、句法、制题、篇法等方面的渊源关系。这些例子是否能够成立，也许会有见仁见智的看法[1]。但其中有一些，在我看来，很明显是杜甫承袭谢灵运的，如：

〔一〕心迹双寂寞（谢，《斋中读书》）

心迹喜双清（杜，《屏迹》）

〔二〕昏旦变气候（谢，《石壁精舍还湖中作》）

白谷变气候（杜，《雨》）

〔三〕拙疾相倚薄（谢，《过始宁墅》）

多病纷倚薄（杜，《赠李十五丈别》）

〔四〕衾枕昧节候……池塘生春草（谢，《登池上楼》）

衾枕成芜没，池塘作弃捐（杜，《秋日夔府咏怀》）

〔五〕初篁苞绿箨，新蒲含紫茸

（谢，《于南山往北山经湖中瞻眺》）

泥笋苞初荻，沙茸出小蒲

（杜，《白帝城放船出瞿塘峡》）

〔六〕崖倾光难留，林深响易奔

（谢，《石门新营所住四面高山回溪石濑茂林修竹》）

---

[1] 参见第一章第三节。

寒水光难定，秋山响易哀

（杜，《课小竖锄斫舍北果林枝蔓荒秽净讫移床》）[1]

从这些例子可以看出，杜甫如何在个别字、句上有意、无意地学习谢灵运；并且可以证明，杜甫对谢灵运的作品的确非常熟悉。

但是，这种熟悉和个别字句的因袭还不是最重要的。更重要的是，我们要了解，谢灵运在诗歌发展史上的独特性和创造性在哪里；杜甫是否在这方面受他影响，影响到什么程度，又如何将这些影响加以转化，并形成另一种创造。我们正是要从这方面来讨论杜甫与谢灵运的关系。

正如前面已经说过的，谢灵运的独创性在于：他突破了陆机机械的修辞方式，以更绵密的文字功夫直探入事物的本质。我们接着要指出的是，在经过长久的中断以后，杜甫承袭了谢灵运这一特质，并加以发展，加以"再创造"，从而使得这种文字功夫产生新的面目，并扩大使用到更广泛的内容上。此后，凡是这一传统的诗人，如韩愈、李商隐、黄庭坚，无不直接从杜甫去学习。所以，如果说中国诗歌中的文字功夫传统是由谢灵运赋予生命的，那么，杜甫就是把这一传统发展到极致的人。谢灵运在诗史上的意义，只有透过杜甫的成就去看，才能看得更清楚。反过来说，杜甫在诗史上的崇高地位，也只有联系到在他之前的谢灵运，在他之后的韩愈、黄庭坚，才能落实到具体的历史脉络中。

要说明杜甫在文字功夫上的高超成就，最好的方法是，比较

---

[1] 张秉权《杜甫与谢灵运》，《大陆杂志》语文丛书第一辑，文学（上），374—379 页（未注明出版日期）。

他在这方面和谢灵运的异同。这样，一方面可以看出他如何受谢灵运影响，另一方面也可以知道他如何超越谢灵运。谢灵运的文字功夫在写景上表现得最为突出，因此，我们就从这里开始。试看下面杜甫写景的一个例子：

> 土门山行窄，微径缘秋毫。
> 栈云阑干峻，梯石结构牢。
> 万壑敧疏林，积阴带奔涛。
> 寒日外澹泊，长风中怒号。
> 歇鞍在地底，始觉所历高。
> 往来杂坐卧，人马同疲劳。……（《飞仙阁》）[1]

这里所写的是途经山中栈道的一段历程，一直写到下山为止。我们可以看到，杜甫对于每一个字句都很用心地去推敲，去创造，没有任何字句是轻易下笔，让人觉得"熟悉"的。因此，这就会由生涩而产生一份新鲜感，让我们不会轻易地"滑"过任何一个字。正如希柯洛夫斯基所说的，这种表现的"难于接受"，正是要我们"较艰困地、较长时间地去感受"——在这里，就是"感受"到登高历险的"经验"，也就是我们所谓的，感受到"事物之本质"。再看另一个例子：

> 山行有常程，中夜尚未安。
> 微月没已久，崖倾路何难。
> 大江动我前，洶若溟渤宽。

---

[1] 《杜诗镜铨》卷七，304 页。

篙师暗理楫，歌笑轻波澜。……（《水会渡》）[1]

这里的文字没有上一例艰困、生涩，但也说不上平易，还可以看出功夫。后面四句以诗人渡水的紧张来跟篙师的谈笑自若对比，很生动地表现了旅途中一个小小的事件。因此，这里也是既有功夫，又有事物的生命。

综合以上两例，我们会觉得，它们和谢灵运的作品似乎相似，但又有所不同。相似的是写作方法，正如前面已经分析的，是透过文字功夫去掌握、去呈现事物的方法。不同的是题材与境界。虽然同是写山水，但谢灵运写的是一个深山高士所观赏到的山水，杜甫写的是逃难的人所跋涉的山水。题材与境界是如此不同，初看之下，不容易想到这是同一种写作方法之下的不同作品。从这里就可以看出杜甫的创造力了。杜甫仅仅把谢灵运的方法，运用到谢灵运所擅长描写的山水上，就可以开创出多么不同的诗歌世界。如果要了解杜甫的全面成就，我们必须这样想象：杜甫把谢灵运的文字功夫加以转化的这种能力，不只表现在谢灵运所常写的题材上，也表现在更多的（多到不成比例）谢灵运从来不涉及的题材上。举凡人世间的人情物理，杜甫在他一生中所曾经历的，他无不以这种文字功夫去加以描写，也无不达到极高的成就。跟这种无所不包的成就相比，谢灵运的山水诗在题材与视境上就显得太狭窄了。这就是后来重视文字功夫的诗人，几乎毫无例外地都向杜甫学习，而置谢灵运于不顾的原因。

为了说明杜甫文字功夫应用范围的广泛，我们再举一个较特

---

[1] 《杜诗镜铨》卷七，303—304 页。

殊的描写的例子：

> 阴崖有苍鹰，养子黑柏颠。
>
> 白蛇登其巢，吞噬恣朝餐。
>
> 雄飞远求食，雌者鸣辛酸。
>
> 力强不可制，黄口无半存。
>
> 其父从西归，翻身入长烟。
>
> 斯须领健鹘，痛愤寄所宣。
>
> 斗上捩孤影，噭哮来九天。
>
> 修鳞脱远枝，巨颡坼老拳。
>
> 高空得蹭蹬，短草辞蜿蜒。
>
> 折尾能一掉，饱肠皆已穿。
>
> 生虽灭众雏，死亦垂千年。
>
> 物情有报复，快意贵目前。……（《义鹘行》）[1]

　　健鹘痛击白蛇的一段描写（"斗上捩孤影"以下八句），选字造句，字字创新，可以看出杜甫控驭自如的文字创造性。而他所选择的题材，以及借着这一题材所要表达的痛击不义、伸张正义的感受，在中国古诗中也是难得一见的。这里的文字功夫及其所要表现的事物，都以最"显豁"的方式呈现在我们眼前。用希柯洛夫斯基的话，这首诗把技巧完全"暴露"出来了。

　　前一节谈到，谢灵运的文字功夫不只是要表现山水之美及其细致的变化，也要表现正在观赏大自然的诗人自我的心境。现在我们再来看看，杜甫是如何描写心境的：

---

[1] 《杜诗镜铨》卷四，192—193页。

山风吹游子，缥缈乘险绝。

峡形藏堂隍，壁色立积铁。

径摩穹苍蟠，石与厚地裂。

修纤无垠竹，嵌空太始雪。

威迟哀壑底，徒旅惨不悦。

水寒长冰横，我马骨正折。

生涯抵弧矢，盗贼殊未灭。

飘蓬逾三年，回首肝肺热。（《铁堂峡》）[1]

在这首诗里，杜甫借着山行的旅程来反映他在战乱中逃难的心情。这跟谢灵运以登山的历程来透露孤独的感受，外表上有些类似。但谢灵运的心境是非常幽微而不容易体会的，而杜甫则较直接地表现出他的强烈情绪。不过，杜甫的情绪虽然较为显露，但我们还是看到，他对旅途的描写功夫也密切配合着他所要表达的感情。也就是说，和谢灵运一样，他的文字功夫仍然是要掌握两层事物，即：大自然，与大自然中的"我"。

但是，这首诗对于心境的描写，还不能算是杜甫的最高造诣。在这方面，他的成就是别有所在的。试看下面的例子：

杜陵有布衣，老大意转拙。

许身一何愚，窃比稷与契。

居然成濩落，白首甘契阔。

盖棺事则已，此志常觊豁。

---

[1]《杜诗镜铨》卷四，289 页。

穷年忧黎元，叹息肠内热。

取笑同学翁，浩歌弥激烈。

非无江海志，潇洒送日月。

生逢尧舜君，不忍便永诀。

当今廊庙具，构厦岂云缺。

葵藿倾太阳，物性固莫夺。……

（《自京赴奉先县咏怀五百字》）[1]

这里的文字并不平易，"功夫"很明显，但真正的功夫是在于：对矛盾复杂的心情的掌握。以最后八句来说，"非无江海志，潇洒送日月"，是对于前面所叙述的"大志"的"反"，似乎要放开不管了。但后面"生逢尧舜君，不忍便永诀"便又收回来。接着"当今廊庙具，构厦岂云缺"又一反，又劝自己放开，但"葵藿倾太阳，物性固莫夺"还是收回来，还是放不开。这重复的一反一收，把心情的矛盾表现出来以后，反而更可看出杜甫"至死靡他"的心志了。实际上，这就是一般所谓杜诗沉郁顿挫的风格，经过分析以后，我们清楚看到，这风格是以精心安排的心理转折的技巧来达到的。这就是"功夫"，而且很明显我们已很难再说，这是文字功夫，还是掌握人的心理的功夫，两者已合为一体，不再可以分辨了。《自京赴奉先县咏怀》的整首诗，就是以这种方式来分析自己过去与现在的心情，并且把这心情和沿途所闻所见密切结合在一起，波澜起伏，感慨万端，比起谢灵运借登山过程以呈显自己幽微的心境，真是高明太多了。

---

[1]《杜诗镜铨》卷三，108—109页。

以希柯洛夫斯基的理论来说，杜甫"沉郁顿挫"的作法，就是把人心中的隐微与矛盾加以分解，使它的各个部分透过"文字的呈现"表现出一种为我们所"陌生"的状态。从读者这方面来说，这种"陌生状态"会引发我们"新鲜而强烈的感受"，从而我们就掌握到了那一"隐微而矛盾"的心境。

杜甫这一种把心情加以解析，加以"陌生化"的技巧，不只是用来描写自己，也常常用来描写别人，譬如：

> 四郊未宁静，垂老不得安。
> 子孙阵亡尽，焉用身独完。
> 投杖出门去，同行为辛酸。
> 幸有牙齿存，所悲骨髓干。
> 男儿既介胄，长揖别上官。
> 老妻卧路啼，岁暮衣裳单。
> 孰知是死别，且复伤其寒。
> 此去必不归，还闻劝加餐。
> 土门壁甚坚，杏园度亦难。
> 势异邺城下，纵死时犹宽。……（《垂老别》）[1]

这首诗或四句一转，或两句一转，甚至有一句一转的。在层层转折之中，把老人被迫从军的悲哀，一次又一次地以累积的方式表现出来。到了最后，正如结尾一句所说，"塌然摧肺肝"。按传统的说法，这是擅于应用"顿挫"或"转折"的技巧；按希柯洛夫斯基的理论，这是擅长把复杂的感情"陌生化"。

---

[1] 《杜诗镜铨》卷五，223—224 页。

这种"陌生化"的技巧，在杜甫的手中可以"绚烂归于平淡"，完全看不出"文字功夫"，譬如：

> 人生不相见，动如参与商。
> 今夕复何夕，共此灯烛光。
> 少壮能几时，鬓发各已苍。
> 访旧半为鬼，惊呼热中肠。
> 焉知二十载，重上君子堂。……（《赠卫八处士》）[1]

这首诗读起来每句都让人点头首肯，我们会觉得，这种遭遇之下，我们的心情必然如此。我们逐句读下来，那种感觉就像，我们的感情正是按照杜甫诗句的顺序"流露"出来的。也就是说，杜甫掌握到人情的最真实处，并能够把这一人情呈现为一"陌生化的过程"，当我们阅读这一段文字时，我们透过文字去掌握这一过程、去"感受"这一过程。我们只觉得"理应如此"，但问题是，谁能够把人情表达得这么"自然"而"真切"。从这里就可以看出杜甫超凡入圣的功夫。杜甫的许多诗作都有这种特点，用西方的话来说，杜甫实在是一个心理分析的大师。他虽然是一个抒情诗人，但他对人情的了解之深，实在不会输给一个擅长描写人物心理的小说家。

从这里可以看出，杜甫不但在题材与境界上远超过谢灵运，即使在技巧上，他也能够从"暴露"技巧到"隐藏"技巧，表现得更为多样化。后代学杜的人，往往只从"暴露"技巧这方面去

---

[1] 《杜诗镜铨》卷五，207—208 页。

着手，只得杜之一体[1]。这就是本章一再提到的中国诗史中的"文字功夫"传统。关于这一传统，方东树的《昭昧詹言》有两段话说得很精到，我们引在下面，以作为本章之结束：

> 以谢、鲍、韩、黄深苦为则，则凡汉、魏、六代、三唐之熟境、熟意、熟词、熟字、熟调、熟貌，皆陈言不可用。

> 谢、鲍、杜、韩其于闲字语助，看似不经意，实则无不经意，实则无不坚确老重成炼者，无一懦字、率字、便文漫下者。此虽一小事，而最为一大法门。[2]

从这两段话足以看出两点：第一，谢灵运、鲍照、杜甫、韩愈、黄庭坚诸人属于同一诗歌传统，即本文所谓"文字功夫"传统。第二，这一传统的基本精神是：字字用心，句句用力，使全诗构成严密艰涩的文字组织体。或者用俄国形式主义的话来说，就是"陌生化"和"暴露技巧"。从这个角度来看，我们才能真正了解谢灵运在中国诗歌史上的重要性，也才能真正体会，杜甫与谢灵运的传承关系中最核心、最重要的部分。

---

[1] 学杜另有较重内容的一派，如白居易、陆游，与此处所提者无关。

[2] 《昭昧詹言》，18、20页。

第四章　杜甫与鲍照

一

在第二章，我们已经谈到，汉、魏具有浓厚写实气息的乐府民歌传统，进入西晋以后，由于傅玄、张华、陆机等人所引进的"据旧题咏古事"的作法，而变得奄奄欲息。从此以后，乐府的性质改变了，如冯班在《钝吟杂录》所说的：

> 盖汉人歌谣……其词多歌当时事，如上留田、霍家奴、罗敷行之类是也。[1]

这种作风已经不可复见。如建安时代曹操之据旧题写时事（《薤露》《蒿里》之类），王粲、曹植之以古诗体写己身遭遇、见闻（《七哀诗》《送应氏》之属），也渺然不可再得，汉、魏时代盛行一时的写实诗歌传统至此已不绝如缕。这种情势，到了元

---

[1]　《清诗话》，38页，上海古籍出版社，1963。

嘉时期，也没有什么改变。譬如，以谢灵运的"兴多才高"[1]，以他对陆机所建立的美文传统所作的创造性的变革，他在乐府诗方面也不能够有什么突出的成就。他所留下来的较完整的乐府诗还有十七首[2]，但是，这些作品就如陆机的拟古诗和拟古乐府一般，只是一些"修辞练习"，远比不上他的极富创意的山水诗。[3]

但是，这个几乎已经中断的写实的乐府传统，在整个南朝时代，也不是完全找不到一个后继者。在谢灵运的后辈，元嘉时代另一个大诗人鲍照身上[4]，我们看到这一传统的复兴。在长达一百七十年的南朝文学史中，这虽然只是一个"偶然"的现象；但是，在中国诗歌的整体发展历程里，这一偶然现象却具有无比的意义；因为它对后来的盛唐诗有极其深远的影响。如果我们的眼光不仅限于鲍照的七言乐府，特别是他的十八首《拟行路难》[5]，而扩及他的所有乐府诗，甚至他的所有诗作；如果我们把他对盛唐诗人的影响集中到他与杜甫的关系上，如我们在这里要加以精细考察的，我们就会发现，在整个汉魏六朝诗中，鲍照

---

[1] 钟嵘《诗品》评语，见《历代诗话》，9 页，中华书局，1981。

[2] 见黄节《谢康乐诗注》卷一，人民文学出版社，1958。

[3] 一般选本都不选谢灵运的乐府诗，譬如沈德潜《古诗源》共选谢诗二十五首，其中没有任何一首乐府。

[4] 据钱仲联考证，鲍照约生于晋安帝义熙十年（公元 414 年，见钱仲联《鲍参军集注》，439 页，上海古籍出版社，1980。）如此，鲍照小于谢灵运（晋孝武帝太元十年，公元 385 年生）29 岁。

[5] 一般人都只注意鲍照的七言乐府，而忽略了他的五言乐府和五言诗。

可以说是一个"小杜甫",一个具体而微的,但还没有发展到极致的杜甫。从这个观点,我们会对杜诗的"渊源"有一个全新的看法;并且,对鲍照的个人成就有一个全新的评价。

鲍照现存的乐府诗共有八十六首[1](其中一般五言体二十八首,吴歌体二十六首[2],七言及杂言三十二首),可能要算是汉魏六朝诗人里最多的了。其次多的,曹植不过四十一首[3],陆机也只有四十六首。但数量并不是最重要的,譬如陆机四十六首的价值就远比不上曹操的十九首[4];重要的还是品质。就内容而言,鲍照的乐府诗恐怕有一半都是极好的作品。[5]

从形式上看,鲍照的乐府还是遵循陆机"据旧题写旧意"的原则,但是,如果细察内容,其间的差别很明显就可以看得出来。我们试举陆机、鲍照所拟的《挽歌》来加以比较:

> 重阜何崔嵬,玄庐窜其间。
>
> 磅礴立四极,穹窿放苍天。
>
> 侧听阴沟涌,卧观天井悬。
>
> 圹宵何寥廓,大暮安可晨。
>
> 人往有返岁,我行无归年。

---

[1] 见钱仲联《鲍参军集注》卷三、卷四。

[2] 元嘉时代文人已开始模拟吴歌,除鲍照外,谢灵运有《东阳溪中赠答》二首,见《谢康乐诗注》,88 页。

[3] 见黄节《曹子建诗注》卷二,人民文学出版社,1957。

[4] 见逯钦立辑校《先秦汉魏晋南北朝诗》,345—355 页,中华书局,1983。

[5] 沈德潜《古诗源》共选鲍照诗四十二首,其中乐府二十一首,约占鲍照全部乐府诗的四分之一。事实上,未入选的还有许多好作品。

昔居四民宅，今托万鬼邻。

昔为七尺躯，今成灰与尘。

金玉素所佩，鸿毛今不振。

丰肌飨蝼蚁，妍姿永夷泯。

寿堂延魑魅，虚无自相宾。

蝼蚁尔何怨，魑魅我何亲。

拊心痛荼毒，永叹莫为陈。(陆机《挽歌》诗三首之三)[1]

独处重冥下，忆昔登高台。

傲岸平生中，不为物所裁。

埏门只复闭，白蚁相将来。

生时芳兰体，小虫今为灾。

玄鬓无复根，枯骸依青苔。

忆昔好饮酒，素盘进青梅。

彭韩及廉蔺，畴昔已成灰。

壮士皆已死，余人安在哉？(鲍照《代挽歌》)[2]

　　我们可以从用词和整首诗的基本倾向这两方面来比较这两首《挽歌》的异同。陆机用了诸如"重阜""玄庐""丰肌""妍姿"这么典雅的词汇；相比之下，鲍照的"重冥""高台""玄鬓""枯骸"就要平浅俚俗得多了。但是，鲍照的浅俗却要比陆机的高雅更具有现实感。陆机的用词隔断了我们跟真实生命的接触，除了华美的辞藻外，我们"感受"不到什么。而鲍照的"白

---

[1]《先秦汉魏晋南北朝诗》，654 页。
[2]《鲍参军集注》，142 页。

蚁相将来""小虫今为灾""枯骸依青苔"却让我们看到真实的
生活。就整首诗来讲,陆机基本上只是铺排,只是尽力地描写坟
墓的环境,以及里面的"人"的现在与过去的对比。而鲍照却提
到"死"在生命中的影响:以前是"傲岸平生中",现在是"白
蚁相将来";以前"好饮酒",现在"已成灰"——以前的壮士
已不复存在。我们看到"生命"的某种感叹,这种具体的"人间
性格"在陆机的拟作中是完全付之阙如的。简单地说,鲍照虽然
也在"模拟"旧作,但其中所具有的"现实感"却跃然欲出,可
见可感。这种特质纵贯于鲍照绝大部分的乐府中,使得他这些作
品凌驾于西晋以下的所有同类诗作,而直逼"汉魏风骨"。

但是,这首《代挽歌》还不是鲍照乐府诗中现实感最为强烈
的,它基本上还保留原作的格局。在另外一些作品中,乐府旧题
的"原意"虽然勉强被保留下来,但其形迹已相当模糊,几乎被
鲍照凌厉的现实感所撑破了,如下面这首《代白头吟》:

> 直如朱丝绳,清如玉壶冰。
> 何惭宿昔意,猜恨坐相仍。
> 人情贱恩旧,世议逐衰兴。
> 毫发一为瑕,丘山不可胜。
> 食苗实硕鼠,玷白信苍蝇。
> 凫鹄远成美,薪刍前见陵。
> 申黜褒女进,班去赵姬升。
> 周王日沦惑,汉帝益嗟称。
> 心赏犹难恃,貌恭岂易凭。

古来共如此，非君独抚膺。[1]

在旧题卓文君作的《白头吟》原作里，主题是在感慨男人因"刀钱"弃女子而去。在鲍照的拟作里，这个主题被扩大了，被深化了，而变成是对于"人情贱恩旧"的强烈愤慨与不平。在"古来共如此，非君独抚膺"的浩叹中，一种浓厚的人间的现实感直逼而来。虽然这里没有具体的"事件"，而只有"感情"的抒发，但我们却有一种"其中有人，呼之欲出"的幻觉。

当然，最典型的汉乐府民歌是以一般人民为描写对象的叙事性的作品，如《东门行》《妇病行》。这一类型的作品，在鲍照集里也可以找得到，譬如著名的《代东武吟》：

> 主人且勿喧，贱子歌一言：
> 仆本寒乡士，出身蒙汉恩。
> 始随张校尉，占募到河源。
> 后逐李轻车，追虏穷塞垣。
> 密涂亘万里，宁岁犹七奔。
> 肌力尽鞍甲，心思历凉温。
> 将军既下世，部曲亦罕存。
> 时事一朝异，孤绩谁复论？
> 少壮辞家去，穷老还入门。
> 腰镰刈葵藿，倚杖牧鸡豚。
> 昔如鞲上鹰，今似槛中猿。
> 徒结千载恨，空负百年怨。

---

[1]《鲍参军集注》，156页。

弃席思君幄，疲马恋君轩。

愿垂晋主惠，不愧田子魂。[1]

这首诗在叙事、描写上的生动、活泼，使得朱熹不由得称赞道：

> 鲍明远才健，其诗乃《选》之变体，李太白专学之。如"腰镰刈葵藿，倚杖牧鸡豚"，分明说出个倔强不肯甘心之意；如"疾风冲塞起，沙砾自飘扬。马毛缩如猬，角弓不可张"，分明说出边塞之状，语又峻健。[2]

在这里，朱熹一语说中鲍照乐府诗的特质。所谓"分明说出……之状"，其实正指出鲍照有精确地掌握事物之"情状"的才华，这和汉乐府的"摹声绘影"相似，而与古诗十九首、陶潜之以烘托、暗示的方式来呈显感情与心境是有所区别的。

不过，朱熹只说"李太白专学之"，而没有指出这类作品与杜甫的关系，未免有些遗憾。朱熹强调鲍照"才健""峻健"，这应该是受到杜甫在《春日忆李白》一诗中"俊逸鲍参军"[3]这一评论的影响。就俊逸、矫健而言，李白与鲍照的确有相似之处。譬如鲍照的《代出自蓟北门行》[4]（朱熹所引"疾风冲塞起"四句即出自此），和李白的边塞、游侠之作实在颇为类似。但是，就整体风格而言，王夫之对鲍照的评论可能较为正确，

---

[1]　《鲍参军集注》，159 页。

[2]　《朱子语类》卷一百四十，3324 页，中华书局，1986。

[3]　见《杜诗镜铨》卷一，32 页，上海古籍出版社，1980。

[4]　见《鲍参军集注》，165 页。

他说：

> 杜陵以"俊逸"题鲍，为乐府言尔。鲍五言恒得之深秀而失之重涩，初不欲以俊逸自居。[1]

鲍照确实如王夫之所认为的，"重涩"多于"俊逸"[2]。虽然土夫之爱其"深秀"而不喜"重涩"，但"重涩"正是鲍照最大的特质之一，也是足以证明他近于杜甫而远于李白的地方。

单就《代东武吟》这首诗而论，我们至少可以找出和杜甫有关系的两点来谈。首先，杜甫一首著名的五言古风《奉赠韦左丞丈二十二韵》是这样开头的：

> 纨袴不饿死，儒冠多误身。
> 丈人试静听，贱子请具陈。……[3]

《奉赠韦左丞丈》和《代东武吟》都是自述体，"冒头"两句或四句又是如此地相似，我们很难不怀疑，杜甫是受了鲍照影响[4]。其次，我们知道，杜甫早期有两组著名的连章诗，《前出塞》九首和《后出塞》五首。这两组诗都以一个从军者的口吻，

---

[1] 《古诗评选》卷五，14 页，《船山遗书全集》二十册，自由出版社，1972。

[2] 王夫之说，鲍照"乐府"俊逸，恐怕主要指《拟行路难》一类作品而言，事实上，鲍照五言乐府也有较偏于"重涩"的。

[3] 《杜诗镜铨》卷一，24 页。

[4] 鲍照和杜甫可能也都受古诗《四坐且莫喧》一诗之影响，此诗开头云："四坐且莫喧，愿听歌一言。"（见《先秦汉魏晋南北朝诗》，334 页）

叙述他们从军的过程和感慨[1]。它们所采取的连章的形式虽然比较特殊，但以自述的方式来描写边塞之事却与《代东武吟》有相似之处。至少在盛唐的边塞诗之中，我们还找不到比这两组诗更类似于《代东武吟》的作品。[2]

但是，更重要的是，我们要指出，像《代东武吟》这样的作品，距离杜甫"即事名篇"的新乐府已经不远了。关于《东武吟》，古乐府是什么样子，我们并不知道。早于鲍照的资料，我们只能看到左思《齐都赋》注云："东武、太山，皆齐之土风，弦歌讴吟之曲名也。"晚于鲍照的资料，几乎都只能从鲍照这一首诗谈起[3]。由此可见，从文献上来看，我们根本不知道鲍照以前是否有《东武吟》这样的古乐府。我们有理由怀疑，鲍照在用所谓"古题"时是相当自由的，像《东武吟》这一类无法指实的题目（连它们原先的"题意"是咏何事都无法考订）还有一些，另有一些甚至连题目都不能找出任何根据[4]，譬如《代少年时至衰老行》《代贫贱苦愁行》，我们很可以怀疑鲍照是自拟的。至少，从鲍照应用古题的"自由"和其诗中所具有的写实精神来看，鲍照的乐府已经具有盛唐人的作风了。我们可以说，李白像鲍照一样，自由地应用古题，并承袭他的"俊逸"风格；而

---

[1] 有一些选本只选其中一两首，或者删去其中一两首，这种割裂是有违原诗之本意的。

[2] 试拿高适的《燕歌行》来比较，就可以看出鲍、杜两人作品在叙述方式上的相近。

[3] 见《鲍参军集注》，159—160 页注①。

[4] 这只要看黄节、钱仲联对于鲍照所用每一乐府题的注解即可得知（按，黄节的注已全部纳入钱仲联《鲍参军集注》里）。

杜甫则发扬他的写实精神，并扩展成"即事名篇"的新乐府。

鲍照这种具有强烈的写实色彩的、自由的"拟古"作风，还可以从他的《拟古》八首中看得出来。这八首中的七首基本上都是写自己的"身世之感"（关于这一点后面有较详尽的讨论），在风格上他糅合了古诗十九首、曹植、刘桢、阮籍、左思、陶潜这一系列咏怀传统的重要诗人的特质[1]，而以自己独特的面目加以涵摄。其中最鲜明的就是现实感，譬如下面这一首：

> 凿井北陵隈，百丈不及泉。
>
> 生事本澜漫，何用独精坚。
>
> 幼壮重寸阴，衰暮及轻年。
>
> 放驾息朝歌，提爵止中山。
>
> 日夕登城隅，周回视洛川。
>
> 街衢积冻草，城郭宿寒烟。
>
> 繁华悉何在，宫阙久崩填。
>
> 空谤齐景非，徒称夷叔贤。（《拟古》八首之四）[2]

这一首诗的第一联和第六联所使用的意象（凿井、冻草、寒烟）比咏怀传统的一般作品要来得"低俗"（就其较接近人民的日常生活而言），整首诗的语气显得相当凌厉强悍，远超过十九首、阮籍、陶潜的蕴藉，即使是左思那八首较不含蓄、较强有力

---

[1]　鲍照另有《拟青青陵上柏》《学刘公干体》《拟阮公夜中不能寐》《学陶彭泽体》（以上均见《鲍参军集注》卷六）。又，沈德潜评曰："拟古诸作，得陈思、太冲遗意。"（见《鲍参军集注》347页引）由此可见，鲍照拟古之作与十九首及前代诸诗人之关系。

[2]　《鲍参军集注》，340页。

的《咏史诗》，也还比不上它的"直截了当"。从这两方面来看，这首《拟古》已经达到咏怀传统的极限了。但是，最足以看出鲍照之不同于曹、刘、阮、陶的，是他的《拟古》八首中最例外的一首：

> 束薪幽篁里，刈黍寒涧阴。
>
> 朔风伤我肌，号鸟惊思心。
>
> 岁暮井赋讫，程课相追寻。
>
> 田租送函谷，兽藁输上林。
>
> 河渭冰未开，关陇雪正深。
>
> 笞击官有罚，呵辱吏见侵。
>
> 不谓乘轩意，伏枥还至今。(《拟古》八首之六)[1]

像这样描写一个"末皂"[2]的悲苦，已经完全撑破一切咏怀、咏史、拟古的传统，而达到实实在在的写实的地步。在这里，我们已经看到杜甫的身影了。

但是，还有比这一首更进一步的：

> 善贾笑蚕渔，巧宦贱农牧。
>
> 远养遍关市，深利穷海陆。
>
> 乘轺实金羁，当垆信珠服。
>
> 居无逸身伎，安得坐粱肉。
>
> 徒承属生幸，政缓吏平睦。

---

[1] 《鲍参军集注》，343 页。

[2] 鲍照《谢秣陵令表》云："臣负锸下农，执羁末皂。"见《鲍参军集注》，53 页。

春畦及耘艺，秋场早艾筑。

泽阅既繁高，山营又登熟。

抱锸垄上餐，结茅野中宿。

空识已尚醇，宁知俗翻覆。(《观园人艺植》)[1]

像这样的作品，即使以现代人的观点来看，也可以不折不扣地称之为"社会诗"。"抱锸垄上餐，结茅野中宿"的生活，"善贾笑蚕渔，巧宦贱农牧"的感慨，没有"负锸下农"[2]的经验的士大夫，恐怕是不容易写出来的。这首诗的"社会认识"已经足以保证，鲍照是汉魏之后、杜甫之前难得一见的写实诗人。

二

在上一节里，我们主要讨论鲍照的乐府诗，并简略涉及他的拟古作品；我们比较了鲍照的乐府诗和陆机的拟古乐府，也比较了他的拟古诗和阮籍、左思、陶潜系统的政治咏怀诗；透过这种比较，我们看到鲍照诗中较为鲜明的现实感和写实精神。在最后，我们举出鲍照的《观园人艺植》一诗，从这一首诗所呈现出来的"社会意识"，可以证明，鲍照已足可被称为"写实诗人"。

事实上，鲍照的写实精神不只表现在他的乐府和拟古上，我们可以在他的全部作品中看到这一精神。而且，鲍照的写实精神也不仅限于现实感和社会意识，它的表现幅度要更为深广。在这

[1] 《鲍参军集注》，377 页。

[2] 鲍照《谢秣陵令表》云："臣负锸下农，执羁末皂。"见《鲍参军集注》，53 页。

一节里，我们将从诗的题材和诗的语言这两方面，来扩大讨论鲍照作为一个写实诗人的特质。

写实可以有两层含义，一种较强调诗人的社会现实感，如鲍照的"善贾笑蚕渔，巧宦贱农牧"，杜甫的"朱门酒肉臭，路有冻死骨"以及"三吏三别"都是。一种是较广义，指的是诗人在选材上颇为重视日常生活的琐事。关于鲍照在前一方面的表现，我们在前一节已讨论过，在第四节论及鲍照个人的身世之感时还要加以说明。我们现在要谈的是，鲍照在第二方面的表现。

要了解鲍照在描写及选材上的特质，我们只要举出一些具体的例证就可以了，譬如：

乳燕逐草虫，巢蜂拾花萼。(《采桑》)

腰镰刈葵藿，倚杖牧鸡豚。(《代东武吟》)

荒径驰野鼠，空庭聚山雀。
……
麻垄方结叶，瓜田已扫箨。(《秋夜》二首之二)

露色染春草，泉源洁冰苔。
泥泥濡露条，娜娜承风栽。
㲃雏掇苦荬，黄鸟衔樱梅。(《三日》)[1]

这些诗句所描写的"事物"，我们几乎不会在曹植、阮籍、谢灵运的作品里发现；即使像陶潜那样的"田园诗人"，我们也

---

[1] 以上分别见《鲍参军集注》，137、159、401、398 页。

很难看到这些题材。鲍照诗中所涉及的日常琐事的范围，要比他们广阔得多。再看下面一首：

> 连阴积浇灌，滂沱下霖乱。
>
> 沉云日夕昏，骤雨淫朝旦。
>
> 蹊汀走兽稀，林寒鸟飞晏。
>
> 密雾冥下溪，聚云屯高岸。
>
> 野雀无所依，群鸡聚空馆。（《苦雨》）[1]

像这样写雨景，写"蹊汀走兽稀"，写"群鸡聚空馆"，即使在唐诗中也不多见。从这里可以看出，鲍照的艺术感受与日常生活的关系。

正因为鲍照的感受是来自他的具体的生活经验，他的写景具有一种特殊的感人的力量，如：

> 风起洲渚寒，云上日无辉。
>
> 连山眇烟雾，长波迥难依。
>
> 旅雁方南过，浮客未西归。（《吴兴黄浦亭庚郎中别》）

> 客行惜日月，崩波不可留。
>
> 侵星赴早路，毕景逐前俦。
>
> 鳞鳞夕云起，猎猎晚风遒。（《上寻阳还都道中》）[2]

在这里，景物是从行役的旅客的眼光去看的，它的生动是来

---

[1]《鲍参军集注》，396 页。

[2]《鲍参军集注》，290、310 页。

自于生活性。又如：

> 泉源首安流，川末澄远波。
>
> 晨光被水族，晓气歇林阿。(《还都至三山望石头城》)
>
> 凉埃晦平皋，飞湖隐修樾。
>
> 孤光独徘徊，空烟视升灭。(《发后渚》)[1]

在这两个例子里，旅客的心情比较轻松而不急切，诗里的景物表现得特别细致（"川末澄远波"，"空烟视升灭"），显得比较安详。

自从太康诗人开始"巧构形似之言"以后[2]，南朝诗人写景"巧言切状"，"功在密附"[3]。但就结果而论，未必能像鲍照这样达到"情景交融"的地步。其间的差别就在于：一个是站在观察者的角度，务求其"似"；一个是站在生活的观点，求其切合我之心境。物之动人，是因为"性情摇荡"。鲍照是一个生活的诗人，他从生活来写景，反而使他写的景物更为动人。在这方面，鲍照要胜过所有太康、元嘉系统的诗人，包括谢灵运在内。我们可以再看最后一个例子：

> 梦中长路近，觉后大江违。
>
> 惊起空叹息，恍惚神魂飞。

---

[1]《鲍参军集注》，314、320 页。

[2] 钟嵘《诗品》评张协云："又巧构形似之言。"见《历代诗话》，8 页。

[3]《文心雕龙》"物色"，694 页，上海古籍出版社，1970。

白水漫浩浩，高山壮巍巍。(《梦还乡》)[1]

最后两句的感人，只有摆在"梦还乡"的背景下才能适切地
了解。它并不"巧言切状"，它的动人来自和生活的密切结合。

综合起来，我们可以说，鲍照是一个生活的诗人，是一个日
常生活的诗人。他的感受"下达"到日常生活的琐细事物，"下
达"到一个生活中的人对于周遭景物的感受。正因为他的感受植
根于生活广阔的基础，他才能从这一具体的生活中体验到其中的
问题，并进而成为一个"社会诗人"。也就是说，我们前面所说
的两种写实是密切相连的，只有从日常生活的写实出发，才可能
达到真正的"社会写实"的高度。杜甫如此，鲍照也是如此。

以上谈的是鲍照作品的题材，其次要讨论的是他的诗歌的语
言。在这方面，鲍照的风格是多方面的，我们在这里所要突显出
来的是，鲍照的语言和民歌的关系，以此来证明鲍照确实承袭了
乐府民歌在语言表现上的某些特色。

关于鲍照，钟嵘在《诗品》下卷论到惠休时，有一段值得玩
味的话，他说：

> 惠休淫靡，情过其才。世遂匹之鲍照，恐商周矣。羊曜
> 璠云："是颜公忌照之文，故立休、鲍之论。"[2]

鲍照曾经在比较颜延之与谢灵运时，说前者"铺锦列绣"，
后者如"初日芙蓉"（参见前一章），明显有扬谢而贬颜的意思。

---

[1] 《鲍参军集注》，384 页。
[2] 《历代诗话》，20 页。

而颜延之也"立休、鲍之论",借以压抑鲍照。两者合并起来看,可以说是元嘉文坛的一段轶事。但是,颜延之的评论也许还可以进一步推敲。颜延之曾批评惠休说:

惠休制作,委巷中歌谣耳。[1]

很值得玩味的是,鲍照在《答休上人》里写道:

酒出野田稻,菊生高冈草。
味貌亦何奇,能令君倾倒。[2]

这是在答谢惠休上人对鲍照的欣赏。就表现方法而言,这四句所采用的朴实而贴切的比兴,竟有"委巷中歌谣"的风味了。我们或许可以说,鲍照不过是仿惠休的风格来酬答惠休罢了。但我们未尝不可怀疑,鲍照作品中有明显的民谣风的味道,所以颜延之才拿他来与惠休相提并论。

从鲍照的许多作品来看,他的语言的确有取之民间的痕迹,最有力的证据在于鲍照诗歌所使用的比兴手法。鲍照所使用的比喻之纯朴而生动,恐怕是其他六朝诗人所不能想象得到的,前面所举《答休上人》已可明显看出,现在再列举一些比较杰出的例子:

岁时多阻折,光景乏安怡。
以此苦风情,日夜惊悬旗。(《送从弟道秀》)

---

[1]《南史》卷三四《颜延之传》,881 页,中华书局,1975。按以下据"休、鲍之论"证明鲍照诗有民谣成分,罗根泽《略谈鲍照》一文亦有略似看法,见《罗根泽古典文学论文集》,1985。
[2]《鲍参军集注》,290 页。

离心壮为剧，飞念如悬旗。（《绍古辞》七首之二）

天赋愁民命，含生但契阔。

忧来无行伍，历乱如覃葛。（《绍古辞》七首之七）

北风十二月，雪下如乱巾。（《学古》）

民生如野鹿，知爱不知命。

饮龀具攒聚，翘陆欻惊迸。（《与伍侍郎别》）

君子树令名，细人效命力。

不见长河水，清浊俱不息。（《行京口至竹里》）

久宦迷远川，川广每多惧。（《还都道中》三首之三）[1]

这些比喻都取之于日常生活中常见的事物，无不生动而贴切。像"民生如野鹿，知爱不知命"，这样活泼而深刻的比喻，在重视古典传统的中国诗歌里面，并不多见。又如"久宦迷远川，川广每多惧"，取材并不算特殊。但在这里，"远川"既是极目所见，又暗喻"宦途"，而以"川广每多惧"一句将宦途的艰险具体化，把写实与暗喻巧妙地联结在一起，也可看出鲍照的感性极为敏锐而活泼。

这是纯粹就比喻说。比喻的取材来自日常生活，但极生动，这当然是民间歌谣的特色。但民间歌谣更重要的一项特质则是"兴"。"兴"带给《诗经·国风》的生命力是尽人皆知的事实。一般说来，专业文人不太使用"兴"的技巧，大都比较重视

---

[1] 《鲍参军集注》，296、349、354、355、292、319、309页。

"赋"与"比"。"兴"是以自然之眼观物,其意义在若有若无之间,其妙处也在若可言若不可言之间。专业文人的技巧性与艺术性使他们很难再保有民间歌谣脱口而出的自然作风。但在鲍照的作品中,这种"兴"的表现方式却颇为常见,现举数例于下:

> 踯躅城上羊,攀隅食玄草。
> 俱共日月辉,昏明独何早。(《赠故人马子乔》六首之一)

> 种橘南池上,种杏北池中。
> 池北既少露,池南又多风。
> 早寒逼晚岁,衰恨满秋容。(《赠故人马子乔》六首之四)

> 泻水置平地,各自东西南北流。
> 人生亦有命,安能行叹复坐愁。(《拟行路难》十八首之四)

> 剉蘗染黄丝,黄丝历乱不可治。
> 我昔与君始相值,尔时自谓可君意。
>
> (《拟行路难》十八首之九)[1]

这样的"兴",当然已不是纯粹的"兴",已兼有"比"的作用,甚至有时"比"的成分还要大于"兴";但还不是纯粹的"比",仍然具有民间歌谣那种"兴"的临即感与生动性。这正可说明,鲍照兼有民间歌谣与专业文人两种成分。

鲍照设法保存民间歌谣里"兴"的特性,又加上专业文人特有的艺术性,遂产生他个人诗歌中最独特的一项风格,那就是谚

---

[1] 《鲍参军集注》,279、281、229、235页。

语化的比兴兴。例子实在不胜枚举，姑列几条于下：

> 伤禽恶弦惊，倦客恶离声。(《代东门行》)

> 蓼虫避葵堇，习苦不言非。
> 小人自龌龊，安知旷士怀。(《代放歌行》)

> 直如朱丝绳，清如玉壶冰。
> 何惭宿昔意，猜恨坐相仍。(《代白头吟》)

> 皎如川上鹄，赫似握中丹。
> 宿心谁不欺，明白古所难。(《赠故人马子乔》六首之五)

> 枯桑叶易零，波客心易惊。(《秋日示休上人》)

> 凿井北陵隈，百丈不及泉。
> 生事本烂漫，何用独精坚。(《拟古》八首之四)[1]

古诗里有这样的小诗：

> 采葵莫伤根，伤根葵不生。
> 结交莫羞贫，羞贫友不成。

> 高田种小麦，终久不成穗。
> 男儿在他乡，焉得不憔悴。[2]

上举鲍照诗的例子，神理和这两首小诗相近，其差异只在一

---

[1] 《鲍参军集注》，143、146、156、282、288、340 页。
[2] 《先秦汉魏晋南北朝诗》，342、297 页。

较人工化，一较自然罢了。鲍照一方面从类似格言的民间歌谣中学得这种特殊的技巧，一方面又将这种技巧巧妙地与当时重视骈偶的诗风配合起来，应用之妙令人叹服。[1]

鲍照不但将这种技巧用在诗的开头，造成比兼兴的效果，同时也用在诗的中间或结尾部分，如：

> 鹿鸣在深草，蝉鸣隐高枝。
> 心自有所存，旁人哪得知。(《代别鹤操》)
>
> 筑城思坚剑思利，同盛同衰莫相弃。(《代淮南王》)
>
> 食梅常苦酸，衣葛常苦寒。
> 丝竹徒满坐，忧人不解颜。(《代东门行》)[2]

对于最后一例，沈德潜评道：

> "食梅常苦酸"一联与《青青河畔草》篇忽入"枯桑知天风，海水知天寒"一种神理。[3]

所谓"一种神理"，正是乐府民歌中常见的似有理似无理的类似于"兴"的技巧。

---

[1] 孟郊也有这种作风，如"利剑不可近，美人不可亲。利剑近伤手，美人近伤身"，而且极为常见，很可能受鲍照影响。

[2] 《鲍参军集注》，164、246、143 页。

[3] 《古诗源》卷十一，47 页，中华书局，1963。

三

在前面两节我们谈到鲍照的现实感和社会意识，谈到他的作品中的日常生活题材和民间语言的成分。综合这几方面来看，我们可以说，他是整个汉魏六朝最具有写实精神的诗人。在深度上他可能比不上陶潜，在文字的兼有华美与圆融上他也许比不上曹植和谢灵运；但是，他的现实感的敏锐和他的写实精神的广泛，足以使他成为汉魏六朝有数的大诗人。

当然，就整体幅度来讲，他的写实的深、广度还是远比不上杜甫的。像《自京赴奉先县咏怀五百字》《羌村》三首、"三吏三别"这么具有强烈感情的社会诗，像《丽人行》《兵车行》《塞芦子》《北征》这种直接涉入政治的作品，鲍照是没有的。在日常生活的题材上，鲍照所描写的范围也远不如杜甫。自少至老，杜甫一直让他的艺术感受植根于生活之中。随着他的生活环境的扩大，随着他的生命历程的变迁，生活中大大小小的事物不断地累积在他的作品中，使得他的全集成为他的一生和他的时代的最忠实的记录，使得他成为中国最伟大的描写实际生活的诗人[1]。就语言来讲，杜甫作品中的民间成分也是非常明显的。他能够把民间语言糅合在古典语言之中，使得他的诗既精练又生动。我们只要想一想他在四川时期所写的许多七绝连章诗，如《春水生》二绝、《江畔独步寻花》七绝句、《绝句漫兴》九首、

---

[1] 关于这一方面，本人在《杜诗与日常生活》一文里有较详尽的讨论，此文已收入本书。

《戏为六绝句》就可以了。譬如：

> 一夜水高二尺强，数日不可更禁当。
> 南市津头有船卖，无钱即买系篱旁。
>
> （《春水生》二绝之二）

> 手种桃李非无主，野老墙低还是家。
> 恰似春风相欺得，夜来吹折数枝花。
>
> （《绝句漫兴》九首之二）

> 不是爱花即欲死，只恐花尽老相催。
> 繁枝容易纷纷落，嫩蕊商量细细开。
>
> （《江畔独步寻花》七绝句之七）

> 纵使卢王操翰墨，劣于汉魏近风骚。
> 龙文虎脊皆君驭，历块过都见尔曹。
>
> （《戏为六绝句》之三）[1]

这里的每一首诗都夹杂了几个相当口语化的词语，如"强""禁当""恰似""相欺得""即欲死""商量""纵使""尔曹"等。这些词语使得全诗显得灵活生动，具有生命力。在最后一首诗里，虽然有像"翰墨""龙文""虎脊""历块""过都"这许多文雅的用词，但在"纵使……劣于"和"见尔曹"这一个口语句式的架构下，全诗仍然活泼异常，可以看出杜甫糅合口语和古典语言的功夫。传统的诗评家比较重视"杜诗无一字无来历"的

---

[1]《杜诗镜铨》卷八，344、356、355页；卷九，398页。

特点，强调杜甫的用典和他如何吸收传统语言的精华。其实如果我们有心去注意杜甫所使用的口语，我们就会发现，杜诗中的这一成分远比想象的要多得多。[1]

虽然杜甫远比鲍照伟大，但以上的简短说明已足以指出：鲍照和杜甫是"同质"的诗人。如果我们要在所有汉魏六朝的诗人中，找出一个气质最接近杜甫的，那就非鲍照莫属了。这样一个诗人，对杜甫不可能没有影响。我们有理由相信，在使杜甫成为杜甫的过程中，鲍照是一个非常重要的因素，其重要性应该超过谢灵运、庾信和任何六朝诗人。

有一个方法最足以证明这一点。鲍照和杜甫的作品是"文人"的写实诗，在精神上它们虽然可以和汉乐府民歌相通，但表现方式上却仍然有不同于民谣风的"文人"的特质。就他们两人来说，他们的这一虽是写实但却"文人"的特质有一个共同的来源，即，谢灵运的文字功夫。他们都透过谢灵运的洗礼而完成了他们的"艺术性"的写实诗。就这一点来讲，我们很难说，杜甫完全从学习谢灵运中独立发展出来，完全没有受到鲍照的影响。相反的假设应该是更合理的，即，通过鲍照，杜甫才能最清楚地看到，怎么样可以既是"谢灵运式"的诗人，但又是写实诗人。鲍照本身就是这样的诗人，在杜甫之前唯一的这种类型的诗人。所以，要同时兼具两种特质，杜甫的唯一的"模范"就是鲍照。鲍照可以同时教给杜甫两种东西，而谢灵运却只能教给杜甫一种

---

[1]　大陆学者比较重视这一方面的问题，如李汝伦《说老杜俚言俗语入诗》（见《杜诗论稿》，1983）、罗永麟《杜甫与民间文学》（见《论中国四大民间故事》，1986）。

东西。所以从道理上来讲，鲍照应该是杜甫成长过程中最重要的可以学习的传统。

但是，在前两节里，我们只分析说，鲍照是一个写实诗人，并没有证明，他也是一个"谢灵运式"的诗人。必须再说明这一点，我们上面的假设才能成立。

谢灵运最擅长的是山水诗。在前一章里，我们从这一类作品出发，分析杜甫在"文字功夫"上如何与谢灵运相似。在这里，我们也可以从山水诗作为起点，证明鲍照如何深受谢灵运影响。

在鲍照的作品里，最具有谢灵运作风的是他描写庐山的四首诗。古代诗论家中，把谢灵运、鲍照、杜甫这一系列"文字功夫"诗人的传承与特质说明得最为清楚的方东树[1]就说：

> 欲学明远，须自庐山四诗入。[2]

我们且来看其中的一首：

> 悬装乱水区，薄旅次山楹。
> 千岩盛阻积，万壑势回萦。
> 巃嵸高昔貌，纷乱袭前名。
> 洞洞窥地脉，耸树隐天经。
> 松磴上迷密，云窦下纵横。
> 阴冰实夏结，炎树信冬荣。
> 嘈杂晨鹍思，叫啸夜猿清。
> 深崖伏化迹，穹岫阁长灵。

---

[1] 参见前章。
[2] 《昭昧詹言》，169 页，人民文学出版社，1961。

乘此乐山性，重以远游情。

方跻羽人途，永与烟雾并。(《登庐山》)[1]

从这首诗，我们看不到谢灵运那种华美的文采和幽微的心境，我们看到的是嵘峥幽深的奇山异水，如"千岩盛阻积""洞涧窥地脉"。但就文字上来讲，鲍照这首诗的重雕琢而不平熟的风格却和谢灵运有相通之处。方东树说：

> 作诗固是贵有本领，而字句率滑，不典不固，终无以自拔于流俗。今以鲍、谢两家为之的，于谢取其华妙章法，一字不率苟随意；于鲍取其生峭涩奥，字字炼，步步留，而又一往俊逸。[2]

方东树一方面指出，鲍的"涩奥"不同于谢的"华妙"，而又清楚说明了谢的"不率苟"和鲍的"字字炼"在文字功夫上的相似。我们在本章第一节也谈到，王夫之批评鲍照"失之重涩"。他所批评的正是方东树所称赞的，但不管褒贬如何，他们的看法都证明了，鲍照在文字风格上与谢灵运的相似。当然，这是比谢灵运小三十岁左右的鲍照从谢灵运那里学来的。

应用谢灵运的功夫，但却把谢灵运诗的内容与风格转变成另一种样子，这就是鲍照。在这方面，杜甫是较近于鲍照的，试看下面一首诗：

> 塞外苦厌山，南行道弥恶。

---

[1]《鲍参军集注》，262页。
[2]《昭昧詹言》，168页。

冈峦相经亘，云水气参错。

林迥硖角来，天窄壁面削。

礏西五里石，奋怒向我落。

仰看日车侧，俯恐坤轴弱。

魑魅啸有风，霜霰浩漠漠。

昨忆逾陇坂，高秋视吴岳。

东笑莲华卑，北知崆峒薄。

超然侔壮观，已谓殷寥廓。

突兀犹趁人，及兹叹冥寞。(《青阳峡》)[1]

杜甫的文字功夫当然胜过鲍照，没有鲍照那么"重涩"。但是，两者之偏好奇峭峥嵘而扫却华妙幽静却是相似的。套用方东树的话，我们可以说：

欲知子美之学鲍照，须自子美自秦州赴蜀二十四首纪行诗入。[2]

以上只从庐山四诗来分析，如果扩大范围，我们就更可以看出鲍照与杜甫的相似之处：

晨登岘山首，霜雪凝未通。

息鞍循陇上，支剑望云峰。

---

[1] 《杜诗镜铨》卷七，292页。

[2] 乾元二年（759年）杜甫自秦州赴同谷，自同谷赴成都，沿途写了二十四首纪行诗，风格均与《青阳峡》相似，前章所引《飞仙阁》《水会渡》《铁堂峡》亦属这一系列。

表里观地险，升降究天容。

东岳覆如砺，瀛海安足穷。(《从拜陵登京岘》)

刷鬓垂秋日，登高观水长。

千涧无别源，万壑共一广。

流驶巨石转，湍回急沫上。

苔苔岭岸高，照照寒洲爽。(《望水》)[1]

这两首诗都是登高临下，一看山，一观水，那种开阔的气魄、劲峭的力气，令人不由得想起杜甫，而不像李白的潇洒自如中呈显魄力。一般人只熟悉《拟行路难》十八首，过分强调了鲍照与李白的关系，而忽略了从整体作品去看鲍照对杜甫的影响。我们再看下面一首：

桐生丛石里，根孤地寒阴。

上倚崩岸势，下带洞阿深。

奔泉冬激射，雾雨夏霖霪。

未霜叶已肃，不风条自吟。

昏明积苦思，昼夜叫哀禽。(《山行见孤桐》)[2]

这种雕凿中见苍劲的风格，如果要在盛唐诗人中找出"近亲"，恐怕就只能是杜甫了。"未霜叶已肃，不风条自吟"一联，尤其神似杜甫。但是，像这种字、意两工的对句并不是孤例，譬如：

---

[1] 《鲍参军集注》，257、408 页。

[2] 《鲍参军集注》，410 页。

风烈无劲草，寒甚有凋松。(《从拜陵登京岘》)

广岸屯宿阴，悬崖栖归月。(《岐阳守风》)

荒墟半晚色，幽庭怜夕寒。(《园中秋散》)

松色随野深，月露依草白。(《遇铜山掘黄精》)[1]

这些都让我们有熟识之感，因为它们实在太像杜甫五律中的许多对仗了。

看过鲍照这许多诗句，我们就可以回头来思考一下一向为我们所熟悉的一些有关鲍照的评语了：

贵尚巧似，不避危仄，颇伤清雅之调。故言险俗者，多以附照。(钟嵘《诗品》)[2]

发唱惊挺，操调险急，雕藻淫艳，倾炫心魂……斯鲍照之遗烈也。(《南齐书·文学传》)[3]

所谓"危仄""险俗""惊挺""险急"，都可以看出当时人对鲍照的迷惑。他们习惯了潘、陆、颜、谢的典重华丽，对于熔"俗"语"俗"物（来自乐府的写实传统）、巧似（来自太康、元嘉，特别是谢灵运）、气魄（来自鲍照个人性格）于一炉的鲍照，的确是既令人惊叹，又让人有些不安。他们的褒、贬两难，正足以显示，鲍照是一个极富创意的诗人。他以个人的独特

---

[1] 《鲍参军集注》，257、322、375、379页。
[2] 《历代诗话》，14页。
[3] 《南齐书》卷五二，908页。中华书局，1972。

气质把谢灵运的"文字功夫"运用到富有生活基础的事物上，正是解开这一切问题的核心。也就在这里，我们看到杜甫的一些面目，看到这一面目在六朝的环境里所可能出现的雏形。

四

按照第二章所说的，整个汉魏六朝诗可以分成三个传统：发源于汉乐府民歌的写实传统，发源于古诗十九首的咏怀传统，以及萌芽于建安，奠基于太康的美文传统。就这整个时代的重要诗人而论，曹植兼有三个传统的特质，阮籍、左思、陶潜偏于咏怀传统，陆机、谢灵运则是美文传统的代表者。比较起来，鲍照可以说是极特殊的例外；他虽然深受谢灵运影响，但基本精神却是"写实"的。他是汉乐府的最重要的继承者，在这方面，即使时代最近于汉乐府的曹植都没有像鲍照那么色彩鲜明。

鲍照这种独特性是有其社会背景的，他是一个出身于寒门的诗人。在魏晋南北朝，中国历史上门阀政治的全盛时代，鲍照的家世是个决定性的因素。我们在前面所列举的重要诗人当中，可能只有左思的家世和他类似。至少就作品来看，曾经为自己的社会处境提出抗议的，也许就只有左思和鲍照。左思在《咏史》诗里说道：

> 郁郁涧底松，离离山上苗。
> 以彼径寸茎，荫此百尺条。
> 世胄蹑高位，英俊沉下僚。
> 地势使之然，由来非一朝。
> 金张藉旧业，七叶珥汉貂。

冯公岂不伟，白首不见招。(之二)[1]

这种愤慨不平的心情，是整个《咏史》诗的基调。这使得左思的作品具有一种明快、锐利的风格，置之十九首、阮籍、陶潜的咏怀系列里，多少有些"异质"的感觉。但是，左思毕竟没有完全突破咏怀的规格，他终究没有成为一位立基于自己的身世之感的寒门的写实诗人。而鲍照正是这样的诗人，他从自己的遭遇出发，深刻地感受到他在仕宦上的困境，并把他的痛苦与挣扎明白地表现出来。他的写实诗的基础，来自他彻底地面对自己的问题，来自他尽力把这一问题作多方面的表达。他是最典型的寒门诗人，他从这个观点去观察社会，因而远远地超越了左思，而成为不折不扣的写实诗人。

事实上，当时的人也了解到鲍照这种特质。钟嵘在《诗品》里就说：

嗟其才秀人微，故取湮当代。[2]

对于自己的出身低微而遭遇的困顿，鲍照心里是有许多的苦闷和不平的。在这方面，他的情绪表现为截然不同的两种类型。第一种以《拟行路难》里的某些作品为代表，譬如：

泻水置平地，各自东西南北流。

---

[1] 《先秦汉魏晋南北朝诗》，733 页。

[2] 《历代诗话》，14 页。又，虞炎也在鲍照集序里说，鲍照"家世贫贱"（见《鲍参军集注》，5 页）。又据近人曹道衡的考证，鲍照"很可能是庶族"，"比起左思、陶渊明等出身于所谓寒门的作家要贫寒得多"，见《中古文学论文集》，377 页，中华书局，1986。

人生亦有命，安能行叹复坐愁。

酌酒以自宽，举杯断绝歌路难。

心非木石岂无感，吞声踯躅不敢言。（之四）

对案不能食，拔剑击柱长叹息。

丈夫生世会几时，安能蹀躞垂羽翼。

弃置罢官去，还家自休息。

朝出与亲辞，暮还在亲侧。

弄儿床前戏，看妇机中织。

自古圣贤尽贫贱，何况我辈孤且直。（之六）[1]

这是慷慨激昂的愤怒与抗议，这种"激越之音"赢得后代一致的赞扬，是鲍照最为人所知的面貌。然而，鲍照还有较不为人所了解的另一种心境，试看下面一首诗：

轻鸿戏江潭，孤雁集洲沚。

邂逅两相亲，缘念共无已。

风雨好东西，一隔顿万里。

追忆栖宿时，声容满心耳。

落日川渚寒，愁云绕天起。

短翮不能翔，徘徊烟雾里。（《赠傅都曹别》）[2]

"短翮不能翔"的孤雁和"一举千里"的轻鸿，虽然暂时邂逅，但命运完全不同，总是要"一隔顿万里"的。这个不幸的孤

---

[1] 《鲍参军集注》，229、231 页。

[2] 同上书，297 页。

雁，只能在"愁云绕天起"的黯淡气氛下"徘徊烟雾里"，孤独地啃噬自己的悲苦。整首诗以这样的比喻表达了寒门诗人鲍照的自怜自艾。相对于《拟行路难》的愤慨，这里就只剩下无奈了。这种心情，鲍照在《赠故人马子乔》六首[1]这一组诗里表现得最为淋漓尽致。在面对同样没有背景的平生故人马子乔时，鲍照让自己的失意与落寞尽情宣泄，充分反映了寒门小人物的哀愁。

悲苦也罢，愤慨也罢，作为寒门诗人的鲍照，比那些门阀出身的人更具体地经历了人生的过程，更深刻地体验了人情的冷暖，正如他自己所说的：

> 生虑备温凉。(《秋夜》二首之一)[2]

同在生命之途进出的人，基于社会地位的不同，幸与不幸如隔天渊，不幸的鲍照自然会感叹道：

> 生事各多少，谁共知易难。(《和王护军秋夕》)[3]

就这样，鲍照成为落实在社会与人生之上的生活的诗人，而不是陶潜式的哲理诗人。他必须在生活之中奋斗，在生活之中奔走。对他而言，景物只能是"侵星赴早路"的"浮客"眼中的景物（参看第二节），而山水也只能是有待克服的峥嵘幽深的奇山异水（参看第三节）。在鲍照眼中，大自然是具体生命的投射的对象，而不是寄托与安顿心灵的所在。试看他在《登大雷岸与妹

---

[1]　《鲍参军集注》，279—283 页。
[2]　同上书，401 页。
[3]　同上书，404 页。

书》里的一段描写：

> 向因涉顿，凭观川陆，遨神清渚，流睇方曛。东顾五洲
> 之隔，西眺九派之分；窥地门之绝景，望天际之孤云。长图
> 大念，隐心者久矣！南则积山万状，负气争高，含霞饮景，
> 参差代雄；凌跨长陇，前后相属，带天有匝，横地无穷。东
> 则砥原远隰，亡端靡际。寒蓬夕卷，古树云平。旋风四起，
> 思鸟群归。静听无闻，极视不见。北则陂池潜演，湖脉通
> 连，苎荇所积，菰芦所繁。栖波之鸟，水化之虫，智吞愚，
> 强捕小，号噪惊聒，纷乎其中。西则回江永指，长波天合，
> 滔滔何穷，漫漫安竭，创古迄今，舳舻相接，思尽波涛，悲
> 满潭壑。烟归八表，终为野尘，而是注集，长写不测，修灵
> 浩荡，知其何故哉！[1]

这里的山水充满了魄力与动感，境界开阔，气势恢宏；而这
一切，不过是诗人心理的外象化而已。在这些景物背后，隐藏了
诗人的个性与心胸。正如鲍照所说的，"长图大念，隐心者久
矣"，后面所铺展开来的雄壮动荡的天地山川就是这一"长图大
念"的投射。这种投射在"栖波之鸟，水化之虫，智吞愚，强捕
小，号噪惊聒，纷乎其中"一段里达到高潮。这里把个人的"长
图大念"扩大为天地之间万物相互争夺的意志。在这种扩大与对
比之下，有一种苍茫雄浑的感慨，在最后所描写的江水的无穷无
尽之中，个人的壮志似乎是渺不足道的了。这里的壮阔与哀愁混
合而成的悲壮感，充分反映寒门诗人鲍照复杂矛盾的心境。他有

---

[1] 《鲍参军集注》，83—84 页。

足够的力气去面对人生的挑战，他准备奋斗；然而，面对毫无凭借的茫茫人海，他又有无助之感。这一幅图画，可以说是生活的诗人鲍照的心境的最佳写照。

鲍照有一次"患脚上气四十余日"，几乎病死，病中写了《松柏篇》，有这样一段话：

> 郁湮重冥中，烦冤难具说。
> 安寝委沉寞，恋恋念平生。
> 事业有余结，刊述未及成。
> 资储无担石，儿女皆孩婴。
> 一朝放舍去，万恨缠我情。[1]

只有热烈拥抱人生，在人生的苦难与挫折中具体生活过的人，才能写出这么动人心弦的作品。"一朝放舍去，万恨缠我情"，这么强烈的沉痛感，是鲍照作为一个人间世的诗人的最赤裸裸的表白，是他成为一个不折不扣的写实诗人的心理基础。

杜甫也是这样一个生活的诗人。当他年轻时，他望着高大的泰山，他想到的是：

> 会当凌绝顶，一览众山小。(《望岳》)[2]

当他观赏着雄健的胡马，他想到的是：

> 骁腾有如此，千里可横行。(《房兵曹胡马》)[3]

---

[1] 《鲍参军集注》，179 页。
[2] 《杜诗镜铨》卷一，1 页。
[3] 同上书，5—6 页。

当他看到画图上的鹰，他说：

> 何当击凡鸟，毛血洒平芜。(《画鹰》)[1]

他也是有"长图大念"的人，他对于骏马猛禽的赏爱，充分表现了年轻人旺盛的生命力，表现了年轻人征服未来世界的欲望。

当他的"长图大念"受到一连串的挫折以后，他如此抒发自己的愤慨：

> 纨袴不饿死，儒冠多误身。
> 丈人试静听，贱子请具陈。
> 甫昔少年日，早充观国宾。
> 读书破万卷，下笔如有神。
> 赋料扬雄敌，诗看子建亲。
> 李邕求识面，王翰愿卜邻。
> 自谓颇挺出，立登要路津。
> 致君尧舜上，再使风俗淳。
> 此意竟萧条，行歌非隐沦。
> 骑驴三十载，旅食京华春。
> 朝扣富儿门，暮随肥马尘。
> 残杯与冷炙，到处潜悲辛。
> 主上顷见征，欻然欲求伸。
> 青冥却垂翅，蹭蹬无纵鳞。
> 甚愧丈人厚，甚知丈人真。

---

[1]《杜诗镜铨》卷一，6页。

每于百僚上，猥诵佳句新。

窃效贡公喜，难甘原宪贫。

焉能心怏怏，只是走踆踆。

今欲东入海，即将西去秦。

尚怜终南山，回首清渭滨。

常拟报一饭，况怀辞大臣。

白鸥没浩荡，万里谁能驯。(《奉赠韦左丞丈二十二韵》)[1]

在这首诗里，杜甫把一个士子从志高气昂到沦落困踬的过程描写得淋漓尽致。它的动人之处在于：杜甫掌握了这一过程的具体的人间性格，细致地加以呈现，并辅之以适切的感情宣泄。它并不用咏怀传统的比兴，而是结合了写实传统和美文传统，以一种特殊的"赋"的铺陈方式来达到这一效果。

然而，这只是一个例子而已。我们可以说，在杜甫的一生中，他无时无刻不以这种方式来表达具体生活中的遭遇与心境。他的抒情是立足于这种现实感的抒情，而不是像李白、高适那样纯粹诉诸情绪，而不把这一情绪所由产生的过程具体地描写出来。在这方面，杜甫和鲍照是属于同一类型的诗人，只是他的作品所涵盖的人间生活的范围要更为广大而已。

杜甫在他的挫折之中，逐渐体会到这一挫折是来自整个唐代政治的败坏，于是他写下了另一首五言名作《登慈恩寺塔》：

高标跨苍穹，烈风无时休。

自非旷士怀，登兹翻百忧。

---

[1]《杜诗镜铨》卷一，24—26页。

方知象教力，足可追冥搜。

仰穿龙蛇窟，始出枝撑幽。

七星在北户，河汉声西流。

羲和鞭白日，少昊行清秋。

秦山忽破碎，泾渭不可求。

俯视但一气，焉能辨皇州。

回首叫虞舜，苍梧云正愁。

惜哉瑶池饮，日晏昆仑丘。

黄鹄去不息，哀鸣何所投。

君看随阳雁，各有稻粱谋。[1]

就像鲍照的《登大雷岸与妹书》一样，这里所呈现出来的也是一幅壮阔动荡的广大天地的景象。在他们两人的生命实践中，他们都以同样的魄力去面对这一个有待人类去加以掌握的世界，所以他们所看到的世界具有类似的特质。然而，他们的胸襟到底有大小之别，表现出来的样态也就同中有异。在鲍照的世界里，具有"长图大念"的个人在面对那一"智吞愚，强捕小"的纷杂竞争里，既显得悲壮，但又有某种哀愁；因为他知道竞争的必要，但又看不出万物"号噪惊聒，纷乎其中"与"长写不测"的滔滔长波对比之下具有何种意义。这是雄图壮志的"个人主义者"（借用现代术语）的迷惘。但在杜甫这首诗里，昔日想要"一览众山小"的个人已转化为关怀国事的志士。当主政者在瑶池饮至"日晏昆仑丘"，当随阳雁"各有稻粱谋"，当"秦山忽

---

[1] 《杜诗镜铨》卷一，35—36 页。

破碎，泾渭不可求"，国家已面临危机时，他是面对广阔天地唯一想要"叫"醒沉睡在坟墓中的"虞舜"（指唐太宗）的人，是哀鸣而不知所投的黄鹄。他的关心已超乎个人之上而表现出更高的悲壮感。这样的杜甫，终于能够把个人的悲哀与痛苦扩大开来，而写出下面的句子：

> 老妻寄异县，十口隔风雪。
> 谁能久不顾，庶往共饥渴。
> 入门闻号咷，幼子饿已卒。
> 吾宁舍一哀，里巷亦呜咽。
> 所愧为人父，无食致夭折。
> 岂知秋禾登，贫窭有仓卒。
> 生常免租税，名不隶征伐。
> 抚迹犹酸辛，平人固骚屑。
> 默思失业徒，因念远戍卒。
> 忧端齐终南，澒洞不可掇。（《自京赴奉先县咏怀五百字》）[1]

综合以上所论，我们可以说，鲍照和杜甫是同一气质的诗人。他们都以旺盛的生命力热烈地投入生活之中，他们的作品都对人间的事件与感情作了淋漓尽致的刻画。不过，杜甫的胸襟更为广阔，性情更为淳厚，因此能够在向鲍照学习了许多东西以后，远远地超越了鲍照，而成为更伟大的写实诗人。

---

[1] 《杜诗镜铨》卷三，111页。

第五章　杜甫与齐梁诗人

一

太康、元嘉所开展出来的美文传统，演变到齐梁以后，其整体的成绩并不令人满意。由于齐梁诗人[1]过度地重视声律，作品显得柔靡而无力；同时，诗的题材逐渐集中到宫体，也给人卑弱狭隘的感觉。总之，诗发展到齐梁以后，气靡格卑，是无法否认的事实。

对于唐代诗人来说，诗歌创作最重要的问题之一是，如何面对这一不太"高明"的"文学遗产"。是承袭他们的风格，还是加以反对？或者是有所继承，也有所反对？在初唐，这个问题还不太迫切；基本上初唐诗人并未深入反省这一问题，而只是不自觉地步武前代的风格。但是，到了初唐末期，诗人已开始更有意识地思考自己与传统的关系。在这种环境下，出现了最激烈反对

---

[1]　本章所谓"齐梁诗人"包括陈代诗人，为免行文累赘，一律简称"齐梁诗人"。

美文传统，特别是反对齐梁诗人的"复古"派。

复古派早期最重要的代表人物是陈子昂，陈子昂说：

> 文章道弊五百年矣。汉魏风骨，晋宋莫传，然而文献有可征者。仆尝暇时观齐梁间诗，彩丽竞繁，而兴寄都绝，每以咏叹。窃思古人，常恐逶迤颓靡；风雅不作，以耿耿也。[1]

陈子昂推崇汉魏而贬抑晋宋、齐梁，确立了摒弃"近代文学"而"复古"的原则。承继这一理论的李白，把这一说法推至极端，而在他为"复古"而写的一系列《古风》的第一首里宣告自己的主张说：

> 大雅久不作，吾衰竟谁陈。
>
> 王风委蔓草，战国多荆榛。
>
> ……
>
> 废兴虽万变，宪章亦已沦。
>
> 自从建安来，绮丽不足珍。
>
> 圣代复元古，垂衣贵清真。
>
> ……
>
> 我志在删述，垂辉映千春。
>
> 希圣如有立，绝笔于获麟。[2]

---

[1]《与东方左史虬修竹篇并书》，《全唐诗》卷八三，895—896页，中华书局，1960。

[2]《李白集校注》卷二，91页，上海古籍出版社，1980。

这就把陈子昂的"复古"理论往前推了一大步，连建安都不放在眼内，而直溯至经圣人"删述"过的"大雅"了。

然而，陈子昂、李白毕竟只在"理论"上复古而已，在诗歌的创作方面，他们并未完全摆脱齐梁的影响。譬如，他们也未能"免俗"地去写齐梁诗人所开拓出来的律体。而且，他们在这方面的成就还颇为可观[1]。在这一点上，外于盛唐、中唐之际的元结比他们两人还要"复古"得彻底。元结在他所编选的《箧中集》序里说：

> 近世作者，更相沿袭，拘限声病，喜尚形似，且以流易为词，不知丧于雅正然哉。彼则指咏时物，会谐丝竹，与歌儿舞女，生污惑之声于私室可矣；若令方直之士，大雅君子，听而诵之，则未见其可矣。[2]

像这样，根本否定声律的价值，而且在《箧中集》里完全不选律体，可谓身体力行，"复古"复到极端了。

从文学史的角度来看，复古派是非常重要的，他们的激烈反对"近代文学"最足以表现出，文学演变过程的"变"的一面；最足以让人看出，从太康、元嘉以来的美文传统已到了必须全面改弦更张的地步。然而，在任何时代，"激烈的革命派"都是少数，从文学史来看也是如此。陈子昂、李白、元结等人的理论，在文学史上虽然有"突显时代问题"的重大意义，但在当时的环

---

[1] 初唐五律，陈子昂与沈佺期、宋之问、杜审言并称；盛唐则李、杜、王、孟为四大家。

[2] 《唐人选唐诗》，27页，上海古籍出版社，1958。

境里，并未得到大多数人的认同。对比于激烈的复古派，大多数的盛唐诗人可说都是"温和的改革派"。我们只要想一下盛唐诗人在律体（包括律诗、绝句）方面的重大成就，即可以了解到，盛唐诗人在摒弃齐梁的格卑体弱之余，仍然从那里学习到了不少东西。

这种"折中"的改革方式，可以从天宝年间的两本"当代诗选"得到印证。芮挺章在编于天宝三载的《国秀集》序里这样说：

> 昔陆平原之论文曰：诗缘情而绮靡，是彩色相宣，烟霞交映，风流婉丽之谓也。仲尼定礼乐、正雅颂，采古诗三千余什，得三百五篇，皆舞而蹈之，弦而歌之，亦取其顺泽也。[1]

孔子将诗三百篇皆弦歌之，芮挺章以此认定孔子是取其"顺泽"。很明显，芮挺章是要以孔子之有取于"顺泽"来肯定陆机"诗缘情而绮靡"的看法。而在下文，芮挺章又说：

> 近秘书监陈公、国子司业苏公，尝从容谓芮侯曰：风雅之后，数千载间，词人才子，礼乐大坏，讽者溺于所誉，志者乖其所之，务以声折为宏壮，势奔为清逸，此蒿视者之目，聒听者之耳，可为长太息也。[2]

这里虽然也谈到"风雅不作""礼乐大坏"，但却谴责"声

---

[1] 《唐人选唐诗》，126页。
[2] 同上。

折""势奔"，而以"风流婉丽"为宗，是折中而近于保守了。

除了《国秀集》之外，还有殷璠所编的《河岳英灵集》（所录作品以开元二年为上限，天宝十二载为下限）[1]。殷璠在序里说：

> 自萧氏以还，尤增娇饰。武德初，微波尚在；贞观末，标格渐高；景云中，颇通远调；开元十五年后，声律、风骨始备矣。实由主上恶华好朴，去伪从真，使海内词场，翕然尊古，南风周雅，称阐今日。[2]

从他所叙述的唐诗的演变过程看，似乎殷璠所重视的是，唐诗如何日渐远离齐梁的"娇饰"，而回到风雅的古调。那么，他是比较接近陈子昂而不像芮挺章那样保守了。然而，他又强调"声律、风骨备矣"，显然也不完全排斥六朝。他在《集论》里说得更明白：

> 璠今所集，颇异诸家，既闲新声，复晓古体；文质半取，风骚两挟；言气骨则建安为传，论宫商则太康不逮；将

---

[1]《全唐文》卷四百三十六所录《河岳英灵集》序作："起甲寅，终乙酉。"乙酉为天宝四载，与一般所见"终癸巳"（天宝十二载）之说有异。按集中选李颀《听董大弹胡笳声兼语弄寄房给事》，房给事为房琯。据《旧唐书》卷一一一《房琯传》，房琯天宝五载正月始为给事中。《英灵集》又选高适《封丘作》，据新旧唐书《高适传》，适举有道科，解褐为封丘尉；而晁公武《郡斋读书志》则云，适举有道科在天宝八载，然则《封丘作》应为八载以后之作品。以上二例可证《全唐文》"终乙酉"之不确。

[2]《唐人选唐诗》，40页。

来秀士，无致深憾。[1]

在这里，新声、古体，文、质，气骨、宫商对举，可以看出，殷璠是极其有意地要在齐梁与建安之间取得调和，比起芮挺章来，他更是标准的折中派。

我们可以说，芮挺章和殷璠（特别是殷璠）的看法，比较能反映盛唐诗人的一般风尚。盛唐诗人在齐梁靡弱之后，有意回复到汉魏的风骨，这是无可否认的大趋势。但他们仍然保留太康美文传统（包括齐梁）的词采与声律，使之与建安的气骨相糅合，却也是有目共睹的。芮挺章与殷璠的选诗标准和论诗见解不过是受了整个时代风气的影响罢了，虽然他们在折中的方式上彼此略有差异。

基本上，杜甫也是属于折中派的，也就是说，兼取声律和风骨，新声和古体。不过，当我们这样说时，还必须进一步分析杜甫的"折中"性格；不然的话，他就无以异于芮挺章和殷璠，而只是俯仰于当时的风气之中。事实上，他虽然遵循当时普遍的风尚，却把这种风尚发展到极致，而成就了元稹所谓的"尽得古今之体势，而兼人人之所独专"[2]的"集大成"。

杜甫晚年读到元结的《舂陵行》与《贼退后示官吏作》时，感动之余，也跟着"和"了一首。他在序里说：

　　不意复见比兴体制，微婉顿挫之词。[3]

---

　　[1]《唐人选唐诗》，41页。
　　[2]《唐故工部员外郎杜君墓系铭》，见《元稹集》卷五六，601页，中华书局，1982。
　　[3]《同元使君舂陵行》，见《杜诗镜铨》卷十二，603页，上海古籍出版社，1980。

由此可见，他是很能了解陈子昂、李白、元结等人的复古思想的。就创作实践上来说，在这一方面他远远超过陈子昂和李白。陈、李两人实际上只回到正始时代，以阮籍咏怀的方式来写《感遇》和《古风》这一类政治感怀诗；而杜甫却超越了建安，直接回到汉乐府民歌的写实精神。他所谓的"比兴"和陈子昂所谓的"兴寄"，在内容上并不完全相同。正如他所欣赏的元结的《舂陵行》和《贼退后示官吏作》，杜甫本人的"比兴"作品更具有广泛的政治、社会意义，而不像陈、李那样，比较限于个人"寄托"的层次。在理论上，杜甫从来没有以陈、李的激烈口吻来陈述他的复古主张；但在实际创作上，杜甫却证明他更是一个重气骨、重兴寄、重写实、重内容的诗人。

然而，这还不是杜甫"折中"色彩最特殊的地方，更特殊的是，他不但不批评齐梁诗人，还反而常常称赞他们。他在《戏为六绝句》里说：

> 不薄今人爱古人，清词丽句必为邻。
> 窃攀屈宋宜方驾，恐与齐梁作后尘。(之五)[1]

对于当时人的"爱古人"而"薄今人"他不能赞同，为此他特别替齐梁诗人辩护。[2]

杜甫不鄙薄齐梁以后的诗人，可以从他的作品得到更进一步的证明。当他要称赞当时的诗人时，他会毫不迟疑地拿齐梁诗人来比这位诗人。很明显，在这时候被提到的齐梁诗人是指其好处

---

[1] 《杜诗镜铨》卷九，398—399 页。
[2] 此诗有不同的解释，详下节。

而不指其缺点，譬如，在杜甫早年，他就形容李白的作品：

> 清新庾开府，俊逸鲍参军。(《春日忆李白》)[1]

又说：

> 李侯有佳句，往往似阴铿。(《与李十二白同寻范十隐居》)[2]

此外，他还以王维比庾信：

> 共传收庾信，不比得陈琳。(《奉赠王中允维》)[3]

以阴铿、何逊比郑审、李之芳：

> 阴何尚清省，沈宋欻联翩。(《秋日夔府咏怀一百韵》)[4]

以江淹比毕曜：

> 流传江鲍体。(《赠毕四曜》)[5]

以沈约比高适、岑参：

> 高岑殊缓步，沈鲍得同行。(《寄彭州高使君虢州岑长

---

[1] 《杜诗镜铨》卷一，32页。
[2] 同上书，卷一，15页。
[3] 同上书，卷四，184—185页。
[4] 同上书，卷十六，803页。
[5] 《杜诗镜铨》卷四，191页。

史》)[1]

以谢朓比岑参：

> 谢朓每篇堪讽传。(《寄岑嘉州》)[2]

又以谢朓比张九龄：

> 绮丽玄晖拥，笺诔任昉骋。(《八哀诗》之八)[3]

又比裴使君：

> 诗接谢宣城。(《陪裴使君登岳阳楼》)[4]

赞美薛华时，同时提到何逊、刘孝绰、沈约、谢朓：

> 何刘沈谢力未工，才兼鲍照愁绝倒。
>
> (《薛端薛复筵简薛华醉歌》)[5]

谈到自己时则说：

> 孰知二谢将能事，颇学阴何苦用心。(《解闷》十二首之
> 七)[6]

总计杜甫所提到的齐梁以后的诗人有沈约、谢朓、江淹、何

---

［1］《杜诗镜铨》卷六，272 页。

［2］同上书，卷十二，590 页。

［3］同上书，卷十四，695 页。

［4］同上书，卷十九，953 页。

［5］《杜诗镜铨》卷三，127 页。

［6］《杜诗镜铨》卷十七，817 页。

逊、刘孝绰、庾信、阴铿等[1]。由此看来，杜甫对齐梁诗不但极为熟悉，而且普遍赞赏他们的长处，而不像李白一般，只"低首谢宣城"。

从这里就可以知道，杜甫"折中"的独特性格。他不但在复古方面比陈子昂、李白彻底，而且在学习六朝（包括齐梁）时，也比别人来得虚心。也就是说，他的"折中"并不是取其"中"，而是把两方面都发展到最极致。他是如此地尽心尽力去学习前人，所以他才会成为真正的"集大成"的诗人。

二

以上是从一般的倾向上谈杜甫对齐梁诗人所持的态度，但接着而来的是，我们不禁会问：杜甫对复古派大力抨击的齐梁诗人还能这么心平气和地加以称赏，还这么虚心地去向他们学习，那么，他到底从齐梁诗人那里学到了什么东西？也就是说，在杜甫成为杜甫的过程中，齐梁诗人到底教给杜甫什么东西——这些东西是只有齐梁诗人才能教给他的，是其他诗人所不能取代的？"颇学阴何苦用心"，杜甫所学的是什么？这是本章下两节所要讨论的主题。

以我个人的看法，齐梁诗人有两种特质是前代诗人所没有，至少是没有发展到那么极致的，那就是："清词丽句"和声律；

---

[1] 以上所论杜甫对于齐梁诗人的称赏，参考郭绍虞《中国文学批评史》，197 页（上海古籍出版社，1979）；金启华《杜甫诗论丛》，76 页（上海古籍出版社，1985）。

这是杜甫最有得于齐梁诗人的地方。底下两节将就这两者加以分析。

首先谈到"清词丽句",这是杜甫自己在《戏为六绝句》里提到的。但是这一首诗解者纷纷,莫衷一是,为讨论方便,再录于下:

> 不薄今人爱古人,清词丽句必为邻。
> 窃攀屈宋宜方驾,恐与齐梁作后尘。

关于这首诗,仇兆鳌是这样解释的:

> 言今人爱慕古人(按,仇将首句解为:不薄今人爱古人,上二下五),取其清词丽句,而必与为邻,我亦岂敢薄之。但恐志大才庸,揣其意,窃思仰攀屈宋,论其文,终作齐梁后尘耳。[1]

仇兆鳌的解释,在字句上很难说得通。因为他还有鄙薄齐梁的成见横梗于心中,其意正好与杜甫相反,所以不得不扭曲原意[2]。其实这首诗的文意并不难索解,杨伦即说得很清楚:

> 言我非敢薄今人而专爱古人也,但庾信、四杰辈体格虽似略卑,其清词丽句,终必有近风骚者,所以能长久不废;今人好自矜诩,其果有卓卓可传者乎?[3]

按照诗意来体会,当时必有人放言高论,以屈宋为准的,而

---

[1] 《杜诗详注》卷十一,900页,中华书局,1979。
[2] 许多人对《戏为六绝句》的误解,都来自于同样的偏见。
[3] 《杜诗镜铨》卷九,398—399页。

大贬齐梁及学齐梁之今人（如四杰）。所以杜甫为今人（包括齐梁）辩护，认为齐梁之"清词丽句"亦有可取，并讽刺"高论者"恐连齐梁亦不如也。

在这里，"清词丽句"是因时因地制宜的赞语，是杜甫为说明"今人"之长处而提出来的，而不是诗的最高标准或唯一标准。那么，既然杜甫以此来称赞齐梁，我们就有理由相信，"清词丽句"是杜甫有取于齐梁的地方之一。

这只是就杜甫本人所提的评语来看；如果换个观点，从诗歌发展史的立场来寻找齐梁诗人的"贡献"，我们也会承认，杜甫的话是颇为中肯的。费锡璜在《汉诗总说》里说：

> 诗至宋、齐，渐以句求；唐贤乃明下字之法。汉人高古天成，意旨方且难窥，何况字句？故一切圈点，概不敢用，亦不必用。[1]

而诗可以摘章论句，确实是从谢灵运的山水名句开始的。但正如第三章所说的，谢灵运的长处主要还不在于个别字句，而在于紧密的章法及全诗所要表达的意境，这也正是杜甫从谢灵运那里所学到的最重要的地方。真正说起来，齐梁以后才到了有句而无篇的局面。即使是这一时代最有才气的谢朓，当时人已能精确地指出他的缺点：

> 一章之中，自有玉石。然奇章秀句，往往警遒……善自发端，而末篇多踬，此意锐而才弱也。（钟嵘《诗品》）[2]

---

[1]《清诗话》，945页，上海古籍出版社，1963。
[2]《历代诗话》，15页，中华书局，1981。

谢朓尚且如此，其他诗人也就可以想见。所以沈德潜总评道：

> 梁、陈、隋间，专尚琢句。庾肩吾云："雁与云俱阵，沙将蓬共惊"，"残虹收宿雨，缺岸上新流"，"水光悬荡壁，山翠下添流"……江总云："露洗山扉月，云开石路烟"；隋炀帝云："鸟惊初移树，鱼寒欲隐苔"，皆成名句。然比之小谢"天际识归舟，云中辨江树"，痕迹宛然矣。若渊明"采菊东篱下，悠然见南山"，"平畴交远风，良苗亦怀新"，中有元化自在流出，乌可以道里计?[1]

按照沈德潜所举的例子，从陶潜到谢朓，从谢朓到梁、陈、隋，炼句愈出愈巧，我们对杜甫所谓的"清词丽句"也就可以了然于胸了。

杜甫虽然是具有大魄力的诗人，可以浑茫万状，动人心魂；但从细处看，他是不避工巧的，非唯不避，有时还要刻意去追求，律诗尤其如此。他的五律有六百多首，正如朱自清所说，"差不多穷尽了这一体的变化"[2]。而所谓变化，在中间两联的对仗求巧求新就是其中之一。在这方面，前人言者已多，兹举《瓯北诗话》的说法于下：

> 杜诗又有独创句法，为前人所无者。如《何将军园》之"绿垂风折笋，红绽雨肥梅"，"雨抛金锁甲，苔卧绿沉枪"；

---

[1] 《说诗晬语》，见《清诗话》，533 页。

[2] 《朱自清古典文学论集》，380 页，上海古籍出版社，1981。

《寄贾严二阁老》之"翠干危栈竹，红腻小湖莲"；《江阁》之"野流行地日，江入度山云"；《南楚》之"无名江上草，随意岭头云"；《新晴》之"碧知湖外草，红见海东云"……[1]

所谓"独创"，当然是说前人没有这种造句法。但这只是就个别句子来说，如果从整体精神来看这些对仗的细腻精巧，我们不得不承认，这种功夫是从齐梁以下的诗人学来的。

杨万里在《诚斋诗话》里说：

> 句有偶似古人者，亦有述之者。杜子美《武侯庙》诗云："映阶碧草自春色，隔叶黄鹂空好音"，此何逊《行孙氏陵》云："山莺空树响，陇月自秋晖"也。杜云："薄云岩际宿，孤月浪中翻"，此庾信"白云岩际出，清月波中上"也，"出""上"二字胜矣。阴铿云："莺随入户树，花逐下山风"，杜云："月明垂叶露，云逐渡溪风"，又云："水流行地日，江入度山云"，此一联胜。庾信云："永韬三尺剑，长卷一戎衣"，杜云："风尘三尺剑，社稷一戎衣"，亦胜庾矣。[2]

由此可见，杜甫在"清词丽句"方面规模齐梁诗人的痕迹。除了杨万里所举的外，我们还可以找出其他例子，如：

---

[1] 《瓯北诗话》，19 页，人民文学出版社，1963。
[2] 《历代诗话续编》，136 页，中华书局，1983。

〔一〕流恨满青松（沈约《伤王融》)[1]

　　流恨满山隅（杜甫《行次昭陵》)[2]

〔二〕疏峰时吐月（吴均《登寿阳八公山》)[3]

　　四更山吐月（杜甫《月》)[4]

〔三〕雁去衔芦上，猿戏玩枝来（梁简文帝《玄圃寒夕》)[5]

　　雁矫衔芦内，猿啼失木间（杜甫《远游》)[6]

〔四〕林间花欲燃（梁元帝《宫殿名诗》)[7]

　　山青花欲然（杜甫《绝句》二首之二)[8]

〔五〕游鱼乱水叶，轻燕逐风花（何逊《赠王左丞僧孺
诗》)[9]

　　远鸥浮水静，轻燕受风斜（杜甫《春归》)[10]

〔六〕春柳卧生根（庾信《奉和法筵应诏》)[11]

---

[1]　逯钦立辑校《先秦汉魏晋南北朝诗》，1653 页，中华书局，
1983。

[2]　《杜诗镜铨》卷四，165 页。

[3]　《先秦汉魏晋南北朝诗》，1737 页。

[4]　《杜诗镜铨》卷八，856 页。

[5]　《先秦汉魏晋南北朝诗》，1949 页。

[6]　《杜诗镜铨》卷十四，664 页。

[7]　《先秦汉魏晋南北朝诗》，2041 页。

[8]　《杜诗镜铨》卷十一，522 页。

[9]　《先秦汉魏晋南北朝诗》，1702 页。

[10]　《杜诗镜铨》卷十一，513 页。

[11]　倪璠《庾子山集注》卷三，222 页，中华书局，1980。

卧柳自生枝（杜甫《过故斛斯校书庄》二首之二）[1]

〔七〕玉匣聊开镜（庾信《镜》)[2]

尘匣元开镜（杜甫《月》)[3]

这些都是杜甫明显袭用齐梁诗句的地方[4]；从这些例子足以看出，在锻炼字句上，杜甫如何受到齐梁诗人的影响。所以，对于杜甫的有取于齐梁之"清词丽句"，我们可以解释为：在律体形成的初期，齐梁以下的诗人已在炼字琢句上作过许多试验，杜甫全部加以继承，加以发展，而成为一个更伟大的律体诗人。盛唐虽然出现了许多律诗的大作家，但以成就来说，恐怕没有人能超过杜甫；而杜甫之所以能够成为"律诗之圣"，也不是没有原因的：他以广博的心胸容纳了为当时人所批判的齐梁诗人，并吸收了他们在"清词丽句"上的所有成果。

三

"清词丽句"并不是齐梁诗人在律诗形成过程中的唯一贡献，在这方面，他们最重要的工作可能还在于声律的倡导和试验。声

---

[1]《杜诗镜铨》卷十一，536 页。
[2]《庾子山集注》卷四，364 页。
[3]《杜诗镜铨》卷十七，856 页。
[4] 金启华在《杜甫诗论丛》274—281 页罗列了许多杜甫袭用齐、梁、陈诗句的例子，其中有的过于宽泛，未必可靠。以上取其确然无疑者诸例，并稍加订补。

律说起源于永明诗人，这是众所周知的事。钟嵘在《诗品·序》的记载，可以让我们最直接地看到当时的状况：

> 齐有王元长者，尝谓余云："官商与二仪俱生，自古词人不知之……尝欲进《知音论》，未就。"王元长创其首，谢朓沈约扬其波。三贤或贵公子孙，幼有文辩，于是士流景慕，务为精密……[1]

王融虽然没有写出他的《知音论》，沈约却完成了《四声谱》[2]。《四声谱》已亡佚，但我们从沈约所著的《宋书·谢灵运传》仍可看到永明声律说的大略：

> 夫五色相宣，八音协畅，由乎玄黄律吕，各适物宜。欲使宫羽相变，低昂互节，若前有浮声，则后须切响。一简之内，音韵尽殊；两句之中，轻重悉异，妙达此旨，始可言文。[3]

沈约这一段简略的说明，还可以用《南史·陆厥传》的记载来加以补充：

> 约等文皆用宫商，将平上去入四声，以此制韵。有平头、上尾、蜂腰、鹤膝。五字之中，音韵悉异；两句之内，角徵不同；不可增减，世呼为永明体。[4]

---

[1] 《历代诗话》，5 页。
[2] 见《梁书》卷十三《沈约传》，243 页，中华书局，1973。
[3] 《宋书》卷六七，1779 页，中华书局，1974。
[4] 《南史》卷四八，1195 页，中华书局，1975。

这就是一般所谓的"四声八病"之说，是由王融、沈约、谢朓等永明诗人所创议，而后成为律诗之基础的理论。

从唐代所形成的律诗格式来看，沈约所说的原则其实是非常精当的。他说："若前有浮声，则后须切响"，我们试举五绝仄起式来看看是不是合乎这一原则：

仄仄平平仄，平平仄仄平。
平平平仄仄，仄仄仄平平。

首句先用两仄声，再用两平声，这是"前有切响，后须浮声"。次句先"平平"后"仄仄"，这是"前有浮声，后须切响"。综合两句来看，首句的"切响、浮声"又正好和次句的"浮声、切响"相对。再扩大到四句来看，则前两句的"切、浮；浮、切"又正好和后两句的"浮、切；切、浮"相对。不过，前两句和后两句在格式上又小有参差："平平仄仄平"不同于"平平平仄仄"，"仄仄仄平平"也略异于"仄仄平平仄"；整齐中又有不整齐者在，这又造成变化之感。但若要讲原则，不过是"若前有浮声，则后须切响"而已。

然而，这只是我们基于"后见之明"分析而来的；实际上，从原则的确立到最后格式的完成，不知道要经过多少代人的努力，沈佺期、宋之问只不过是把前人的成果整理确定下来而已；而这"前人"，就包括自王融、沈约以下大大小小的齐、梁、陈的诗人。日本学者高木正一曾经仔细分析统计过齐、梁、陈诗人的作品，看他们在"八病"的犯率上如何逐渐地递减[1]。从他的论文我们可以了解到，有关律诗的声律问题的探索和解决，齐梁以下诗人的贡献绝对比我们想象的要大得多。

当然，律体（包括律、绝）这种形式是有其缺点的，正如元稹说的：

> 律体卑痹，格力不扬，苟无姿态，则陷流俗。[2]

即使有"姿态"，也未必有"气骨"或"兴寄"，所以从复古派的观点来看，律体是不值得提倡的。他们有的完全否定律体的价值，如元结；有的虽然写律诗，但总是带有古风的味道，如李白；有的写的律诗比古风多得多，而且以此得享盛名，但自己却不甚重视这些作品，如白居易[3]；有的不擅长律诗，几乎全以古体取胜，如韩愈、孟郊。

杜甫就不如此，他非常重视律诗，他在律诗上所花的心血绝不下于古体，他可能是唐代大诗人中古体、律体皆可称大家的唯一例子[4]。他以自己的创作实践突破了律体"靡弱""格力不

---

[1] 见高木正一《六朝律诗之形成》，《大陆杂志》语文丛书（第一辑），文学（下），66—76页（未注明出版日期），台北。

[2] 《上令狐相公诗启》，见《元稹集》集外文章，633页。

[3] 白居易把自己的作品分成"讽喻诗""闲适诗""感伤诗""杂律诗"四类，并说，杂律诗"非平生所尚"，又说："今仆之诗，人所爱者，悉不过杂律诗与《长恨歌》以下耳。"见《与元九书》，《白居易集》卷四十五，965页，中华书局，1979。

[4] 李白五律、七绝皆足以称名家，但其重要性远不及他的古体。王维五言古体、近体分量相当，但皆不足以称大家。韩愈长于古体，李商隐长于近体。白居易古体、近体作品均多，但评价不一。

扬"的观念，让人看到，这种体式也可以产生像《喜达行在所》三首、《收京》三首、《有感》五首（以上五律），以及《诸将》五首、《咏怀古迹》五首、《秋兴》八首（以上七律）这样的大作品。

这只是就内容而言。谈到声律，他在这方面所下的功夫和所达到的成就也是有目共睹的。他自己说：

晚节渐于诗律细。(《遣闷戏呈路十九曹长》)

遣辞必中律。(《桥陵诗》三十韵)

律比昆仑竹，音知燥湿弦。(《秋日夔府咏怀》一百韵)[1]

可见他对于声律的重视。他又说：

新诗改罢自长吟。(《解闷》十二首之七)

赋诗新句稳，不觉自长吟。(《长吟》)[2]

他还生动地描写过诵诗的场面：

诵诗浑游衍，四座皆辟易。
应手看捶钩，清心听鸣镝。

---

[1] 以上分别见《杜诗镜铨》卷十五，740页；卷三，100页；卷十六，803页。

[2] 《杜诗镜铨》卷十七，817页；卷十二，557页。

精微穿溟涬，飞动摧霹雳。……（《夜听许十一诵诗》）[1]

可见他对于诗的音乐性的讲求。[2]

在声律方面，杜甫可说继承了齐梁诗人的所有成果，并把它发挥到淋漓尽致的地步。他在这方面的努力不只限于律诗，还扩展到古风上。在他的作品里，我们随时会意外地发现一些令人想象不到的声律上的特殊技巧。他的全集可以说是中国诗律的"百科全书"。在这方面，前人言之已多，底下我们只举出荦荦大者，以见杜甫"诗律细"之一斑。

关于杜甫在律诗的声律上所花的工夫，这里只提出三点来加以说明。首先谈到七律一、三、五、七句末字上去入三声隔而用之的情形，这是清人李因笃（字天生）所发现，而由朱彝尊记载下来的，朱彝尊云：

蒙窃闻诸吾友富平李天生之言矣，少陵自诩晚节渐于诗律细，曷言乎细？凡五七言近体，唐贤落韵共一纽者，不连用；夫人而然。至于一三五七句用仄字上去入三声，少陵必隔别用之，莫有叠出者，他人不尔也。蒙闻是言，尚未深信，退与李十九武曾共宿京师逆旅，挑灯拥被，互诵少陵七律，中惟八首与天生所言不符。（《寄查德尹编修书》）[3]

我们试举实例来证明，譬如：

---

[1]《杜诗镜铨》，卷二，88页。

[2] 以上杜甫对声律之重视，参考郭绍虞《中国文学批评史》，198页。

[3]《曝书亭集》卷三三，284页，商务印书馆，四部丛刊初编。

玉露凋伤枫树林，巫山巫峡气萧森。

江间波浪兼天涌，塞上风云接地阴。

丛菊两开他日泪，孤舟一系故园心。

寒衣处处催刀尺，白帝城高急暮砧。(《秋兴》八首之一)[1]

在这里，不押韵的三、五、七句末字，分别是：涌（上）、泪（去）、尺（入），上去入三声递用，完全不重复。又如：

洛城一别四千里，胡骑长驱五六年。

草木变衰行剑外，兵戈阻绝老江边。

思家步月清宵立，忆弟看云白日眠。

闻道河阳近乘胜，司徒急为破幽燕。(《恨别》)[2]

在这里，一、三、五、七句末字分别是：里（上）、外（去）、立（入）、胜（去）。去声用了两次，但为入声的“立”所隔开，这就是朱彝尊所谓“隔别而用”。

朱彝尊第一次以默诵的方式考察杜甫全部的七律（一百五十余首），发现只有八首“违例”。后来他又核对别的版本，发现这八首都有异文，如把异文考虑进去的话，那么，连这八首也不“违例”了。陈文华曾就这八首再加以考证，发现真正违例的只有《卜居》一首。[3]

---

［1］《杜诗镜铨》卷十三，643—644 页。

［2］同上书，卷七，334 页。

［3］陈文华《杜律四声递用法试探》，见吕正惠编《唐诗论文选集》，273—276 页，长安出版社，1985，台北。

七律如此，至于五律，因作品太多（六百多首），似乎没有人整体统计过，不知详情如何。但仅从杜甫在七律上的这种特殊技巧，即可看出，他在格律上"细"到什么程度了。

其次谈到拗律。所谓"拗"，当然是指"不合律"。但是，拗律的不合律不是无心之失，而是有意违例。诗人在对于格律熟能生巧，熟极而烂之余，已不觉合律有什么稀奇；于是故意违犯规矩，并在"犯规"之中表现另一种"法外的规矩"，如毛奇龄所说的：

> 杜甫拗体，较他人独合声律，即诸诗皆然，始知通人必知音也。[1]

"拗"而"独合声律"，正可看出，这是"知音"的诗人在因难见巧："拗"正显示出他在声律上的功夫高人一等，而不是证明他的技巧的拙劣。关于这种特色，我们且举杜甫一首著名的拗律《白帝城最高楼》[2] 来加以分析：

城尖径仄旌旆愁	—	—	|	|	—	|	—
独立缥缈之飞楼	|	|	|	—	—	—	|
峡坼云霾龙虎卧	|	|	—	—	—	|	|
江清日抱鼋鼍游	—	—	|	|	—	—	—
扶桑西枝对断石	—	—	—	—	|	|	|
弱水东影随长流	|	|	—	—	—	—	—
杖藜叹世者谁子	|	—	|	|	|	—	|
泣血迸空回白头	|	|	|	—	—	|	—

---

[1] 《杜诗详注》卷二十二，1916 页。
[2] 《杜诗镜铨》卷十二，596 页。

这首诗独特的平仄使用方式我们至少可以指出三点：首先，在某些句子里，平仄声集中使用，譬如：第二句四仄三平，第五句四平三仄，第六句三仄三平。这是把沈约"前有浮声，后须切响"的原则灵活运用。杜甫颇好此道，下面讨论他的古体诗时还要谈到。其次，就一般律诗看，下三字通常以"——｜"、"｜｜—"、"—｜｜"、"｜——"四种方式为宜，但在这里，全部八句只有第三字是这样子，其余都故意用了较适合于古风的平仄[1]。最后，因首联和尾联仄声字的分量极重，杜甫故意在二、四、六三句连用了三次"下三平"来加以平衡。从以上的分析可以看出，杜甫在这首拗律里对于声律绝非漫不经心。[2]

再次谈到双声叠韵。双声叠韵在《诗经》里出现得非常频繁，如"关关雎鸠""蒹葭苍苍"的"雎鸠"和"蒹葭"都是双声，"窈窕淑女"的"窈窕"是叠韵。后代诗人里，最有意识地去使用双声、叠韵的，可能要数杜甫了[3]。在杜甫的律诗里，我们常会意想不到地碰到这种联绵词，譬如，在《咏怀古迹》[4]里就有下列的例子（。代双声，·代叠韵）：

〔一〕支离东北风尘际，飘泊西南天地间。
〔二〕怅望千秋一洒泪，萧条异代不同时。

---

[1] 关于下三字律、古之分，见王力《汉语诗律学》，382页。
[2] 叶嘉莹先生对于《白帝城最高楼》有详细之解析，见《迦陵谈诗》，103—106页，三民书局，1970，台北。此处略有参考，但分析方式则完全不同。
[3] 前人已注意及此，清人周春有《杜诗双声叠韵谱括略》。
[4] 《咏怀古迹》五首见《杜诗镜铨》卷十三，649—653页。

〔三〕一去紫台连朔漠，独留青冢向黄昏。

〔四〕伯仲之间见伊吕，指挥若定失萧曹。

如果我们把声母发音部位相同（同组）、主要元音相同的也算作广义的双声、叠韵，那例子就更多了，譬如：

庾信平生最萧瑟，暮年诗赋动江关。

事实上，杜甫把双声、叠韵的原则，应用得比我们想象的要广泛，譬如：

〔一〕三峡楼台淹日月，五溪衣服共云山。

〔二〕古庙杉松巢水鹤，岁时伏腊走村翁。

在这里，"日月"两个入声韵字与"云山"两个阳声韵字相对；"水鹤"两个非阳声韵（包括阴声韵与入声韵）字和"村翁"两个阳声韵字相对。综合看起来，我们对于杜甫晚年几组七律名作（《诸将》《秋兴》《咏怀古迹》）所应用的繁复技巧，恐怕还没有完全掌握到。

杜甫对于声律的应用并不仅限于律诗，在古体诗方面他也下了很大的功夫。"古诗也讲究声律？"有人也许会觉得奇怪，但情形确实如此。王力在《汉语诗律学》里说：

古人（按指唐以前）并没有着意避免哪一类的平仄形式……但自从律诗产生以后，诗人们作起古风来，却真的着意避免律句了。试比较古诗十九首和杜甫的古风，则见前者的"律句"较多，后者的"律句"倒反极为罕见，这当然是极意避免的结果。[1]

这是唐人写作古体的一般原则，后人把这一点夸大，因而有
所谓"古诗平仄论"，竟然模仿律体，也要把古诗画出平仄图来。
这虽然走入极端，但却反映出唐以后的古诗确实有声律问题。

在这一古体诗也开始"讲究声律"的过程中，杜甫是一个非
常重要的关键人物。清人翟翚在他的《声调谱拾遗》里谈到他编
纂的原则时说：

> 谱引唐贤而宗少陵者，声调之正变于少陵为备也；宗少
> 陵而以诸家付之者，广少陵之所未备，又以明声调之所同
> 然也。[2]

由此可见，不论是律体还是古体的声律，杜甫都是最完备的
模范。

不过，关于古诗平仄的问题，前人论者已多[3]，这里不必
再加以重复。我们除了指出杜甫在这方面的整体贡献外，以下还
想分析两种特殊的例子，以证明杜甫在声律方面确实用力极深。

洪迈在《容斋随笔》里记载了一则轶事：

> 张文潜暮年在宛丘，何大圭方弱冠，往谒之，凡三日，
> 见其吟哦此诗（按指杜甫《玉华宫》）不绝口。大圭请其故，

---

[1] 《汉语诗律学》三八一首。
[2] 《清诗话》，351 页。
[3] 除翟翚外，还有赵执信《声调谱》、李锳《诗法易简录》、翁
方纲《平仄举隅》、董文焕《声调四谱图说》，黄庭诗《古诗平仄集
说》、《五古平仄略》（见王力《汉语诗律学》，381—382 页）。

曰：此章乃风雅鼓吹，未易为子言。[1]

我们且来看看张耒这么称赏的这一首《玉华宫》[2]：

溪回松风长 　— — — — —
苍鼠窜古瓦 　— | | | |
不知何工殿 　| — — — |
遗构绝壁下 　— | | | |

前面在分析《白帝城最高楼》时说，杜甫有时会把平仄声集中使用，《玉华宫》就是这种技巧的范例。在这四句里，单数句以平声为主，双数句以仄声为主。这是"前有浮声，则后须切响"的原则的广泛应用，然而却造成非常奇特的音乐效果。张耒曾模仿《玉华宫》写了一首《离黄州》[3]，其前四句如下：

扁舟发孤城 　— — | — —
挥手谢送者 　— | | | |
山回地势卷 　— — | | |
天豁江面泻 　— | | | |

可以看得出来，张耒对原作的声律特质有相当的体会。他在第一句用了四个平声字，后三句则全以仄声字为主。

在声律的处理上和《玉华宫》类似的是《同谷县作歌七

[1] 《容斋随笔》卷十五，189 页，上海古籍出版社，1974。
[2] 《杜诗镜铨》卷四，157 页。
[3] 见《张右史文集》卷八，80 页，商务印书馆，四部丛刊初编。

首》[1]。我们且以第一首为例来加以分析：

有客有客字子美　｜　｜　｜　｜　｜　｜　｜

白头乱发垂过耳　｜　—　｜　｜　｜　｜　｜

岁拾橡栗随狙公　｜　｜　｜　｜　—　—　—

天寒日暮山谷里　—　—　｜　｜　—　｜　｜

中原无书归不得　—　—　—　—　｜　｜　｜

手脚冻皴皮肉死　｜　｜　｜　—　—　｜　｜

呜呼一歌兮歌已哀　—　—　｜　—　—　—　｜　—

悲风为我从天来　—　—　｜　｜　—　｜　—

前两句全以仄声为主，第三句四仄三平，第五句四平三仄，最后两句全以平声为主。从整首诗来看，上半首重仄声，下半首重平声：前面一大堆"切响"，后面一大堆"浮声"。其他六首虽然没有像第一首这么平仄对照鲜明，但也时有极特异的句子，如第三首的一、二句：

有弟有弟在远方　｜　｜　｜　｜　｜　｜　—

三人各瘦何人强　—　—　｜　｜　—　—　—

以六仄起，以三平结。又如五、六两句：

前飞鸳鹅后鹙鸧　—　—　—　—　｜　—　—

安得送我置汝旁　—　｜　｜　｜　｜　｜　—

前句六平，后句五仄。《同谷县作歌七首》千古传颂，如果

---

[1]　《杜诗镜铨》卷六，296—299页。

要分析它的艺术特质，绝对不能忽略这种难得一见的声律安排。[1]

以上谈的是平仄声字的集中使用，下面再看另一种特殊技巧：

安得广厦千万间

大庇天下寒士俱欢颜

风雨不动安如山

呜呼！何时眼前突兀见此屋

吾庐独破受冻死亦足 (《茅屋为秋风所破歌》)[2]

这里的声律技巧非常复杂。"欢颜""呜呼""眼前""突兀""吾庐"都是叠韵字；"突兀见此屋""独破受冻死亦足"，连用五个和七个仄声字。但是，更值得注意的是，这四句，尤其后面两句，必须非常用力去念，不能一气直下，它所造成的气势如字字重击而下，而非如大江大河（如李白的"君不见黄河之水天上来，奔流到海不复回"）。很显然，这种效果绝非五组叠韵字和十二个仄声字所能解释得了的。它的秘诀是这样的：

呜呼　何时　眼前　突兀　见此屋

吾庐　独破　受冻　死亦足

---

[1]　此处有关《同谷县作歌七首》之平仄分析，据郑因百先生之课堂笔记略加整理而成。又，本节所提张耒、李因笃对杜诗声律之发现，均首次闻之于郑先生。

[2]　《杜诗镜铨》卷八，365页。

两个字为一词组，从一个词组到另一个词组之间发音部分变化很大，再加上仄声字集中使用，所以念起来不得不用力，因而造成连连重击而下的效果。但是，这在杜甫还不是特例，我们还可以找得到类似的诗句，譬如：

王郎酒酣拔剑斫地歌莫哀
我能拔尔抑塞磊落之奇才（《短歌行赠王郎司直》）[1]

第一句连用四个仄声字（拔剑斫地），第二句六个（拔尔抑塞磊落），至于发音部位的变化，从这六个字看得最清楚：

拔尔　抑塞　磊落

像《同谷县作歌》《茅屋为秋风所破歌》《短歌行》这一类作品的魄力与感情，绝对不是"靡弱"的齐梁诗人所能梦想得到的；然而，这里的声律功夫又是多么地"细腻"。永明诗人的"务为精密"竟然可以转化成这个样子，我们从此就可以看得出来，杜甫真是善学传统的伟大诗人。

---

[1]　《杜诗镜铨》卷十八，916 页。

第六章　杜甫与庾信

一

杜甫跟庾信的关系[1]很容易引起注意，因为庾信是杜甫晚年最称赞的诗人。他在《戏为六绝句》里说：

庾信文章老更成，凌云健笔意纵横。[2]

在《咏怀古迹》的第一首又说：

庾信平生最萧瑟，暮年诗赋动江关。[3]

纵览杜诗全集，似乎看不到杜甫对其他前代诗人有过同等程度的倾倒与同情。这自然会引起人们的兴趣，想探究他们之间到

---

[1]　本文只讨论杜甫与晚年庾信的关系，至于早期的庾信，看不出他对杜甫有"独特"的影响。早期的庾信与杜甫的关系必须纳入"齐梁诗人"这一整体去看，关于这一方面，前章已有所讨论。

[2]　《杜诗镜铨》卷九，397页，上海古籍出版社，1980。

[3]　同上书，卷十三，650页。

底是怎么样一种关系。

最容易想到的解释是：杜甫对庾信的称道，跟身世之感有密切的关系。杜甫晚年漂泊西南，跟庾信后半生流落异国，非常类似；因此引起杜甫对庾信的"同情共感"，而有着异乎寻常的叹赏。

对于这种直觉性的解释，我基本上是赞同的。我首先要做的工作是，从资料的分析去论证，这种解释的正确。但我要进一步指出，单凭这个因素还不足以充分说明，杜甫对庾信的倾倒。杜甫称赞庾信，还有其他的因素在，这是跟庾信晚年的文学成就有关系的。必须再从这方面去探索，才能看出庾信对杜甫的影响，才能更正确地指出杜甫跟庾信的"文学"关系。

现存的杜甫诗共有一千四百五十多首，其中提到庾信的有八首。这八首诗，只有两首是早期作品，其他六首都写于入蜀之后。这似乎暗示：晚年的杜甫对庾信的兴趣要远超过早年，而这应当是跟他的流落西南有关系的。

但这样的推论未必完全可靠。杜甫早年的作品，遗失的情形可能要比晚年的严重得多，因此从现存的诗不能马上证明，早年的杜甫提到庾信的次数确实比较少。假如我们能找到另一个诗人，其情况刚好相反，杜甫早年比较常提到；那么就可以说，现存的杜诗虽然不是很完整，但仍然可以反映出杜甫跟前代诗人的关系。

而很凑巧的是，确实有这样一个诗人，那就是鲍照。现在杜诗共有七首提到鲍照，其中五首都写于入蜀以前，只有两首是夔州时期的作品[1]。现存杜诗，入蜀以前的作品在数量上要比入蜀以后的少得多，但在鲍照身上仍然可以反映出这样的状况；这至少可以证明，杜甫早年少提到庾信，未必和早年作品的遗失有关系。

当然，这还不足以绝对肯定：杜甫早年两次提到庾信，晚年六次，就是证明晚年的杜甫因遭遇类似的关系，才对庾信引发更大的兴趣。不过我们可以接着分析诗的内容，来进一步加强这种肯定。

首先来看提到鲍照的那七首诗：

〔一〕清新庾开府，俊逸鲍参军。(《春日忆李白》)[2]

〔二〕近来海内为长句，汝与山东李白好。
何刘沈谢力未工，才兼鲍照愁绝倒。

(《薛端薛复筵简薛华醉歌》)[3]

〔三〕同调嗟谁惜，论文笑自知。
流传江鲍体，相顾免无儿。(《赠毕四曜》)[4]

〔四〕吾怜孟浩然，短褐即长夜。
赋诗何必多，往往凌鲍谢。(《遣兴》五首之五)[5]

---

[1]　这可能也反映了杜甫入蜀以后在个人心情和作品精神上的变化：早年的壮志、魄力与热情已逐渐为疏放的心境和沉思型的艺术所取代，所以他对鲍照的兴趣就有递减的趋势。

[2]　《杜诗镜铨》卷一，32页。

[3]　同上书，卷三，127页。

[4]　同上书，卷四，191页。

[5]　《杜诗镜铨》，卷五，235页。

〔五〕高岑殊缓步，沈鲍得同行。

（《寄彭州高使君适、虢州岑长史参》）[1]

〔六〕乘黄（按指李白、高适）已去矣，凡马徒区区。
不复见颜鲍，击舟卧荆巫。（《遣怀》）[2]

〔七〕忍对江山丽，还披鲍谢文。

（《戏寄崔评事表侄，苏五表弟，韦大少府诸侄》）[3]

这七首诗，有五首是拿鲍照来比当代诗人（一、二、四、
五、六），第七首是说自己在读鲍照诗，只有第三首稍微有点自
比的味道，不过主要还是拿鲍照来比毕曜。

相对之下，提到庾信的八首诗，在内容上就有些不同。早期
的两首还是以庾信来比别人。第一首也就是提到鲍照的第一首，
已见前文，是以庾信比李白。第二首是：

共传收庾信，不比得陈琳。（《奉赠王中允维》）[4]

这是比王维。晚期的六首，有两首已见前引，即《戏为六绝
句》第一首和《咏怀古迹》第一首，都是称赞庾信晚年的文学成
就。另两首是：

荒林庾信宅，为仗主人留。（《送王十六判官》）[5]

---

[1] 《杜诗镜铨》卷六，272 页。
[2] 同上书，卷十四，704 页。
[3] 同上书，卷十七，849 页。
[4] 同上书，卷四，184 页。
[5] 《杜诗镜铨》，卷十六，786 页。

庾信罗含俱有宅，春来秋去作谁家？

（《舍弟观自蓝田迎妻子到江陵喜寄三首》之三）[1]

这两首都写于居夔州之后期，其时杜甫正准备东下江陵，所以都提到江陵的庾信故宅。剩下的两首，一首写于梓州：

庾信哀离（一作虽）久，周颙好不忘。（《卜居率寺》）[2]

另一首写于湖南，是杜甫最后的作品：

哀伤同庾信，述作异陈琳。

（《风疾舟中伏枕书怀三十六韵奉呈湖南亲友》）[3]

这两首都是自比，而且都跟晚年的遭遇有关系（哀离、哀伤）。谈到这点，就必须回头看《戏为六绝句》和《咏怀古迹》那两首，尤其是《咏怀古迹》第一首。这首诗非常特殊，值得全引：

支离东北风尘际，漂泊西南天地间。
三峡楼台淹日月，五溪衣服共云山。
羯胡事主终无赖，词客哀时且未还。
庾信平生最萧瑟，暮年诗赋动江关。

从这首诗前四句所描写的事件与地点来看，把第七句的庾信换成杜甫恐怕更适合。很明显，在这首诗里，庾信、杜甫两人已

---

[1] 《杜诗镜铨》卷十八，891 页。
[2] 同上书，卷十，442 页。
[3] 同上书，卷二十，1032 页。

无法分得开来，杜甫在心情上之认同庾信、自比庾信，在这首诗里表现得最为淋漓尽致。

从表面文字来看，这首诗是在说庾信，而不是自比庾信。但字里行间所透露出来的情感，让人感觉庾信恍然杜甫的化身。这样的写法，不得不令人怀疑，《戏为六绝句》"庾信文章老更成"那一首是不是也有类似的情形。尤其那一首也是全组诗的第一首，正如"庾信平生最萧瑟"是《咏怀古迹》第一首一般。这种形式上的类似，更加强了杜甫"夫子自道"的印象。虽然那首诗的情感没有像这一首这般鲜明，但暗中自比庾信的可能性恐怕是无法完全排除的。

那么就可以再说到移居江陵之前，提到庾信故宅的那两首诗了。这虽然是明指江陵的庾信宅，但移居之前特别加以提到，多少总有暗比的味道，至少这不是客观的说明。因此总结来说，杜甫晚年提到庾信的六首诗，多多少少都跟他的遭遇脱离不了关系。在这种情况下，我们不得不承认，杜甫对庾信的倾倒与同情，确实是起源于自己的身世之感的。

二

以上从资料上证明杜甫跟庾信在身世遭遇上的关系。但是这种关系并不是我们主要的关怀之点，我们真正感兴趣的是他们的文学关系，也就是庾信后半生的创作对杜甫晚年作品的影响。

杜甫在《戏为六绝句》里称赞庾信"文章老更成"，在《咏怀古迹》里又说，庾信"暮年诗赋动江关"。杜甫一定深切地感觉到庾信晚年的流落异国对他艺术创作的影响；而且也一定了解到，庾信后半生的诗文如何深刻地表现了他那"最萧瑟"的"平生"。同样是流落不偶，漂泊异乡的杜甫，对庾信这一类作品当然会深深感动。当他要表达自己的不遇时，可以想象得到的，就会以庾信的作品为借镜，就会从庾信的作品得到一些据以创作的灵感。那么，晚年的杜甫所得于庾信的是什么？这正是研究杜甫、庾信的文学关系所最应该注意的问题。

杨慎曾经谈到庾信对杜甫的影响，其意见常为人所引述，他说：

> 庾信之诗，为梁之冠绝，启唐之先鞭。史评其诗曰绮艳，杜子美称之曰清新，又曰老成。绮艳清新，人皆知之，而其老成，独子美能发其妙。余尝合而衍之曰：绮多伤质，艳多无骨。清易近薄，新易近尖。子山之诗，绮而有质，艳而有骨，清而不薄，新而不尖，所以为老成也。[1]

杨慎的说法，有一个地方不合乎杜甫的原意。杜甫说："庾信文章老更成"，只是称赞庾信文学作品至老而更为成熟，并不是说庾信文章有一种"老成"的风格。杨慎据此而提出庾信晚期的"老成"，以和早年的"清新"作为对比，实在是对杜甫原诗产生误解。不过如果把这一误解抛开不管，而把"老成"作为杨慎个人对庾信晚年作品的评论来看，杨慎这一段话还是有其道理在。杨慎认为，庾信后期的诗文，在绮艳清新之外，又有了

---

[1] 《升庵诗话》卷九，见《历代诗话续编》，815 页，中华书局，1983。

"质"，有了"骨"，因而不流于"尖"，流于"薄"[1]。这实在等于说，庾信这些作品具有更充实的"内容"。这种评论一点都没错，问题是，我们必须具体指明这一"内容"是什么。在我们辨认出这个特殊的内容之后，杜甫晚年所得于庾信的"质"与"骨"到底是什么，才能确切指认出来。

依个人的看法，庾信晚期作品的特殊内容在《哀江南赋》和《拟咏怀》二十七首里表现得最为淋漓尽致。这两组作品表达了一个独特的主题，这个主题在庾信之前不曾出现过，至少没有像庾信那样地处理过。而也就是这个主题触发了杜甫的灵感，使他写出了他晚年非常突出的一些作品，包括《咏怀古迹》五首和《秋兴》八首。那么，这个主题是什么呢？是对不幸的历史时代的整体性回顾，是对这种时代里个人生命的落空的深切哀感。

一个人生不逢辰，因而整个生命浪费掉，完全不能施展自己的抱负与才能，或者甚至遭遇悲惨，经历到难堪的折磨与苦难；这样的情形，在庾信以前并不是没有，而且也表现在文学作品上。但是他们对这些经验的处理方法跟庾信的并不一样。我们可以先分析庾信作品的特质，然后再拿以前的文学来加以比较，以便更进一步突显出庾信的特殊性。

庾信的《哀江南赋》是对一个历史经验的整体性的回顾。他首先追叙自己的家世，然后谈到自己的出仕，梁朝的承平安乐，乱源的产生，侯景的叛变，建康的陷落，自己的出奔江陵，梁元

---

[1] 杨儒宾在《龙门之桐半死半生——由体裁、主题与表现方式，论庾信晚期作品所展现的精神世界》一文里，对庾信早期、晚期之作品有极详细的比较，见《幼狮学志》二十卷一期，1988。

帝的平乱，元帝处理政事的不当，诸王的自相残杀，西魏的乘虚而入，梁的败亡，最后以自己的移居北地作结。整个的叙述相当于一部简要的梁朝衰亡史，但这并不是客观的历史，不是史家的著述，而是诗人对于具体的历史经验的描述。这个历史是他亲身经历的，因而是主观的感受，每一个事件都是有血有泪的，不能简化为史家的不带感情的记载。

诗人所重述的历史和史家的历史最大的不同在于，这里有一个特殊的生命（即诗人自己）贯穿其间。他看到这些历史，他感受到这些历史，他加上自己的评论。然后当这一连串的事件暂时告一终止以后，他知道一个时代已经结束了，而这个时代就是他自己的时代，当然也就包括他自己在内。一场战争毁了一个时代，毁了无数的具体的生命，最重要的是毁了自己的生命。诗人深切地感觉到，一个不幸的历史时代的意义就在于，他把原本充满希望的个人生命淘空了，个人生命因为这样一场动乱而整个浪费掉了。《哀江南赋》是这样结束的：

> 日穷于纪，岁将复始。逼迫危虑，端忧暮齿。践长乐之神皋，望宣平之贵里。渭水贯于天门，骊山迥于地市。幕府大将军之爱客，丞相平津侯之待士。见钟鼎于金、张，闻弦歌于许、史。岂知灞陵夜猎，犹是故时将军；咸阳布衣，非独思归王子？[1]

长安的壮丽荣华，金、张、许、史的钟鼎与弦歌，甚至丞相与大将军对自己的礼遇与爱护，这一切都跟他无关。因为他的生

---

[1]　倪璠《庚子山集注》卷二，169页，中华书局，1980。

命已在那一场动乱中被挖掘净尽了。他是"故将军",现在的历史不属于他,他的历史已经过去了。

《拟咏怀》二十七首虽然没有像《哀江南赋》一样,有系统地追叙梁朝乱亡的过程。但对于过去的史事,每一首诗都有片段的回忆。把这些片段组合起来,虽然还不是很完整,但也可以看出大致的轮廓。更重要的是,这里面有几首诗,比较细腻地描写了经历大乱之后庾信的心情,可以和《哀江南赋》结尾处相互印证,譬如:

> 惟忠且惟孝,为子复为臣。
>
> 一朝人事尽,身名不足亲。
>
> 吴起尝辞魏,韩非遂入秦。
>
> 壮情已消歇,雄图不复申。
>
> 移住华阴下,终为关外人。[1]

"惟忠且惟孝,为子复为臣",在侯景未乱以前,他有远大的前途,他有作为"忠臣孝子"的远景。但如今,壮情与雄图都离他而去,人事的变化带走了建功立业、流芳百世的一切希望。不幸的历史已使他的愿望完全落空,使他的生命变成空白。所以在大乱之后,他有一种心如死灰、余生不足再论的感觉,如下面这一首所要表现的:

> 怀抱独昏昏,平生何所论。
>
> 由来千种意,并是桃花源。

---

[1] 倪璠《庾子山集注》卷三,232页。

谷皮两书帙，壶卢一酒樽。

自知费天下，也复何足言。[1]

他的余生就在书、酒之中排遣过去，再也没有意志力想去追求生命的任何可能了。对于这样的生活状态，《小园赋》有非常详细的描写，而"虽生之年，犹死之日"的心境，则进一步地反映在《枯树赋》里。

庾信晚年这种心如死灰的心情，可能和他在侯景之乱中的具体遭遇有关。据《南史·侯景传》的记载，当侯景攻打建康时，当时身为建康令的庾信的表现是这样的：

> 建康令庾信率兵千余人屯航北，及景至彻航，始除一舸，见贼军皆着铁面，遂弃军走。南塘游军复闭航渡景。[2]

我们不能责备庾信当时没有死战守节，但从这一段记载看来，庾信实在有亏职守。事后回想起来，在侯景之乱的过程中，庾信应该深知自己"没有能力"，不能不有愧于心。萧衍父子对待庾信，诚如庾信自己所说：

> 畴昔国士遇，生平知己恩。(《拟咏怀》)[3]

然而，在梁朝祸败相寻时，他却不能有所作为。当我们读到：

---

[1] 倪璠《庾子山集注》，247 页。
[2] 《南史》卷八十，1999 页，中华书局，1975。
[3] 《庾子山集注》卷三，232 页。

惟忠且惟孝，为子复为臣。

一朝人事尽，身名不足亲。

我们很有理由怀疑，经由历史的考验，庾信在自惭之余，不免有"余生不足再论"之感。庾信又说：

寻思万户侯，中夜忽然愁。

琴声遍屋里，书卷满床头。

虽言梦蝴蝶，定自非庄周。(《拟咏怀》)[1]

这就更加清楚地表现了庾信的心境：历史既然已经证明，他不是"万户侯"的人才，甚至连应尽的职责都未必能尽到，那么，对于还能自我反省的庾信来说，剩下来的生命就显得非常地奇异，而让他感慨万千了。

就这样，历史把他的一生毁灭掉了。这种历史的力量，不是他个人所能抵挡得住的，更不是他个人所能改变的。他只能以文学作品来表现自己的不甘与遗憾，只能借着文学作品留下一点痕迹，以便为他不幸的一生作个见证。

简单地说，庾信在文学里首先提出：历史的力量如何"残忍"地对待无能为力的个人；而个人的生命又如何被不幸的动乱时代所漂白、所淘空，而变得一无所有。

这样的生命历程，不只庾信经历过，在庾信之前也有许多人经历过。但是，把这样的主题清楚地表现出来的，庾信却是第一个人。

---

[1]《庾子山集注》卷三，242页。

譬如以阮籍和陶潜来说，他们的命运并不比庾信好。阮籍的时代，"天下多故，名士少有全者"，政治的斗争与倾轧极端激烈，在这种暗无天日的情势下，阮籍为了"苟全性命于乱世"，只好佯狂以终。陶潜生逢东晋末世，朝纲不振，军阀混战（王恭、殷仲堪、桓玄、刘牢之、刘裕等），天师道叛变，既无法挽狂澜于既倒，又不愿为一口饭而向人折腰，为了保存自己的尊严，只有归隐躬耕。历史的力量同样摧折了他们的一生，使他们丝毫没有施展才能的机会。但他们并没有以同样的方式处理历史，把历史当作一个整体性的过程，而把个人的命运置于这一过程之中。他们只是零零星星地写一些咏怀诗，在其中抒发自己的愤懑与悲苦。跟他们的作品对比起来，庾信处理历史主题的特殊性质就更加容易看得清楚。

这样的比较并不是要说，庾信比阮籍、陶潜更伟大；而只是要突显出庾信所处理的主题的独特性，以便更精确地说明，庾信在文学史上的贡献。

当然我们可以进一步追问，为什么庾信会这样处理历史经验，而阮籍、陶潜却没有想到。这个问题值得分析一下，因为这可以更深入地说明庾信与杜甫的类似性，可以让我们明白，晚年的杜甫何以特别认同庾信的原因。

如果跟阮籍、陶潜所处的历史情境相比，庾信所经历的历史变化显然要更富于戏剧性。在侯景未乱以前，梁朝所享有的承平安乐，恐怕是五胡乱华、晋室南迁以后，南方所不曾碰到过的。东晋虽然享国一百多年，但大大小小的内乱、外患很少间断过。刘宋六十年的时间，只有元嘉的三十年比较安定，而那时正是北方刚统一不久，北魏的国力最强的时代，这对南方就有一种无形的压力。齐朝只有二十四年，时间极短。再下来就是梁朝。自梁武帝萧衍即位，至侯景投降之年，总共四十五年，江表承平无事。再加上北魏中衰，接着又闹内乱而分裂，使得南方的国力强过北方。这样前所未有的太平时代，居然被侯景一闹顷刻间就归于土崩瓦解。这种变化实在太突然，太出乎意料了。晴天霹雳的天灾地变太过于震撼人心，让人不得不亲身体验到"历史的变化"到底是怎么一回事。这样，历史就成为赤裸裸的经验，不由得诗人不加以正视了。相反地，阮籍、陶潜的时代，政治处境虽然恶劣，但变化要来得缓慢而不太引人注意，因此"历史的变动"本身就比较不会成为文学的重要内涵。这就是庾信会以独特的方法处理历史经验，而阮籍、陶潜却没有想到的原因。

三

以同样的方式来看杜甫，就会发现，杜甫的历史经验非常类似于庾信。不管天宝末年，唐代朝政已累积了多少问题，从表面看，在安禄山未起兵以前，开元、天宝的四十多年所享有的太平岁月，仍然是历史上少见的。而相同的是，安禄山不过是如侯景般的一员番将，却在极短暂的时间就把整个大唐帝国击碎了，而且从此未曾恢复过来。唐朝不曾如梁朝，很快地就灭亡，这是因为唐朝的基业远非梁朝所能比。经过太宗、高宗、武后、玄宗几朝的经营，唐朝可算是中国历史上有数的盛世。但是，这样看起来永世不拔的基业，却也禁不起一个叛变将领的一击。这种历史变动得触目惊心，比起侯景之乱来，只有过之而无不及。

唐朝没有像梁朝一样，在叛乱爆发之后的几年内就灭亡，可能使得一般人不能很快地了解到安史之乱的历史意义。但杜甫是当时最敏感的诗人，在安禄山未叛变以前，他已看到唐代朝政的问题。在叛乱的高潮里，他正处于颠沛流离之中，应付当前的危机都来不及，当然谈不到去思考国家的未来前途。但当他在四川居住下来以后，生活的暂时安定，就让他有时间去观察、去思考。乱事的长期不能平定，以及平定以后藩镇的问题没有彻底解决，接着吐蕃入侵，朝廷处置不当，京师再度陷落，这一连串的事情一定会引发杜甫去推想更深远的历史发展。由此他逐渐得到一个结论：唐朝的盛世可能一去不返了，安史的叛乱已造成一次历史的大变动了。

我们可以想象得到，在这样的思考过程中，庾信的作品会产生什么样的作用。杜甫不可能读《哀江南赋》而不感动，因为这里面所描写的亡国过程，唐帝国差一点就经历到。同样地，当杜甫在庾信的字里行间体会到，个人生命如何在历史的不幸中变成没有意义时，他也不可能不感慨。因为在他逐渐老去，而河清未极、返乡无望时，他会了解到自己的生命也正在逐步走向庾信的老路。庾信把他可能会有的感受都写到诗文之中，而且都写得那么好，他不由得感叹道："庾信文章老更成""庾信平生最萧瑟，暮年诗赋动江关"。

当然，杜甫是个伟大的诗人，他不可能只从别人的作品去感慨自己的命运，他还会把自己的命运写进自己的创作里。因此，就在他的晚年，他写下了一些回忆往事、慨叹兴衰的诗。这些诗，无疑曾受到庾信诗赋的启发，但却有杜甫自己的面目，属于杜甫晚年最好的作品。

杜甫这些回顾过去的作品，大约在居蜀的后期开始出现。其中较早的是《忆昔》二首，下面录第二首：

> 忆昔开元全盛日，小邑犹藏万家室。
> 稻米流脂粟米白，公私仓廪俱丰实。
> 九州道路无豺虎，远行不劳吉日出。
> 齐纨鲁缟车班班，男耕女桑不相失。
> 宫中圣人奏云门，天下朋友皆胶漆。
> 百余年间未灾变，叔孙礼乐萧何律。
> 岂闻一绢直万钱，有田种谷今流血？
> 洛阳宫殿烧焚尽，宗庙新除狐兔穴。
> 伤心不忍问耆旧，复恐初从乱离说。
> 小臣鲁钝无所能，朝廷记识蒙禄秩。
> 周宣中兴望我皇，洒泪江汉身衰疾。[1]

这首写得直接而痛切，风格比较接近"三吏""三别"等写实诗，在杜甫的回顾作品里算是比较特殊的。同样作于居蜀末期的是两首关于画家曹霸的七言古风。这两首的写法就很不一样。第一首《丹青引》，大半是描写曹霸在开元年间特承玄宗恩遇的情形，只有在最末几句才转到他目前的处境：

> 将军善画盖有神，偶逢佳士亦写真。
> 即今漂泊干戈际，屡貌寻常行路人。
> 途穷反遭俗眼白，世上未有如公贫。
> 但看古来盛名下，终日坎壈缠其身。[2]

---

[1] 《杜诗镜铨》卷十一，497—498 页。
[2] 同上书，530 页。

曹霸的流落不偶，无疑与战乱有关系。一个"承恩数上南薰殿"的宫中画家，如今不得不替寻常人画像以维持生活，这样的对比暗示了动乱的时代对个人命运的影响。而这也就是庾信《哀江南赋》和《拟咏怀》所要表现的主题。

第二首《韦讽录事宅观曹将军画马图歌》，前面一大半描写曹霸的画马，最后转入今昔之感：

> 忆昔巡幸新丰宫，翠华拂天来向东。
> 腾骧磊落三万匹，皆与此图筋骨同。
> 自从献宝朝河宗，无复射蛟江水中。
> 君不见金粟堆前松柏里，龙媒去尽鸟呼风。[1]

这里的前后对比，反映的是盛世的不再，与前一首偏重个人命运略有不同。与这首在主题与表现手法上都很相似，但写得可能更好的，是作于夔州的《观公孙大娘弟子舞剑器行》。这首诗的后半是这样的：

> 先帝侍女八千人，公孙剑器初第一。
> 五十年间似反掌，风尘澒洞昏王室。
> 梨园子弟散如烟，女乐余姿映寒日。
> 金粟堆南木已拱，瞿塘石城草萧瑟。
> 玳筵急管曲复终，乐极哀来月东出。
> 老夫不知其所往，足茧荒山转愁疾。[2]

---

[1]《杜诗镜铨》卷十一，532—533页。
[2] 同上书，卷十八，883—884页。

本诗及其长序，由李十二娘的剑器舞想到公孙大娘，由公孙大娘想到玄宗的梨园子弟，再由梨园子弟的星散联想到国家的动乱，玄宗的去世，以及太平岁月的既往，由小见大，充分显示杜甫艺术的成熟。

个人的命运与国家的兴衰息息相关，这是杜甫在宫廷供奉曹霸与李十二娘的遭遇上深切体会到的，这也是他晚年所特别关心的一个主题。以上三首诗都是由别人写起，但更重要的是自己，是自己在不幸的历史时代所经历的不幸的一生。当他在写这样的感受时，他受到庾信影响的情形就更加明显。

杜甫晚年的作品，不论在整体规模的宏大方面，还是在人生遭遇的感慨方面，都类似于庾信《哀江南赋》的，当数《秋兴》八首。这虽然由八首七律组成，实际上是密切相连的整体，应该看作一首诗。从文字风格上看，《秋兴》华美而凝练，而在其中蕴含了无限的感情，和《哀江南赋》极为相近。但更像《哀江南赋》的是主题的处理，整首诗从头到尾把个人与时代密切地结合在一起。这一点必须仔细分析，才能看出《秋兴》如何受《哀江南赋》影响，又如何摆脱《哀江南赋》的影响而创造出自己的艺术形式。

《秋兴》第一首由自己在夔州的思乡写起。"丛菊两开他日泪，孤舟一系故园心"，自己长年漂泊他乡，而思家之情与日俱增。这样的感觉实际上暗示了他后半生的飘零无依。第二首"夔府孤城落日斜，每依北斗望京华"，"每依"两字的眷恋，可以看出他虽然落魄不偶，但对朝廷的关切之情不敢一日或忘。在这里，个人与国家的关系首次出现。第三首"匡衡抗疏功名薄，刘向传经心事违"，正式点出他这一生的一事无成。而"抗疏""传经"所界定的个人成就的性质，更进一步地表现了个人与朝政的关系——个人的成就必须要透过政治去体现，反过来说，政治秩序的解体必然导致个人成就的落空。再接下去的第四首，就把这种关联性淋漓尽致地表现出来：

> 闻道长安似弈棋，百年世事不胜悲。
> 王侯第宅皆新主，文武衣冠异昔时。
> 直北关山金鼓震，征西车马羽书驰。
> 鱼龙寂寞秋江冷，故国平居有所思。

这首诗的前六句是对政治解体的最佳描写。政治似弈棋，王侯不断更换，而外患仍不见中止，整首诗充满了不定感。与此对照的是落拓他乡、有理想、有抱负，而无能为力的诗人。在这里，国家的命运与个人命运的照映最为鲜明。

为了跟第四首的政治解体对照，第五首回想起过去的太平盛世。"蓬莱宫阙对南山，承露金茎霄汉间"，南山的高大稳定，承露金茎高耸云霄，象征了大唐帝国的稳固与发展。然而这样的帝国毕竟没落了。第六首追溯没落的原因："回首可怜歌舞地，秦中自古帝王州"，两句话道尽了玄宗晚年的歌舞升平，不理朝政，终于招致安禄山的叛变、帝国的解体。

第七首是全诗的最低潮："织女机丝虚夜月，石鲸鳞甲动秋风。波漂菰米沉云黑，露冷莲房坠粉红。"四句描写长安昆明池的落寞凄清，以此来暗示唐帝国目前的处境。对应于这种国家命运的是"关塞极天惟鸟道，江湖满地一渔翁"的个人命运。在这里，两者的关系再度结合在一起。

相对于第七首的黯淡凄凉，在最后一首里，诗人怀想起过去的承平岁月：

> 昆吾御宿自逶迤，紫阁峰阴入渼陂。
>
> 香稻啄余鹦鹉粒，碧梧栖老凤凰枝。
>
> 佳人拾翠春相问，仙侣同舟晚更移。
>
> 彩笔昔曾干气象，白头吟望苦低垂。[1]

前六句呈现一幅安详（五、六句）、稳定（第四句）、富足（第三句）的太平时代行乐图，全体意象的色泽之美几乎要构成"黄金世界"的美景。但令人要饮泣吞声的是，这样的美景却是由落魄至白头的诗人所回忆起来的，而目前国家的真相则是第七首所表现的零落不堪。因此这第八首几乎要给人一种凄凉的挽歌的感觉——是大唐帝国太平盛世一去不返的挽歌，也是生活在这个大变动时代的不幸的个人的挽歌。

《秋兴》是八首律诗，在形式上不可能如《哀江南赋》一般，把过去的事情有系统地回叙出来。因此杜甫采用重点描绘，在四至八首里，他以现在（第四首）——过去（第五首）——致乱之由（第六首）——现在（第七首）——过去（第八首）的交错方式，把大唐帝国的兴衰史，以类似蒙太奇的方法呈现出来。这样的错杂安排，比《哀江南》的直线发展，丝毫不逊色。在个人与时代的密切相连上，从第四首至第八首（第六首例外），杜甫都采取前六（时代）后二（个人）的对照形式。因此，自始至终，两者的命运完全贯串在一起。在这方面，杜甫的艺术技巧恐怕要胜过庾信。无论如何，经过这样的分析可以看出，《秋兴》

---

[1] 《秋兴》八首，见《杜诗镜铨》卷十三，643—649页。

和《哀江南赋》在精神上如何相近。杨伦曾引王文治（梦楼）说：

近日王梦楼太史云：子美《秋兴》八篇，可抵庾子山一篇《哀江南赋》。此论亦前人所未发。[1]

事实上我们还要更进一步肯定，《秋兴》的创作应当是受到《哀江南赋》的启示的。也就是从这个地方，我们才能解释杜甫晚年为什么那么推崇庾信，而且也才能找到庾信影响杜甫的痕迹。

杜甫在《秋兴》八首里，以自己独创的艺术形式，把《哀江南赋》的主题加以变化处理。在此之外，他又写了另一组与《秋兴》齐名的连章诗，即《咏怀古迹》五首。这一组诗，出之以怀古的形式，分别描写五个古人，不是对于过去历史的整体性回顾，表面上看起来好像和《秋兴》的主题没有关联。但仔细分析就会发现，这一组诗还是和《秋兴》一样，是与庾信晚年所关怀的人生经验有关系的。如果说，《秋兴》是把《哀江南赋》的主题加以变化处理，那么《咏怀古迹》就是把这一主题加以引申发展了。

前面谈到庾信《哀江南赋》时说，《哀江南赋》结尾所要表现的是：动乱的历史时代，如何把个人的生命淘空，使生命变得毫无意义。《咏怀古迹》所要抒写的就是这一点，即：个人的生命是否有充分展现的可能。《咏怀古迹》不同于《哀江南赋》和《秋兴》的是：它并不从一个特殊历史时代里，提出一个特殊的

---

[1]《杜诗镜铨》卷十三，649页。

生命来加以描写。相反的，它是从不同的历史时代选出不同的人物来加以分析。在杜甫的笔下，我们看到这些人物的生命都没有得到完全的发挥，然后我们就会得到杜甫在诗中所要暗示的结论：从过去的历史看起来，个人生命未能充分实现的悲剧是处处可见的。

从这样的主题来看，《咏怀古迹》这五首诗要分成前后两组来看：前三首为一组，后两首为一组。前三首所写的是庾信、宋玉和王昭君。这三人的生命形态都很类似，他们的遭遇使得他们原本美好的生命完全被埋没掉。王昭君可以说是这一类人物的最佳代表。一个天生丽质的美人，本该在深宫中得到君王的宠爱，享尽人间的荣华富贵。但却荒谬地被抛掷到渺无人迹的大沙漠中，把最宝贵的天赋美质丢弃掉。"人才"浪费的悲剧有比这个例子更突出的吗？"千载琵琶作胡语，分明怨恨曲中论"，这首诗所表现的不甘与愤慨，使得全诗成为《咏怀古迹》的第一个高潮。

接下来的第四首，笔锋一转，写了一个历史难得一见的良臣遭遇贤君的例子。"一体君臣祭祀同"，千秋万岁之后，人们对刘备与诸葛亮的一体礼敬，似乎肯定了人的生命也有趋于完满的可能。然而，这并不是本诗所要表达的意思。本诗主要是作为引子，以引起下一首更富悲剧性的诗：

> 诸葛大名垂宇宙，宗臣遗像肃清高。
> 三分割据纡筹策，万古云霄一羽毛。
> 伯仲之间见伊吕，指挥若定失萧曹。

运移汉祚终难复，志决身歼军务劳。[1]

以诸葛亮的才华，再加以得君如此，应该可以一展抱负，了无遗憾的了。然而不然。诸葛亮生长在大厦将倾、独木难支的汉末，他虽然才比伊尹、吕望，但时势只允许他造成一个三分割据的局面，而这只需要他整个才华中的"一羽毛"就可以应付了。他绝大部分的才能还是埋没掉，他只能以"鞠躬尽瘁，死而后已"的精神来报答知己，在历史中尽到他所能尽的责任。

王昭君式的悲剧是，历史完全不给她机会；诸葛亮的悲剧则是：历史给了他机会，但却又讽刺式地把他放在无能为力的历史情境中。这两种悲剧都存在，才能完整地证明，个人在历史中无法充分实现自己才能的悲哀。而这就是整个《咏怀古迹》五首所要表达的主题。

杜甫无疑是以自己的命运为基础，来构想《咏怀古迹》这一组诗。假如他没有感觉到，自己的生命完全在不幸的历史时代浪费掉，他也就不会去关怀，在过去的历史里，是否有同样的个人悲剧存在。而在《咏怀古迹》里，他也很巧妙地把自己的影子织入全诗之中。本文最前面已谈到，第一首所写的庾信和他自己几乎无法分开，而在第二首的开头，他又说：

摇落深知宋玉悲，风流儒雅亦吾师。
怅望千秋一洒泪，萧条异代不同时。

这就公开地把自己的命运认同于宋玉。借着这种方式，杜甫

---

[1]《咏怀古迹》五首，见《杜诗镜铨》卷十三，649—653 页。

的命运就穿插到全诗的历史架构中。因此杜甫在沉思历史中个人生命的悲剧时,间接地也就替自己的一生下了结论,而这一组咏古诗,无形中也就成了自叙诗。杜甫就以这么曲折的方式,把庾信后半生所要描写的主题,加以引申发展,而表现在文学史上最特殊的一组怀古诗上。

经过以上的分析,我们有理由说,《秋兴》八首和《咏怀古迹》五首的创作,应该受到庾信晚年作品的启示。一个前代的诗人,能够影响到杜甫晚年最重要的两组作品,这样的诗人显然是不可忽视的。我们可以从这个角度来说明,杜甫晚年倾倒于庾信的原因,而且也可以从这个角度来进一步肯定庾信在文学史上的重要性。[1]

---

[1] 杜甫晚年所写的回忆作品,还有《壮游》《昔游》《遣怀》《往在》(见《杜诗镜铨》卷十四),由此更可看出,回顾过去的历史在杜甫晚期创作中的重要性。

第七章 结 论

根据以上各章的探讨，我想在最后归纳成三个结论，并顺便谈一点个人的感想。

首先，我们可以看到，太康、元嘉、齐梁这一系列诗人对杜甫产生影响的程度远超过一般的意料。杜甫自己说过，"晚年性僻耽佳句，语不惊人死不休"。又说，"晚节渐于诗律细"，这两点公认是杜甫诗非常重要的特质。现在我们具体地了解到，前者是从谢灵运的文字功夫和齐梁诗人的"清词丽句"学来的，后者则从声律说和齐、梁、陈诗人的律体试验得到启发。杜甫在这两方面的成就当然是六朝诗人所望尘莫及的，但我们也不得不承认，六朝诗人在文字和声律上的许多尝试，是杜甫往前发展的基础。唐以后，美文传统的诗人一直成为历代诗评家抨击的对象，这当然有其道理在。但是，因为他们本身的诗成就不高，连带的他们在文学史上的贡献也被忽略掉，这就有些不公平了。如果我们以辩证法的方式来说明汉魏至盛唐的诗歌发展，那么，汉魏是"正"，太康、元嘉、齐梁是"反"，而盛唐则是"合"。这个"合"，当然含有"正""反"两方的某些因素，不可能如唐代复古派诗人在理论上所想的那样，完完全全地回到汉魏的"正"；

复古派本身的作品就是最好的证明，他们并不能绝对地摆脱美文传统的影响。不过，每个盛唐大诗人"合"的方式必然有所不同，复古派的李白，兼容并包的杜甫，从容优雅的王维，各有自己的"合"的方式。杜甫的伟大正在于：他"合"得最好。他的回到汉魏，实际上比李白来得彻底；他最尊重被人所批判的美文传统，从那里学得最多；他的集大成式的"合"使他成为盛唐最伟大的诗人。同时，他的辩证的发展方式也让我们看到，一个有许多负面成分的传统，如何对后代的诗人发挥最正面的功能。杜甫与六朝诗人的关系让我们看到历史发展的极其复杂的辩证过程。

其次，从杜甫和六朝诗人的传承关系上也可以看到，我们对几个重要诗人可能了解得还不够透彻。先说谢灵运。我们一般常从山水诗的传统看谢灵运，把陶、谢和唐代的王、孟联系起来。这种观点不能说错，但并未能涵括谢灵运的全面。谢灵运还有另一方面，他是杜甫、韩愈、黄庭坚这一文字功夫传统的开创者。只有从杜甫的作品出发，我们才能清清楚楚地看到另一个谢灵运，才能把他和韩愈、黄庭坚并列在一起。然后，综合起来，陶、谢、王、孟的谢灵运加上谢、杜、韩、黄的谢灵运，我们才能了解到完整的谢灵运。其次谈到鲍照。传统诗评家通常只注意创作《拟行路难》十八首的那个"俊逸"的鲍照，并把他和盛唐的七言古风的作家，特别是李白联系在一起。这种看法，比把谢灵运只当作山水诗人更具有片面性。只有少数人，如王夫之、方东树发现他也有"重涩"的一面，但他们却不重视他的写实风格。民国以后的学者最注重的是这一点，但他们还是忽略了他从谢灵运那里学来的文字功夫。只有当我们把谢灵运、鲍照和杜甫三人并列在一起，我们才觉察到，鲍照是首先把谢灵运的文字功夫和写实乐府的传统结合在一起的人，也就是说，他是杜甫最直接的"先驱"。只有把鲍照解释成一个"小杜甫"，我们才算掌握到他最重大的特质。最后谈到庾信。在这方面，传统的评价倒是比较正确，大家都承认庾信最大的成就是在于，晚年的几篇赋和《拟咏怀》二十七首。然而，奇怪的是，似乎很少人从文学角度去论述晚期庾信和晚年杜甫的关系，虽然大家都知道杜甫后来极为推崇庾信。只有当我们注意到杜甫晚年的许多回忆作品，并且发现这些作品与庾信的《哀江南赋》和《拟咏怀》的密切关联，我们才能更具体地指出庾信对杜甫的深远影响。同时，当我们知道《秋兴》和《咏怀古迹》是从庾信那里得到灵感时，也许我们对于庾信后期的诗文会有较为不同的诠释。

最后，根据前面的探讨我们可以了解到，传统的凭借对一个大诗人的产生是多么重要。韩愈说，"口不绝吟于六艺之文，手不停披于百家之编"，对于前代的诗文，杜甫的确下过这种功夫，所以能够"沉浸酿郁，含英咀华"，把自汉魏以下的所有诗人的特长都加以吸收。但是，这还不够，还必须在吸收之外再加以创造。我们看到杜甫如何把谢灵运的文字功夫加以转化，看到他如何把齐梁诗人的声律试验加以广泛应用，看到他如何把《哀江南赋》"改写"成形式完全不同的《秋兴》八首。他是一个伟大的写实诗人，但他的写实并不等同于汉乐府民歌；况且，他还不只是一个写实诗人。他是个"扩大化"的鲍照，在题材、技巧和胸襟上远远地超越了鲍照。杜甫"好学"传统，但也"善学"传统，只从"无一字无来历"这一方面来看待杜甫与传统的关系，是不能真正掌握他与传统"互动"的精神的：他不只是"被动"地吸收，他还"主动"地改造。随着生活的变化，他对传统的了解范围也逐渐地扩大，逐渐地深化。在生活的某一段时期，当他的感受变了，那个对应于他的感受，对这一感受的表现具有正面助力的传统就会出现在他脑中，而居主导地位。在他的政治敏感度最高、他的生活最颠沛流离的时候，汉乐府和鲍照就站在他眼前。在他生命的末期，当他开始沉思大唐帝国的命运和自己的一生时，庾信的形象就高大起来。从"生活"与"传统"互动的过程，最足以看出，杜甫如何创造性地吸收传统。可惜的是，这一系列研究还不够精细，在这方面的探讨还嫌不足。

　　以上是三点结论，最后想谈一下个人的感想。"影响研究"是传统文学研究中极为重要的一个范围，但是，民国以来学者在这方面所得到的成绩，似乎并不很令人满意。明显的缺点有两个。第一，太枝节化，最常见的方法是罗列一大堆相似的句子，然后就了事，这在绪论里已谈过。最重要的是要掌握"基本精神"，使那许多细节足以阐明这一精神。一般研究者通常不从"历史感"和"文化意识"着手，这就抓不住"基本精神"，而徒劳地从事于材料的累积。其次，太粗糙化，没有从广泛的阅读和细腻的比较入手。譬如，一般都知道唐代的复古派深受阮籍式的政治咏怀诗影响，但似乎很少人具体地比较他们之间的异同。又如，李白一生佩服谢朓，但好像也看不到对他们两人之文学关系的全面研究。结果是，大都人云亦云，浮泛掠过而已。

　　这里的研究其实也很粗糙。一方面，"杜学"本来就极为广泛，极难掌握；另一方面，可以凭借的前人见解，大都只在"诗话"（就其表达方式而言）层次，几乎完全要靠自己寻找细节去加以补足。而且，坦白讲，自己浸淫的时间也还太短，用功程度又不够，所以只能流于目前这种粗枝大叶的形式。这只是一个"开端"，期待他日有更详细而充实的扩展。

下编 杜甫与元和诗人

第八章　杜诗与日常生活

　　杜甫是盛唐诗人，具有盛唐诗人共通的特色；但杜甫也是开风气的诗人，对后代诗歌的影响极其深远。近代有些文学史家，论到唐诗的演变时，往往强调后面一点，并以杜甫作为关键，将唐诗划分成前后两期[1]。将杜甫与其他盛唐诗人划分开来，完全打破传统的四唐的观念，会令人觉得不能适应；而且，过分强调杜甫与其他盛唐诗人的相异之处，也有其偏颇。但站在诗歌流变的立场看，这种做法也有其必要。杜甫是元和时代韩、白两派诗人共同的导师，也是两宋诗人共同的导师，杜甫对后代的启迪之功的确不可忽视。

　　那么，杜甫有所异于盛唐、有所启迪于后代的是什么呢？这个问题颇难回答，每个人会因为着重点的不同，而有不同的答案。以近代的文学史家为例，他们往往会强调杜甫的写实倾向；更特殊的则如胡适，除了写实倾向之外，他更提出杜甫的幽默作风与口语色彩[2]。传统诗评家也会谈到杜甫与两宋诗人的关系

---

　　[1]　如陆侃如、冯沅君《中国诗史》。

　　[2]　见胡适《白话文学史》第十四章。

（虽然他们仍把杜甫划归盛唐），但他们的着重点却可能和近人完全不同[1]。种种看法的分歧正可表明：杜甫对后代的影响既深且广，绝不是简单的一两点就可概括无遗的。

本文所要特别提出的是，杜甫对日常生活的描述。同样地，这一点并不足以涵盖全部的杜诗，但其重要性，却也不下于别人所指出的其他各点。甚至所谓的写实倾向与口语色彩，都可以包含在日常生活这个范围更广大的项目之下。个人认为，在中国诗歌史上，是杜甫奠定了日常生活诗歌传统的基础，这一点很值得我们加以重视。

我们要问，在杜甫之前有哪一位诗人描写过日常生活中的小事物与小感情，而不只是一些咏怀、游仙、山水、宫体、应制、应酬之作？有哪一位诗人能以平常的眼光与感觉去对待这个世界、这个人生，而不只是一些悲哀、雄壮、纤丽的特殊风格？有哪一位诗人能如我们一般人，有的只是平凡的喜怒哀乐，并不特别显得伟大，也不特别渺小。如果我们撇开民歌（包括《诗经·国风》），大概只有一个诗人勉强可以达到这个目标，那就是陶渊明，只有在陶渊明身上我们可以感觉到平凡而亲切的日常生活。然而，陶渊明是个超时代的例外，在他死后三百年间，没有一个真正的继承人。而且，陶渊明所表现的日常生活面也还狭窄，跟杜甫的相比，只能算是开端。杜甫的表现面更广阔，更重要的是，杜甫马上有了继承人，从元和时代的韩愈、白居易到两宋的所有重要诗人。杜甫所开拓出来的路，许许多多的诗人继续地发

---

[1] 传统诗评家论杜甫与宋诗之关系，最常谈到"以文为诗"和"议论入诗"两点。

展下去，杜甫是一个绵延不绝的传统的建立者。

日常生活的诗歌是杜甫开拓出来的，我们只要比较杜甫与其他盛唐诗人的题材，即可清楚明白。盛唐是中国诗歌的黄金时代，一般总以为其诗歌内容必然千变万化、无所不包，其实不然。杜甫以外，最重要的盛唐诗人大约有李白、王维、孟浩然、高适、岑参、王昌龄、李颀、储光羲诸人。根据这些诗人所留下来的作品加以分类统计，令人惊讶的是，应酬诗或半应酬性的作品竟占了一半左右。因此可以说，盛唐还是一个以"社交诗"为主的时代，诗作为社交的工具反而要比表达个人的情志来得重要。一般来讲，社交诗很难是好诗，除非应酬的对象跟自己有极密切的关系。社交诗作得好的只有两种人：一是天生雍容华贵，才性适合的，如王维；一是个性鲜明的，如李白。至于非社交诗，一般都是传统题材的承袭。真正属于盛唐诗人独创或大力加以发展的题材，其实很少，恐怕只有写实的边塞诗（有别于拟乐府)[1]、题画诗、咏音乐、歌咏科第的不得意数种而已。综合地说，从盛唐诗人的作品里，我们很难看到他们的日常生活。我们所看到的只是，他写一首诗送别或赠人或寄给人，他与某人宴会或同游寺庙、道观、山水名胜或他人别业，他歌咏自己的不得意或羡慕山林田园的幽趣等等，除此之外，我们很难看到什么，除非他曾到过大沙漠、大草原，如岑参，我们才能看到较特殊的塞外风光。从生活的幅度来看盛唐诗，令人觉得盛唐诗人的生活意外地狭窄。

----

[1]　盛唐以前的边塞诗（大半是闺怨一类的作品），以拟古乐府为主，至盛唐始有实际描写边塞风光的。

但是，杜甫的情形则完全不同，杜甫诗中有相当完整的个人生活的记录，差不多从安史之乱的前夕一直到他病死两湖之间，我们可以清楚地掌握他的行踪，了解他每一阶段的生活与感情。大至朝廷中的大事，小至个人生活的琐事与细节，他都会写入诗中。我们只要举几个特殊的例子，即可明白杜甫诗作所涉及的生活面。

肃宗乾元二年秋天，杜甫弃官到秦州，又从秦州到同谷，从同谷到成都，这是他一生最艰苦的一次逃难。从秦州到成都，他写了二十四首纪行诗，其诗题如下：

> 发秦州、赤谷、铁堂峡、盐井、寒峡、法镜寺、青阳峡、龙门镇、石龛、积草岭、泥功山、凤凰台、发同谷县、木皮岭、白沙渡、水会渡、飞仙阁、五盘、龙门阁、石柜阁、桔柏渡、剑门、鹿头山、成都府。[1]

这二十四首诗，清楚地记载了杜甫一路的行程及沿途的心情。到了成都，他定居在城郊的浣花溪上。关于这一次的"卜居"，他写了以下的诗：

> 卜居、王十五司马弟出郭相访兼遗营草堂资、萧八明府实处觅桃栽、从韦二明府续觅绵竹、凭何十一少府邕觅桤木栽、凭韦少府班觅松树子栽、又于韦处乞大邑瓷碗、诣徐卿觅果栽、堂成。[2]

---

[1] 以上作品见《杜诗镜铨》卷七。
[2] 同上。

他用这一组诗来描写营屋的经过。又代宗大历元年的春天到三年正月，杜甫住在夔州。在这两年中，前前后后，杜甫写过这样的诗：

> 信行远修水筒、催宗文树鸡栅、驱竖子摘苍耳、种莴苣；园官送菜、园人送瓜、课伐木、张望补稻畦水归、张望督促东渚耗稻；课小竖锄斫果林、寒雨朝行视园树、茅堂检校收稻、刈稻了咏怀。[1]

单看诗题，就令人有一种新异之感。这样地写生活的琐事，这样地开拓诗歌的题材，是其他盛唐诗人所不能梦想得到的。

我们只要将上面三处特例扩大，想象一千四百多首杜诗的诗题及其内容，即能了解，杜甫是如何地透过诗歌来记录他的生活。一般人称他为诗史，注重的是他对国家大事的反映，其实，他所记录的个人生活比起他所记载的国家大事，只有更丰富。

因此，杜甫是第一个真正需要按年编诗的诗人，也是第一个真正需要按年读诗的诗人。当我们按顺序一首一首读他的诗时，我们仿佛看到诗人杜甫最平凡而又最不平凡的一生。我们看到他壮志消磨，看到他为国事忧愁，看到他为人民打抱不平，看到他在四川闲居，在夔州苦闷，在两湖落拓潦倒，以至于病死。他告诉我们他生活的每一个新环境以及新感受。盛唐第二个大诗人李白，也流传下来近一千首诗，然而我们只知道他爱喝酒、爱吹牛、爱幻想（想成仙，想当谢安、鲁仲连），他究竟是怎样生活的，我们不知道，甚至他的妻子儿女与行踪我们都不甚清楚。而

---

[1] 以上见《杜诗镜铨》卷十三、十六、十七（凡属不同卷数的诗题以分号断开）。

杜甫，他有几个弟弟、几个儿子，有哪些朋友，交情如何，我们都知道，甚至他对太太的感情，他向朋友伸手要钱，他都有记录。我们清清楚楚地认识这个人，因为他是日常生活的诗人，诗是他日常生活的一部分，而日常生活也是他诗中必不可少的题材。而对李白及其他盛唐诗人来说，诗是特殊感情的记录，甚至是社交工具，诗不是随时随地可以写的；诗不一定是生活，生活也不一定是诗。

以上是从作品内容所涵盖的生活范围来讨论杜诗与日常生活的关系。然而，所谓日常生活的诗并不只是题材的问题，还是意识形态的问题。一般的诗虽是脱胎于生活，但似乎总是崇高的，似乎总是高出一般生活之上。日常生活的诗则不然，它所描写、所歌咏的几乎就像一般的生活，它是在一般的生活之中体会出情趣，体会出诗味来的，它并不显得特别"高尚"，但它总是亲切宜人。杜甫最早的作品就有这种倾向，如下列两首诗所表现的：

秋水通沟洫，城隅进小船。
晚凉看洗马，森木乱鸣蝉。
菱熟经时雨，蒲荒八月天。
晨朝降白露，遥忆旧青毡。

（《与任城许主簿游南池》，《杜诗镜铨》卷一）

东岳云峰起，溶溶满太虚。
震雷翻幕燕，骤雨落河鱼。
座对贤人酒，门听长者车。
相邀愧泥泞，骑马到阶除。

（《对雨书怀走邀许主簿》，同上）

这两首诗并不特别地好，但却有一点亲切感。最主要的原因是：他把日常生活的细节，前人不轻易甚至不肯写进诗中的，毫不避忌地写进去了。"晚凉看洗马"，这是常见的事，"相邀愧泥泞，骑马到阶除"，这也是常见的事，但在盛唐同类的作品中，我们读不到这样的诗句。盛唐诗人有一种什么是诗，什么不是诗的自觉或不自觉的成见存于心中。杜甫也能像他们一样，板起面孔来写有模有样的社交诗，也能装出高腔来唱雄壮的调子。但更重要的，杜甫却可以欣赏身边的细节琐事。从上面两首诗可以看出，杜甫诗中有一种日常生活的意识，他要把诗写得像日常生活一般。这是其他盛唐诗人所缺乏的。

杜甫的日常生活意识，我们可以更进一步地从两方面来加以说明：一是杜甫对日常景物的体会，一是杜甫对日常人情的描绘，关于第一点，我们先看下面三首诗：

> 三月桃花浪，江流复旧痕。
> 朝来没沙尾，碧色动柴门。
> 接缕垂芳饵，连筒灌小园。
> 已添无数鸟，争浴故相喧。(《春水》,《杜诗镜铨》卷八)

> 黄师塔前江水东，春光懒困倚微风。
> 桃花一簇开无主，可爱深红爱浅红。

> 黄四娘家花满蹊，千朵万朵压枝低。
> 留连戏蝶时时舞，自在娇莺恰恰啼。

> (《江畔独步寻花七绝句》之二，同上)

从题材上说，这是描写自然风光的诗，然而，这跟谢灵运系统的山水诗有多大的不同啊！一般来说，谢派山水诗的背后常常暗含了两种意识形态：一是隐士心态，一是透过山水以悟道的道家心态，在盛唐诗人中，我们可以看到多少这一类的诗！王维、孟浩然、储光羲固然不必说，连一般所谓雄壮之音的边塞诗人如岑参、李颀、王昌龄，同类的作品也随处可见。他们写起自然诗来，随时都在装扮一种隐士气派，或者一种庄子气派。杜甫的诗则不然，他只是平平实实地写他对春光的赏爱，写他对春花的流连。他只是如我们一般地沉迷在自然风光之中，他只是写可爱的日常景物，并不企图说明或表现什么大道理。然而奇怪的是：是谁更能表现"物我欣然一处"的境界呢？盛唐以后，谢派的山水诗除了韦应物、柳宗元以外，再没有出现什么大作家，然而，"杜派"的自然诗则代有传人，如白居易，如苏轼，如范成大，如杨万里，都是。其中的消长变化很值得玩味——这不是日常生活的诗已建立稳固的基础的缘故吗？

　　谢派山水诗与杜派自然诗还有一项很大的不同，即：取材的范围。前者总是以清幽的山景为主，后者则无施而不可，大体以眼前景为主。再者，前者似乎很少描写动物，更少以动物为主体，后者则动物的比重相当地大。我们可以看杜甫怎样描写小动物：

　　　　草露亦多湿，蛛丝仍未收。(《独立》，《杜诗镜铨》卷五)

　　　　鸬鹚窥浅井，蚯蚓上深堂。(《秦州杂诗》，卷六)

　　　　无数蜻蜓齐上下，一双鸂鶒对沉浮。(《卜居》)

　　　　鸬鹚西日照，晒翅满渔梁。(《田舍》，以上卷七)

仰蜂粘落絮，行蚁上枯梨。(《独酌》，卷八)

鸟下竹根行，龟开萍叶过。(《屏迹》)

花鸭无泥滓，阶前每缓行。
羽毛知独立，黑白太分明。(《花鸭》，以上卷九)

鹅儿黄似酒，对酒爱新鹅。
引颈嗔船逼，无行乱眼多。(《舟前小鹅儿》，卷十)

在这些例子里，杜甫下了多少的体物功夫！"龟开萍叶过"，这样的龟不会有人梦想到可以写进诗中的罢。杜甫的动物世界，就正如他的植物世界一般，既是平凡的，也是生动的。这样的自然界，就是日常生活所接触的自然界，亲切而动人，不像山水诗那样地清幽绝人，那样地不食人间烟火味。

其次谈到杜甫对日常人情的描写。一般而言，杜甫以前的诗人所描写的感情大多是比较特殊的感情，不是咏怀，就是悲秋，不然就故作壮语，很少有人描写他对身边的平凡人与平凡事物的感情。但是杜甫，甚至对他住过的房子都能表达一份亲切的情谊：

久客应吾道，相随独尔来。
熟知江路近，频为草堂回。
鹅鸭宜长数，柴荆莫浪开。
东林竹影薄，腊月更须栽。

(《舍弟占归草堂检校聊示此诗》，《杜诗镜铨》卷十)

"鹅鸭宜长数，柴荆莫浪开"，这种对家务的细致的感情，是中国一般农家都会有的。

除了家务，杜甫的亲友之情尤其著名。杜甫怀念几个亲兄弟的诗很少不好的，即使对一个远房亲戚，他也有一分根生于家族之上的特殊感情：

> 平明跨驴出，未知适谁门。
> 权门多噂沓，且复寻诸孙。
> 诸孙贫无事，客舍如荒村。
> 堂前自生竹，堂后自生萱。
> ……
> 阿翁懒惰久，觉儿行步奔。
> 所来为宗族，亦不为盘飧。
> 小人利口实，薄俗难具论。
> 勿受外嫌猜，同姓古所敦。

（《示从孙济》，《杜诗镜铨》卷一）

这首诗的最大长处即在：絮絮话家常，而自然有一种亲切感。并不需要特别悲哀的事，或特别感人的事才可入诗。这首诗可以充分说明日常生活的人情到底是怎么一回事。

这首诗另外值得注意的一点是诗中的语言。这种语言相当地近似说话。一般而言，诗的语言要比日常的语言"高"一点，总有一点装着腔说话的味道。因为是装着腔，也就丧失了那种日常生活的平凡味与亲切味。杜诗往往能像上一首诗一样，把语言拉得近似说话，因此自然具备了日常生活的亲切感。我们所熟悉的许多杜甫的名作，其实都有这一种近似说话的特色，如：

舍南舍北皆春水，但见群鸥日日来。

花径不曾缘客扫，蓬门今始为君开。

盘飧市远无兼味，樽酒家贫只旧醅。

肯与邻翁相对饮，隔篱呼取尽余杯。

（《客至》，《杜诗镜铨》卷八）

这首诗只是一口气说下来，所以有家居的悠闲，有客至的欣喜。其他如《江村》（清江一曲抱村流）、《闻官军收河南河北》，都是一口气说话的好例子。

杜甫的摹写日常人情，最值得注意的还有两点，一是他的幽默，一是他的体贴入微。关于杜甫的幽默，胡适在白话文学史里曾大力表彰过[1]，所以这里只举一个例子就够了：

八月秋高风怒号，卷我屋上三重茅。茅飞渡江洒江郊，高者挂罥长林梢，下者飘转沉塘坳。南村群童欺我老无力，忍能对面为盗贼。公然抱茅入竹去，唇焦口燥呼不得，归来倚仗自叹息……（《杜诗镜铨》卷八）

这一首《茅屋为秋风所破歌》，因篇尾的壮语（呜呼！何时眼前突兀见此屋，吾庐独破受冻死亦足！）而成为杜甫的名作，一般人也可能因此而忽略了诗中自嘲自讽的风趣。"南村群童欺我老无力"以下数句，是杜诗具有幽默感的最佳证明。

至于杜甫对人情的体贴入微，《又呈吴郎》是最好的例子：

---

[1] 见胡适《白话文学史》第十四章。

堂前扑枣任西邻，无食无儿一妇人。

不为困穷宁有此，只缘恐惧转须亲。

即防远客虽多事，便插疏篱却甚真。

已诉征求贫到骨，正思戎马泪盈巾。(《杜诗镜铨》卷十七)

这样地去了解一个老妇人的心理，这样地富有同情心，可见杜甫对人情的体悟之深。然而，这还只是体悟而已。杜甫甚至能进一步地刻画小人物的口吻和动作，如：

步屧随春风，村村自花柳。

田翁逼社日，邀我尝春酒。

酒酣夸新尹，畜眼未见有。

回头指大男，渠是弓弩手。

名在飞骑籍，长番岁时久。

前日放营农，辛苦救衰朽。

差科死则已，誓不举家走。

今年大作社，拾遗能住否。

叫妇开大瓶，盆中为吾取。

感此气扬扬，须知风化首。

语多虽杂乱，说尹终在口。

朝来偶然出，自卯将及酉。

久客惜人情，如何拒邻叟。

高声索果栗，欲起时被肘。

指挥过无礼，未觉村野丑。

月出遮我留，仍嗔问升斗。

(《遭田父泥饮美严中丞》，《杜诗镜铨》卷九)

这里我们看到叙事诗人与小说家的本事，无论说话和动作都能配合人物的个性与身份。在"三吏三别"里，我们又能看到杜甫说故事的技巧，那六首诗，有对话，有叙述，有独白，而同样地都能表达战乱之中平民的悲哀与痛苦。杜甫的经验与才能，足够做一个伟大的叙事诗人，可惜的是，中国没有一个源远流长的叙事诗传统，我们也只能看到"三吏三别"，不能看到大规模地描写安史动乱的大史诗。

"三吏三别"是杜甫描写日常人情的严肃面。杜甫不只是注意令人欣然忘忧的日常景物，也不只是描写悠闲自在的家居生活，"三吏三别"证明杜甫可以把日常的人事提高到悲剧文学的最高点。它证明，所谓日常生活的诗，并不是始于细节琐事而终于细节琐事，也并不是只领受日常生活的每一刻欢欣与愉悦。他还能够从日常人事里体会人生的问题，并进一步地加以质疑。只有这样，日常生活的诗才能提高到第一流的文学的地位，而杜甫也用"三吏三别"以及其他同性质的诗证明了这一点，例如下面所引的《羌村》三首中的两首：

> 峥嵘赤云西，日脚下平地。
> 柴门鸟雀噪，归客千里至。
> 妻孥怪我在，惊定还拭泪。
> 世乱遭飘荡，生还偶然遂。
> 邻人满墙头，感叹亦歔欷。
> 夜阑更秉烛，相对如梦寐。
>
> 群鸡正乱叫，客至鸡斗争。
> 驱鸡上树木，始闻叩柴荆。

父老四五人，问我久远行。

手中各有携，倾榼浊复清。

苦辞酒味薄，黍地无人耕。

兵革既未息，儿童尽东征。

请为父老歌，艰难愧深情。

歌罢仰天叹，四座泪纵横。（《杜诗镜铨》卷四）

在这两首诗里，杜甫综合表现了他好几样的特长。首先，他对村居生活的观察极其入微，他知道村落黄昏时鸟雀栖于屋前的景象，才能写出"柴门鸟雀噪，归客千里至"，他知道村中客到村人围睹的习惯，才有"邻人满墙头"的句子，而我们恐怕再难找到像第二首前四句那样生动地描写村居生活的了。其次，杜甫了解村人深挚的情谊和忠厚的软心肠，所以满墙头的邻人看到人家夫妻重逢也会"感叹亦歔欷"，而父老也会"手中各有携"地慰问远行客，甚至还"苦辞酒味薄"。我们很难看到别人能够这样简洁动人地刻画中国农民的淳厚性格。最后，杜甫把自己的悲哀和农民在战乱中的痛苦，整个地综合起来。"请为父老歌，艰难愧深情。歌罢仰天叹，四座泪纵横。"这是中国农民在面对大灾难时无可奈何的深沉的无声的悲哀，在中国文学里，我们也很难看到这样简短有力的悲剧。《羌村》三首和"三吏三别"一样，可以代表杜甫日常生活诗歌的最高成就。

第九章　元和诗人与杜甫

——兼论元和诗人与六朝诗的关系

一

从杜甫在世时，到元和诗人出现之前，杜甫诗的价值并没有为人所认识。是元和诗人首先了解杜甫的成就，欣赏杜甫的特质；同时，也是元和诗人首先把杜甫推崇到无以复加的地位，肯定杜甫在唐诗，以至中国诗史中无与伦比的重要性。

从天宝年间，到元和时代，大约半个世纪。在这半个世纪里，约有三个世代的诗人先后出现在唐代诗坛上，即：天宝诗人（李白、高适、岑参等）、前期大历诗人（刘长卿、钱起、郎士元等）及后期大历诗人（卢纶、李益等）[1]。在这三个世代里，杜甫并没有受到足够的重视。

---

[1]　高仲武《中兴间气集》选入的李嘉祐、钱起、韩翃、郎士元、皇甫冉都在天宝后期中进士（详后文），《中兴间气集》未选的卢纶于大历中举进士（未中第），李益、李端分别于大历四、五年中进士。由此可见，前者与后者在年辈上有差距。

最能看出当时人对天宝诗坛的看法的，莫过于殷璠的《河岳英灵集》（以下简称《英灵集》）。《英灵集》所选的作品，"起甲寅，终癸巳"，也就是说，从唐玄宗开元二年到天宝十二载，几乎涵括整个开元、天宝时代。从所选作品的时间讲，这是完整的盛唐诗选本。如果再仔细分析其中所选的诗人，更能证明这个看法的正确。在所选二十四位诗人中，后世公认的盛唐大家、名家，如李白、王维、孟浩然、岑参、高适、李颀、常建、王昌龄、储光羲、崔颢、崔国辅、祖咏全都包含在内。拿王士禛《唐贤三昧集》（专选李、杜以外的盛唐诗），以及沈德潜《唐诗别裁》的盛唐部分来跟《英灵集》比较，即可看出，就诗人名单而言，王士禛、沈德潜的选本大致不出《英灵集》的范围。虽然《英灵集》所选作品不多，但后世所谓的盛唐诗，即已由这本书确立规模，《英灵集》的重要性就在于此。

　　然而《英灵集》却有一个无法想象的大漏失——盛唐最伟大的诗人杜甫，竟连一首诗也没入选。天宝十二载杜甫四十二岁，已经写了不少作品。就现存杜诗而言，约有一百三十首写于安史乱前，其中大部分应为天宝十二载以前所写。虽然这些作品不一定比得上安史乱后的，却也有不少杰作，殷璠竟一首都不选，实在大出意料之外。

　　就年龄、辈分而言，在重要的盛唐诗人中，杜甫较晚出现于诗坛。他小孟浩然二十三岁，小李白、王维十一岁，小高适五六岁。然而，如果说杜甫因为辈分较低，成名较晚，才没选进殷璠的《英灵集》，比杜甫年轻三岁的岑参却又入选。因此，只可能有一种结论，杜甫在天宝末期的诗名还没有大到足以入选的地步。想想看，入选的诗人有二十四人之多，而杜甫的声名竟还在二十四人之后，这就足以证明，在天宝末期杜甫还没有引起他人的重视[1]。

另一项事实也可以作为佐证。天宝十一载（比《英灵集》的下限只早一年），薛据、高适、储光羲、杜甫、岑参五人同登长安慈恩寺塔，各赋诗一首。高、岑、储、杜的作品还流传下来。其中高适、储光羲、杜甫的诗题都是《同诸公登慈恩寺塔》，岑参所作题为《与高适薛据同登慈恩寺塔》，根本不提杜甫，岑参、杜甫在安史乱前并非不相往来，然而岑参却不提他的名字，可见在他的心目中，杜甫的地位还不及薛据（一个现在极少人知的次要诗人）[2]。

当然，诗人的声名跟他的社会地位也有关系。天宝十一二载的杜甫连"解褐"为官的身份都没有，容易被人忽略是可以理解的。因为社会地位引起的忽视，连带地也会让人不太注意他的诗作。所以，总结地说，晚至天宝十一二载，年纪已是四十一二岁的杜甫还没有得到当时人的重视，是不可否认的事实。

《英灵集》编成之后不久，安史之乱爆发。从这时起，到杜甫逝世的那一年（大历五年），中间还有十五年的时间。就在这段时间里，由于长期战乱的洗礼，再加上己身的颠沛流离，杜甫

---

[1] 陈尚君在《杜诗早期流传考》一文中认为，殷璠为丹阳人，因此《河岳英灵集》中"对在江南吟咏的诗人……极致推崇"（见陈尚君《唐代文学丛考》，321页，中国社会科学院出版社，1997）。言外之意似乎为，杜甫并未在江南待过，所以未为殷璠重视。但《英灵集》所选如高适、岑参、李颀等，也并未"在江南吟咏"，陈尚君的说法恐怕值得商榷。

[2] 杜甫早期作品如《渼陂行》《九日寄岑参》（见《杜诗镜铨》卷二），均可证明他与岑参颇有交往。

的诗不论在内容或技巧上都有非常明显的进步。就数量而言，现存杜诗十分之九以上也都写于这个时期。假如说，在《英灵集》编成的时代，杜甫还是诗坛较不出名的人物。那么，大历时代的人应该看到一个伟大的诗人终于出现在他们面前了。

然而，事实并不如此，编选于大历末年的《中兴间气集》（以下简称《间气集》）仍然遗漏杜甫。就时间而言，高仲武所编的这本《间气集》刚好承接殷璠的《英灵集》。《英灵集》选的是开元、天宝时代，《间气集》则是从天宝之后到大历之末，即本文所说的"大历前期"。正如《英灵集》之企图涵盖整个开元、天宝诗坛，《间气集》也极力照顾到天宝以后二十多年间诗坛的全貌。除一两个特殊的例外（如元结、韦应物）至德、大历间较重要的诗人几乎都选入。

在《间气集》所选二十六人中，最著名的当数刘长卿、钱起、郎士元、李嘉祐、皇甫冉、韩翃等人。不论是从当时的声名，还是从后世的评价看，这几人都是《间气集》所选时代最重要的诗人（除了韦应物外）。从这几人中进士的时间也可以看出，这是紧接于天宝之后的诗人。刘长卿应该是在天宝六载以后（不是传统所说的开元二十一年）考中进士[1]，其余诸人则依次如下：李嘉祐（天宝七载）、钱起（十载）、韩翃（十三载）、郎士元、皇甫冉（十五载）。而盛唐诗人辈分最小的岑参（比杜甫还小三岁），则于天宝三载中进士。

---

[1]　参见傅璇琮主编《唐才子传校笺》第一册，313—314 页，中华书局，1987；蒋寅《大历诗人研究》，399—400 页，北京大学出版社，2007。

因此，从年辈上讲，也可以了解杜甫所以在《英灵集》与《间气集》"两头落空"的尴尬情形。在《英灵集》时代，他是显得年轻了些，而在《间气集》时代，他又年老了些。然而，正如在《英灵集》里，杜甫还不至于年轻到完全没有入选的资格（比他小的岑参都入选了），在《间气集》里，杜甫的辈分也不可能大到必须排除在外的地步。杜甫所以不被选进《间气集》，是还有其他原因的。

最容易想到的理由是地域的限制。除了安史之乱刚爆发的头两三年外，杜甫的后半生全生活在较僻远的四川、两湖地区，不容易为长安或江南一带的文士所认识。除了杜甫自编的文集，现在所知道的最早的杜甫诗集是唐润州刺史樊晃所编的《小集》六卷。樊晃有一编序说：

> （甫）文集六十卷，行于江汉之南。常蓄东游之志，竟不就。属时方用武，斯文将坠，故不为东人之所知。江左词人所传诵者，皆公之戏题剧论耳，曾不知君有大雅之作，当今一人而已。今采其遗文，凡二百九十篇，各以事类，分为六卷，且行于江左。[1]

樊晃于大历五至七年间正在润州刺史任上，那么，这个《小集》很可能就编于大历五年杜甫卒后的几年之间。樊晃编《小集》的主要目的是要让杜甫的"大雅之作""行于江左"[2]，由

---

[1] 《杜诗详注》，2237页，中华书局，1979。

[2] 据陈尚君考证，樊晃所选《小集》"重古体，轻近体"，具有"不少反映现实，忧国忧民之作"，此似即樊序所谓"大雅之作"之意。

此也可知道，所处地域的偏僻的确使得杜甫的作品在至德、大历间无法普遍流传。

然而，这不是杜甫在大历年间诗名不盛的唯一理由。既然杜甫卒后不久，樊晃即可能编成《小集》流传，可见江南地区还是可以读到杜诗的。至德、大历间，因为长安、洛阳一带历经战乱的关系，江南一时成为文士聚集之地。高仲武《间气集》里的重要诗人如皇甫冉、刘长卿、李嘉祐等，都在江南待过一段时期（后两人主要待在江南），而且彼此之间都有来往的。而就在樊晃任润州刺史时，皇甫冉、刘长卿也曾与樊晃唱和过[1]。因此，可以推测，刘长卿等江南诗人很有机会看到杜甫的诗作。何况从大历五至七年间到高仲武编《间气集》，中间还隔了六七年时间。这时，杜诗的流传应该比樊晃编《小集》的时代更广，因此，很难说，高仲武《间气集》时完全不知道杜诗的存在。

所以，《间气集》不选杜甫作品还应该跟风格有关系。事实是，以钱起、郎士元、刘长卿、李嘉祐（四人并称"钱、郎、刘、李"）、皇甫冉、韩翃为代表的《间气集》诗人，正反映了至德、大历间诗风的主要趋势，而杜甫则在这个趋势之外。《间气集》所反映的大历前期诗风的主要趋势，是受王维影响的"清雅"风格。其中，有以祖钱性质的"社交诗"成名的钱起、郎士元，也有在江南地区写山水田园之作的刘长卿、李嘉祐、皇甫冉。在这样一个时代，杜甫之受到忽视即可想而知。樊晃认为，

---

[1] 刘长卿《和樊使君登润州城楼》，见储仲君《刘长卿诗编年笺注》，326 页，上海古籍出版社，1996；皇甫冉《和樊润州秋日登城楼》，《全唐诗》卷二四九，2806 页，中华书局，1960（2003 七印）。以上二诗应为同时所作，据储仲君考证，刘诗作于大历五年。

当时"江左词人"所传诵的只是杜甫的"戏题剧论",而不是他的"大雅之作",也反映了杜甫主要风格与当时风气的落差。韦应物之所以没有入选《间气集》,应该也是基于同样的因素。

紧接着《间气集》所代表的时代之后出现于唐代诗坛的,就是以卢纶、李益为代表的"后期大历诗人"。虽然没有资料(如《英灵集》《间气集》一般)来推测这个时代杜甫诗所受到的待遇,但就风格而言,这一时期的诗人和大历前期的钱、郎、刘、李并没有根本的不同。依此而论,卢纶、李益等人不会特别注意到杜甫,也是可以想象得到的。

综合来说,几乎没有一个较重要的大历诗人(不论是较早的钱、郎、刘、李,还是较晚的卢纶、李益),提到过杜甫的名字,当时只有一个较不出名的任华,分别写了《杂言寄李白》《杂言寄杜拾遗》,特别推崇李、杜二人,虽然极有特识,只能算例外。还有一位也是不太出名的戎昱,写了一首《耒阳溪夜行》,题下小注说:"为伤杜甫作。"但,现代学者已普遍知道,此诗也收进张九龄集中,应该是为张九龄所作[1]。另外,皎然在《诗式》中引了杜甫《哀江头》的两句诗:"江头宫殿锁千门,细柳新蒲为谁绿?"此外,很难再找到其他资料了。

但等到元和诗人接着卢纶、李益之后出现于诗坛,情形即完全不同。这时,杜甫的名字出现在一般诗文之中已不足为奇。更重要的是,在元和时代里,人们已习惯拿杜甫来跟李白并列,公认李、杜两人是唐代最重要的诗人。其中最值得注意的是韩愈,在他的诗里,李、杜并举的例子最常见,我们可以列举于下:

---

[1] 参看熊飞《张九龄集校注》,235页,中华书局,2008。

昔年因读李白杜甫诗，长恨二人不相从。

（《醉留东野》，贞元十四年作）[1]

近怜李杜无检束，烂漫长醉多文辞。

（《感春》，元和元年作）[2]

国朝盛文章，子昂始高蹈。勃兴得李杜，万类困陵暴。

（《荐士》，元和元年作）[3]

张生手持石鼓文，劝我试作石鼓歌。
少陵无人谪仙死，才薄将奈石鼓何。

（《石鼓歌》，元和六年作）[4]

高揖群公谢名誉，远追甫白感至诚。

（《酬司门卢四兄云夫院长望秋作》，元和六年作）[5]

李杜文章在，光焰万丈长。（《调张籍》，元和十一年
作）[6]

在所有元和诗人中，没有人像韩愈一样地常把李、杜并举，即使作品最繁富的白居易（仅诗即近三千首），这种例子都不及

---

[1] 钱仲联《韩昌黎诗系年集释》（以下简称《韩诗集释》），卷一，58页，上海古籍出版社，1984。
[2] 同上书，卷四，369页。
[3] 同上书，卷五，528页。
[4] 同上书，卷七，794页。
[5] 同上书，卷七，810页。
[6] 同上书，卷九，989页。

韩愈多。最可注意的是，早在贞元十四年（798），韩愈已开始推崇李、杜了。种种情形甚至让人怀疑，李、杜齐名的说法普遍被接受，可能要归功于贞元、元和年间韩愈的大力推扬。

虽然不能确切知道，李、杜齐名始于何时。但从下面将要提出说明的例子，似乎可以推测，李、杜齐名成为诗人间"公认的事实"，而不只是少数人的偏爱（譬如韩愈），大约是在什么时间。杨凭有一首诗《赠窦牟》，其中两句是："直用天才众却嗔，应欺李杜久为尘。"窦牟《奉酬杨侍郎十兄见赠之作》也有两句说："翠羽雕虫日日新，翰林工部欲何神。"[1] 从他们的唱酬中可以看出，杨、窦二人也认为李、杜是唐代诗人之最。杨凭、窦牟两人都是贞元、元和年间相当有名气的诗人。《新唐书·杨凭传》说，凭"善文辞，与弟凝、凌皆有名，大历中踵擢进士第，时号三杨"。[2] 元和十二年令狐楚选《御览诗》时，除了卢纶、李益各选三十余首外，其余入选最多的就是三杨兄弟（杨凭十八首、凝二十九首、凌十七首），可见三杨在当时颇负盛名。跟三杨一样，窦牟兄弟五人（常、牟、群、庠、巩）也都有诗名。"三杨五窦"都是贞元、元和间的名士，交游广阔，与一般文人都有往还。但他们并不像韩、孟、元、白一样，有明确的文学立场，有独特的风格。因此，他们的意见比起韩、白反而更能反映一般文人对于前辈诗人的评价。既然他们也接受李、杜齐名的看法，可见李、杜在一般文人心目中的地位确是很稳固。而杨凭、

---

[1] 杨作见《全唐诗》卷二八九，3297 页，窦作见卷二七一，3038 页。

[2] 见《新唐书》卷一六〇，4970 页，中华书局，1975（2003 七印）。

窦牟唱和的时间却又可考而知。杨凭的《赠窦牟》又题作《窦洛阳见简篇章，偶赠绝句》[1]，可见诗作于窦牟为洛阳令时。根据韩愈的作品可以推定，窦牟在元和五年时已任洛阳令[2]。因此，从杨、窦的唱和，至少可以肯定，至迟在元和五年李、杜的重要性已为一般人所公认。

就是因为李、杜齐名的说法已流传于文坛之上，为一般文人所接受，所以进一步即产生李、杜优劣的问题。这个问题主要是由元和诗人中最为推崇杜甫的元稹、白居易所提出。白居易的说法还比较含蓄，他不过是在《与元九书》里暗示李白诗中的"风雅比兴"不如杜甫多。至于元稹，则在《杜君墓系铭》里明白说出李不如杜的话，一点也"不作调人"。元稹对于李、杜的评价虽然引起后世许多的议论，但他对杜诗总成就的评语却是后世所一致接受的。元稹在追述中国诗歌的长期发展之后，下结论说：

> 由是而后，文变之体极焉，然而莫不好古者遗近，务华者去实；效齐梁则不逮于魏晋，工乐府则力屈于五言；律切则骨格不存，闲暇则纤秾莫备。至于子美，盖所谓上薄风骚，下该沈宋；言夺苏李，气吞曹刘；掩颜谢之孤高，杂徐庾之流丽；尽得古今之体势，而兼人人之所独专矣。[3]

这就是所谓杜诗"集大成"之论。虽然元、白以讽喻诗的立

---

[1]　此一异文见于《全唐诗》题下注。

[2]　参看《韩诗集释》于《同窦、韦寻刘尊师不遇》一诗下所引宋人注（733 页）。

[3]　《元稹集》卷五六，601 页，中华书局，1982。按，"兼人人之所独专"，"人人"原作"今人"，此处改从通行本。

场来评断李、杜的高下，未必公允；但元稹站在诗歌流变的观点，称赞杜甫"尽得古今之体势，而兼人人之所独专"，确有相当的客观性。

由几乎默默无闻到跟李白齐名，由跟李白齐名到被推崇为古今第一人，杜甫在元和时代的声望即可见其一斑。有一个传说虽然未必可靠，却也可以反映杜甫在元和诗人心目中的地位。据冯贽《云仙杂记》所说：

> 张籍取杜甫诗一帙，焚取灰烬，副以膏蜜，频饮之，曰："令吾肝肠从此改易。"[1]

在元和时代韩孟、元白两派诗人中，张籍的地位是很特殊的。从交谊上讲，他跟韩、孟的感情非比寻常，从诗风上说，他的平易作风与写实倾向却又较接近元、白。这样一个介于两派之间的诗人，如此崇拜杜甫，正好象征性地说明，不论对韩孟，还是对元白，杜诗都有"令吾肝肠从此改易"的作用。

二

如果要深入了解元和诗人与杜甫的关系，最重要的，恐怕无过于分析元和诗人对六朝诗的态度。表面上，元和诗人对六朝诗的态度似乎比杜甫严苛得多，但如进一步思考，又可发现，元和诗人的态度是从杜甫的实际创作得到启发的。

对于唐代诗人来说，诗歌创作最重要的问题之一是，如何面

---

[1] 《云仙杂记》卷七，艺文印书馆，百部丛书本。

对六朝诗人的作品。是承袭他们的风格，还是加以反对？或者是有所继承，也有所反对？在初唐，这个问题还不太明显，基本上初唐诗人还沿袭六朝风格。到初唐末期，诗人开始更有意识地反省自己与六朝诗的关系，因此这个问题比较地尖锐化。最具代表性，也最引起后人注意的是陈子昂的议论。陈子昂说：

> 文章道弊五百年矣。汉魏风骨，晋宋莫传，然而文献有可征者。仆尝暇时观齐梁间诗，彩丽竞繁，而兴寄都绝，每以永叹，窃思古人，常恐逶迤颓靡，风雅不作，以耿耿也。（《与东方左史虬修竹篇》）[1]

陈子昂很鲜明地表现自己对六朝诗的态度。他反对齐梁间那种"彩丽竞繁""兴寄都绝"的作品，希望恢复汉魏的风骨。陈子昂的看法暗含两组对比，即汉魏与齐梁、风骨与彩丽，而他的选择是：弃齐梁的彩丽，而就汉魏的风骨。不论是陈子昂以后的唐代诗人，还是唐以后的诗评家，凡谈到唐诗与六朝的关系的，几乎都以陈子昂所提出的两组对比为中心来讨论。

当然，并不是每一个人对六朝的态度都像陈子昂那么决绝。以盛唐来说，恐怕大多数人都是折中于汉魏与齐梁之间。从现存的盛唐人所编的两部诗选中，最能看出这种情形。楼颖为芮挺章《国秀集》（编于天宝三载）所写的序说：

> 昔陆平原之论文曰：诗缘情而绮靡，是彩色相宣，烟霞交映，风流婉丽之谓也。仲尼定礼乐、正雅颂，采古诗三千

---

[1] 《全唐诗》卷八三，895页。

余什，得三百五篇，皆舞而蹈之，弦而歌之，亦取其顺泽也。[1]

孔子将诗三百篇皆弦歌之，芮挺章以此认定孔子是取其"顺泽"。很明显芮挺章是要以孔子之有取于"顺泽"来肯定陆机"诗缘情而绮靡"的看法。而在下文，芮挺章又说：

> 近秘书监陈公、国子司业苏公，尝从容谓芮侯曰：风雅之后，数千载间，词人才子，礼乐大坏，讽者溺于所誉，志者乖其所之，务以声折为宏壮，势奔为清逸，此蒿视者之目，聒听者之耳，可为长太息也。[2]

又谈到"风雅不作"的问题。既叹"礼乐大坏"，又赞成"风流婉丽"的文风，这中间所采取的折中立场再清楚不过。

除了《国秀集》之外，盛唐人所编的选本，还有殷璠的《河岳英灵集》（以天宝十二载为其下限，比《国秀集》约晚十年。）殷璠在序里说：

> 自萧氏以还，尤增矫饰。武德初，微波尚在；贞观末，标格渐高；景云中，颇通远调。开元十五年后，声律、风骨备矣。实由主上恶华好朴，去伪从真，使海内词场，翕然尊

---

[1]　傅璇琮编撰《唐人选唐诗新编》，217 页，陕西人民教育出版社，1996。按，《国秀集》编于天宝三载，但此序写于肃宗乾元、上元间，见傅璇琮所撰本书"前记"，前引书 210—211 页。

[2]　同上。

古，南风周雅，称阐今日。[1]

从他所叙述的唐诗的演变过程看，似乎殷璠所重视的是，唐诗如何日渐远离齐梁以来的"矫饰"，而达到风雅的古调。那么，他对六朝诗的态度是较接近陈子昂了？然而，从他所谓"开元十五年后，声律、风骨备矣"来看，既然声律与风骨并列，则他之不完全排斥六朝也就可以肯定。这在他的《集论》里说得更明白：

> 璠今所集，颇异诸家，既闲新声，复晓古体，文质半取，风骚两挟，言气骨则建安为传，论宫商则太康不逮，将来秀士，无致深憾。[2]

在这里新声、古体，文、质，气骨、宫商两两对举，可以看出，殷璠是极其有意地要在六朝与建安之间取得调和[3]。

就历史事实而论，芮挺章与殷璠的看法，很能反映盛唐诗人的风尚。盛唐诗人在齐梁靡弱之后，有意回复到汉魏的风骨，这是无可否认的大趋势。但他们仍然保留六朝诗的词采与声律，使之与建安气骨相糅合，却也是有目共睹的。芮挺章与殷璠的选诗标准与论诗见解不过是受整个时代风气的影响。

---

[1] 《唐人选唐诗新编》，107 页。
[2] 同上书，108 页。
[3] 此处关于殷璠的讨论，参考王运熙《〈河岳英灵集〉的编辑年代和选诗标准》，见其所著《中国古代文论管窥》，上海古籍出版社，2006。按，此文单篇发表的时间更早，我写博士论文时曾从罗联添先生处借到影印本。

整体来看是如此，分别而观的话，则每个诗人的态度却又有所不同。一般而言，盛唐诗人对六朝诗所特别重视的辞采与声病不会全然排斥，但也不是没有例外，譬如介于天宝与大历之间的元结。元结在他所编选的《箧中集》序里说：

> 近世作者，更相沿袭，拘限声病，喜尚形似，且以流易为词，不知丧于雅正然哉。彼则指咏时物，会谐丝竹，与歌儿舞女，生污惑之声于私室可矣；若令方直之士，大雅君子，听而诵之，则未见其可矣。[1]

像这样，根本否定声律的价值，是非常极端的例子。

从盛唐两大诗人身上，也可以看到态度上的差异。李白明显承袭陈子昂的看法，《古风》第一首里所谓"自从建安来，绮丽不足珍"，口气上相当反对六朝。但从实际作品而言，李白诗中不乏彩丽之辞，而且，他也并不完全排斥律体。至于杜甫，谈起这方面的问题，倒是非常地持平。在《戏为六绝句》里，他为庾信、为初唐四杰辩护。又明白说出："不薄今人爱古人，清词丽句必为邻""未及前贤更勿疑，递相祖述复谁先？"[2] 以这种态度，他客观地承认六朝诗人的贡献。但当他读到元结的《舂陵行》，"不意复见比兴体制，微婉顿挫之词"[3]，感动之余，也跟着和了一首，则他之能了解甚至同情陈子昂、李白、元结等激烈反对六朝的看法，也可以想见。在实际创作上，杜甫诗中所呈现

---

[1]《唐人选唐诗新编》，299 页。引文标点有变更。
[2]《杜诗镜铨》卷九，398—399 页，上海古籍出版社，1998。
[3]《杜诗镜铨》卷十二，602—603 页。

的无所不包的博大，最足以反映他论诗的和平中正。不论是六朝的声病与辞采，还是陈子昂所提倡的风骨与兴寄，他都有所体会，也有所成就。见解上的折中精神和作品中的兼容并蓄，可说是杜甫"集大成"所表现出来的一体的两面。[1]

元和诗人在这方面的看法，大致可以分成三类，分别以韩愈、白居易及元稹为代表。首先来看韩愈，韩愈《荐士诗》说：

> 周诗三百篇，雅丽理训诰。
> 曾经圣人手，议论安敢到。
> 五言出汉时，苏李首更号。
> 东都渐弥漫，派别百川导。
> 建安能者七，卓荦变风操。
> 逶迤抵晋宋，气象日凋耗。
> 中间数鲍谢，比近最清奥。
> 齐梁及陈隋，众作等蝉噪。
> 搜春摘花卉，沿袭伤剽盗。
> 国朝盛文章，子昂始高蹈。
> 勃兴得李杜，万类困陵暴。[2]

这一首诗，对于唐以前诗歌演变的议论，几乎是李白《古风》第一首的翻版。而在谈到唐诗时，则特别标举陈子昂，再接以李、杜，更能清楚地看出，韩愈论六朝诗，基本上承袭陈子昂

---

[1] 关于初唐、盛唐诗人及杜甫对六朝诗人的态度，本书第五章有较详尽的讨论。本章写于1982—1983年，第五章写于1987—1988年——校时补注。

[2] 《韩诗集释》卷五，527页。

与李白而来。

韩愈认为齐梁以后的诗，只是"搜春摘花卉"，只是在这方面一再地"沿袭"、一再地"剽盗"，所以是"众作等蝉噪"。而李、杜之所以伟大，就在于他们完全摆脱了这种极其狭隘的格局，把诗扩充到无所不写的地步，使得宇内"万类"困于他们的"陵暴"之中。在这里，韩愈以"搜春摘花卉"与"万类困陵暴"两组意象，把齐梁与盛唐精神上的差异生动地表现出来。

韩愈的见解，可以拿他诗歌中的同道孟郊的作品来加以印证。孟郊说：

> 天地入胸臆，吁嗟生风雷。
> 文章得其微，物象由我裁。
> 宋玉逞大句，李白飞狂才。
> 苟非圣贤心，孰与造化该。(《赠郑夫子鲂》)[1]

又说：

> 文章杳无底，斫掘谁能根。
> ……
> 拾月鲸口边，何人免为吞。
> 燕僧摆造化，万有随手奔。
> 补缀杂霞衣，笑傲诸贵门。(《戏赠无本》)[2]

孟郊这两首诗，很适切地解释了韩愈所谓的"万类困陵暴"。

---

[1] 《孟东野集》卷六，44页，四部丛刊本。
[2] 《孟东野集》卷六，45页。

首先，这是万事万物都在我诗人的范围之内，所以是"天地入胸臆"。其次，在我胸臆的天地万物，可以随我之意而自由抒写，所以是"物象由我裁"，是造化由我摆，而"万有随手奔"。因为诗人具有摆落万有的主动性的力量，所以万类全在我的"陵暴"之中。再进一步地说，假如我有这种力量，可以像"宋玉逞大句""李白飞狂才"，那么我也可以"笑傲诸贵门"，而视富贵如浮云。

孟郊的诗很容易让我们联想到李白的《江上吟》，《江上吟》有这样的句子：

> 屈平词赋悬日月，楚王台榭空山丘。
> 兴酣落笔摇五岳，诗成笑傲凌沧洲。[1]

李白也肯定诗人无与伦比的力量，而且极具信心地说："功名富贵若长在，汉水亦应西北流。"比起来，"屈平词赋悬日月"所显现的文学的价值，就更无可置辩。

以此精神来看，杜甫《戏为六绝句》中韩、孟一派最能欣赏的应是下面两句：

> 或看翡翠兰苕上，未掣鲸鱼碧海中。[2]

以此精神来读杜甫诗，则杜诗中所表现的牢笼万有的成就，正不下于李白，甚至还要超过李白。虽然杜甫在论诗时所采取的态度非常地平和中正，肯承认六朝诗人的价值，但这些观点，

---

[1]《李太白全集》卷七，374 页，中华书局，1977。
[2]《杜诗镜铨》卷九，398 页。

韩、孟并没有加以接受。韩、孟反而站在陈子昂、李白的反六朝传统上，看出杜甫的成就，因而加以推崇。从这里可以知道，韩愈之李、杜并举，而不像元、白的崇杜抑李，是有其立场的。

再进一步地加以分析，则韩、孟的见解无疑是以自己的方式解释陈子昂"汉魏风骨，晋宋莫传"的"风骨"的意义。用现代的话来说，韩、孟称扬的是诗人充沛的生命力。这种生命力使他能吸纳天地万有，而不像六朝诗人之专注于山水、花草与女人。而且，这种生命力所表现出来的文学力量，还可以使万有在我的掌握之中，随我之意而"奔"，随我之意而"裁"，从而肯定自我的力量超乎功名富贵之上。这种精神，很接近西方所谓"浪漫主义"的精神。

韩、孟的诗观是从陈子昂所提的"汉魏风骨"引申出"万类困陵暴""万有随手奔"的气魄与力量。而白居易则强调陈子昂的另一面，即他批评齐梁诗"彩丽竞繁，而兴寄都绝"的"兴寄"一面。但正如韩愈把"风骨"发挥到某个极端，白居易又把"兴寄"限制到另一个特殊的意义上去。白居易说：

> 国风变为骚辞，五言始于苏李。骚人，皆不遇者，各系其志，发而为文。故河梁之句止于伤别，泽畔之吟归于怨思，彷徨抑郁，不暇及他耳……于时六义始缺矣。(《与元九书》)[1]

白居易甚至不肯把楚骚与苏、李的"不遇"之志划入"兴寄"的范围之内。他称赞张籍：

---

[1] 《白居易集》卷四五，961 页，中华书局，1979。

为诗意如何，六义互铺陈。

风雅比兴外，未尝著空文。

而所谓"不著空文"，则因为：

读君学仙诗，可讽放佚君。

读君董公诗，可诲贪暴臣。

读君商女诗，可感悍妇仁。

读君勤齐诗，可劝薄夫敦。

上可裨教化，舒之济万民。

下可理性情，卷之善一身。[1]

那么，他所谓的风雅比兴，明显是指《诗大序》所谓上可讽刺，下可风化的政治和教化作用。在这样的意义上，楚骚以下的贤人失志之辞，与六义已稍有距离，更不要谈六朝以"绮靡"为主的风花雪月之诗。因此，白居易很不客气地批评齐梁以下的作品：

陵夷至于梁陈间，率不过嘲风雪、弄花草而已。噫！风雪花草之物，三百篇中岂舍之乎？顾所用何如耳。设如"北风其凉"，假风以刺威虐；"雨雪霏霏"，因雪以愍征役……皆兴发于此而义归于彼，反是者，可乎哉？然则"余霞散成绮，澄江净如练""归花先委露，别叶乍辞风"之什，丽则丽矣，吾不知其所讽焉。故仆所谓嘲风雪、弄花草而已。于

---

[1]《白居易集》卷一，2页。

时六义尽去矣。(《与元九书》)[1]

连"余霞散成绮，澄江净如练"这样的名句，他都要有所不满，可见白居易论诗之趋于极端了。

由此看来，白居易对六朝诗的态度，甚至比韩愈还要严苛；若要跟杜甫的持平相比，则距离更远。然而，奇怪的是，白居易的理论跟杜甫作品的关系，却又比韩愈的密切得多。对韩愈来说，从李、杜的诗中都可以看到"万类困陵暴"的精神；而对白居易来说：

> 李之作才矣，奇矣，人不逮矣，索其风雅比兴，十无一焉。[2]

而杜甫的作品，至少还有十分之三四。韩愈的诗论是同时从李、杜那里得到启发与印证，而对白居易论诗见解最有启示的则只是杜甫。

从前面的分析可以看出，韩、白论诗都取杜甫作品中的"一端"来加以发挥，至于杜甫本人对于六朝诗的看法，韩、白都没有接受。在这方面，反而是元稹最接近杜甫。元稹在《杜君墓系铭》里，明白地推崇杜甫而贬抑李白，其理由之一是：

> 至若铺陈终始，排比声韵，大或千言，次犹数百，词气豪迈而风调清深，属对律切而脱弃凡近，则李尚不能历其藩

---

[1] 《白居易集》卷四五，961 页。
[2] 同上。

翰，况堂奥乎?[1]

这里是从声律的观点来比较李、杜，再看前面所说的白居易以比兴的标准衡量李、杜，两者对照之下，则元稹对六朝诗的态度即可了然于胸。元稹在另一个地方还谈到律诗的问题，他说：

> 然以为律体卑下，格力不扬，苟无姿态，则陷流俗。尝欲得思深语近，韵律调新，属对无差，而风情宛然，而病未能也。[2]

虽然他也意识到律体（包括律诗、绝句）所可能产生的毛病，但他在这里所描述的律体的长处，和前面所引《杜君墓系铭》所说的话非常类似，可见他对近体诗的看法前后一致。而他所谓的有"姿态""风调清深""风情宛然"，无论如何是与韩、白所推崇的都不一样的。

但元稹论诗却不只称扬律体而已。他追述自己初读杜甫作品的经验说：

> 又久之，得杜甫诗数百首，爱其浩荡津涯，处处臻到。始病沈宋之不存寄兴，而讶子昂之未暇旁备矣。[3]

从沈宋之不存寄兴看，似乎他的意见与白居易相近，但讶子昂之不能备有沈宋声律之长，就明显地表现出他那种古、律兼

---

[1] 《元稹集》卷五六，601 页。
[2] 《元稹集》卷六〇，《上令狐相公诗启》，633 页。
[3] 《元稹集》卷三十，《叙诗寄乐天书》，352 页。

存，风雅与声病并包的中庸态度。就因为他有这种态度，他才能把杜甫在诗史上所具有的集大成的情况分析得淋漓尽致，他说：

> 文变之体极焉，然而莫不好古者遗近，务华者去实；效齐梁则不逮于魏晋，工乐府则力屈于五言；律切则骨格不存，闲暇则纤秾莫备。至于子美……尽得古今之体势，而兼人人之所独专矣。[1]

从文学史的观点看，最能客观地道出杜甫的整体成就的，莫过于这一段话。而且也可以说，在这里元稹也把杜甫《戏为六绝句》所表现的和平中正的论诗态度所具有的意义，完全发挥出来。

总结以上所说，元和诗人之诗论，比较有文献可以观察的，可依其对六朝诗的态度，分成三类：

〔一〕以风骨反对六朝，如韩愈。
〔二〕以风雅比兴反对六朝，如白居易。
〔三〕以律体之长来肯定六朝，如元稹。

这三种态度，都与杜甫有密切关系，从杜甫自己的见解说，元稹和杜甫最接近，但如果从杜甫的作品来看，则以上三种态度都从杜甫诗作推演而来。稍有不同的是，韩愈的看法同时可以追溯到李白，而元、白则全以杜甫为主。

---

[1]《元稹集》卷五六，601 页。

三

从文学史的立场，客观地探讨六朝诗的功过得失，那么，杜甫和元稹的看法比较中肯。但如果换个角度看，如果着眼点是在于和六朝诗不同的"另外一种诗"，那么，从陈子昂、李白到韩愈、白居易等人的反对六朝，又有其特殊的意义。

我们就从这一个新的观点，再来观察杜甫、元和诗人与六朝的关系。从陈子昂开始反对六朝，到开元天宝年间唐诗完全确立自己的面目，我们可以看到，全新面貌的唐诗和陈子昂所想要倡导的"新诗"并不完全相同。正如前面已经说过的，陈子昂是要以汉魏的风骨来代替齐梁的彩丽，而盛唐的诗却是彩丽与风骨的结合。以盛唐诗人最具有陈子昂精神的李白来说，他的作品就是汉魏与六朝相调和的最佳证明。所以，盛唐并没有完全摆脱六朝的影响，而是六朝再加上汉魏气骨以后的扩大与延长。

六朝的文学观从《文心雕龙》开头第一篇《原道》即可清楚地看出来：

> 文之为德也大矣，与天地并生者何哉？夫玄黄色杂，方圆体分。日月叠璧，以垂丽天之象；山川焕绮，以铺理地之形。此盖道之文也……傍及万品，动植皆文。龙凤以藻绘呈瑞，虎豹以炳蔚凝姿。云霞雕色，有逾画工之妙；草木贲华，无待锦匠之奇。夫岂外饰，盖自然耳。

刘勰以宇宙万物本皆为美，来证明人为的文章也应该以美为准。依此观点而言，天地既无不是美的，自然山水当然也不能例外，而以描写山水为主的谢灵运的诗之具有光彩色泽之美也就不足为奇。再推下去，花草、宫室、女人也是如此，而描写花草、宫室、女人的咏物诗与宫体诗之风格，也必然可以想象得到。因此，唯美的宇宙观是唯美的文学观的基础。

但是，反过来说，宇宙真的全是"美"的吗？穷山恶水美不美？杂花恶草美不美？而人情之险恶、生离死别之痛苦，又是如何呢？依此推想下去即可了解六朝诗人反而是以唯美的文学观来选择描写的事物。因此，他们写的是香花香草，而不是恶花恶草，是富贵人家的深闺，而不是村里的茅草小屋，是穿戴富丽的"淑女"，而不是粗俗鄙陋的村妇。这样说，并不是责备六朝诗人不去描写小屋、村妇，而只歌咏深闺与淑女，而是说，六朝唯美文学观的意义就在于，他们把诗的描写范围限制在极狭窄的"美"的事物上。

再进一步地说，不但事物有美丑之分，文字也有美丑之分，某些词汇是"美"的，而某些则不是，所以要讲究辞采。而且，某些字的声音配起来是"美"的，而某些字则不能配在一起，所要讲究声病。辞藻的美不美、声音的美不美，都直接影响到诗的美不美。所以最简单的推论就是：美的事物（譬如美女），以美的辞藻去描写，而读起来（或唱起来）又具有美的声音，这就是美的诗，而这也就是六朝诗的末流了。

对于这种文学观所呈显出来的毛病，可以有两种补救方法。第一，认清美的事物再加上美的辞藻与声音，也还不足以保证一定是好诗。必须在这些"形式"上的条件之外再加上某些精神性的内容，不论是风骨也罢、兴寄也罢；总之，缺乏这个要素，也决不能成其为好诗。这在某种程度上，还是承认六朝的文学观，只是再加以扩充罢了。至于第二种态度就完全不一样。持这种态度的人，根本否认事物与文字之"美""不""美"（六朝意义的美）和诗之好不好，有必然的关系。任何事物、任何感情，只要用恰当的文字与声音来表达，就可以写成好诗，同时也就是"美"的诗。因此，第二种人是完全不承认六朝人的审美标准的，这是在六朝的观点之外，另外再建立一种文学观。

第一种人折中于汉魏与六朝之间，并没有全然排弃六朝；第二种人他可以写第一种诗，但更重要的是，除了第一种诗之外，他又创作了完全超出六朝范围之外的第二种诗。这是盛唐诗人在面对具有长远历史的六朝诗时，所采取的两种解决方法。就实际作品来看，绝大部分的盛唐诗人都走第一条路，包括言论上最反六朝的李白，而这种大趋势也都表现在盛唐人所编的《国秀集》和《河岳英灵集》中（这是前文已经提及的）。至于在第一条路之外，又兼走第二条路的人，虽然不能说绝对没有，但真正具有大成就，真正对后世具有大影响，因而在文学史上划出一个新时代的，却只有最肯心平气和承认六朝诗人贡献的杜甫。

既然盛唐诗人都在走第一条路，都在综合汉魏与六朝，就这个意义说，盛唐是六朝的扩大与延长。也因此，吉川幸次郎在比较唐、宋诗性质上的区别时，才会说："唐诗继承了词藻华丽的六朝诗风，因此在表现上还是属于所谓'美文'一派。"[1] 而杜甫的意义就在于，他除了继承六朝的遗产之外，又另外开辟一个文学天地，由元和诗人加以发展，再由宋代诗人加以发扬光大，因而在"美文"一派之外，再建立一个诗的世界。

---

[1] 吉川幸次郎《宋诗概说》，50 页，联经出版公司，1977。

从杜甫的早期作品中，已经可以发现另一个文学世界的痕迹。等到他在安史之乱前夕，写那一首著名的《自京赴奉先县咏怀五百字》的长诗时，他在这方面的作品即完全成熟。这一首诗的许多特质，和六朝的精神都无法调和。譬如写山水：

> 岁暮百草零，疾风高冈裂。
>
> 天衢阴峥嵘，客子中夜发。
>
> 霜严衣带断，指直不得结。
>
> 凌晨过骊山，御榻在嵽嵲。
>
> 蚩尤塞寒空，蹴踏崖谷滑。
>
> 瑶池气郁律，羽林相摩戛。
>
> 君臣留欢娱，乐动殷胶葛。[1]

这里所描写的寒冬景象，充满惨淡的气息，这跟谢灵运的山水，无论在任何情况下都多少会透露出色泽之美，实在是强烈的对照。在诗里，唯一冲破寒冬气氛的，是骊山上所传下来的音乐，而这音乐，在整个峥嵘的天地间，又显得多么地不和谐。如果说，六朝诗人所追求的是谐和的美，杜甫这首诗正好证明，不谐和也可以是"美"。再看以下写人事的一段：

> 彤庭所分帛，本自寒女出。
>
> 鞭挞其夫家，聚敛贡城阙。
>
> 圣人筐篚恩，实欲邦国活。
>
> 臣如忽至理，君岂弃此物？

---

[1]《自京赴奉先县咏怀五百字》，见《杜诗镜铨》卷六，109—110页。

多士盈朝廷，仁者宜战栗。

况闻内金盘，尽在卫霍室。

中堂有神仙，烟雾蒙玉质。

暖客貂鼠裘，悲管逐清瑟。

劝客驼蹄羹，香橙压金橘。

朱门酒肉臭，路有冻死骨。

荣枯咫尺异，惆怅难再述。[1]

这一段的前半，全是议论。以六朝观点而言，这是"笔"，根本算不上"文"，根本不"美"。然而这一段议论所表现出来的义正词严的感人力量，却为任何"美"的六朝诗所比不上。后半"况闻内金盘"以下的描写，就字面来说，是最合乎六朝文学精神的。然而这一个宫室与女人的世界，在"朱门酒肉臭"一句出现之后，它在华美的外表之下所具有的丑恶本质就完全被剥露出来。这一段很触目惊心地告诉人，"美"的事物原来可能是"不美"的。

以上两段，杜甫都用极其强烈的对比告诉我们，山水与人事在某些时候并非都是"美"的，这就打破了《文心雕龙·原道》篇所揭示的"唯美的宇宙观"。而既然世界并不"唯美"，则唯美的文学观即站不住脚。从另一方面看，六朝人会认为不美的段落，如对于寒冬景象的描写，对于君臣宴乐的议论，还有"朱门酒肉臭，路有冻死骨"的句子，在杜甫的笔下，都可以表现出奇异的感染力。从艺术的立场说，凡可以感人的就是"美"，而杜

---

[1]　《自京赴奉先县咏怀五百字》，见《杜诗镜铨》卷六，110页。

甫的诗就证明六朝所认为不美的文字与事物，同样可以转化为文学的美。

　　这里只举一个例子，来说明杜甫的作品已在六朝的文学观点之外再开拓另一个世界。事实上，杜甫的诗里面，无论从哪个角度来看，都不能被六朝的文学观所包容的，不知道还有多少。譬如安史乱中所写的"三吏三别"、《述怀》、《羌村》、《彭衙行》及《北征》等，就描写的人物与景象而言，都为六朝诗人所梦想不到。再如，从秦州到四川途中所写的二十四首纪行诗，描写的全是川、陕、甘肃交界处的险恶山川，以此来反映他在战乱中飘转异乡的悲苦心境，这和六朝二谢一流的山水诗，又是多么强烈的对照。

　　总之，杜甫虽然承认六朝诗的价值，虽然在六朝的影响下写出大量的杰作（最著名的如集金碧辉煌和深悲苦痛于一体的《秋兴》），但他仍以另一类的作品，在六朝之外开创另一个文学天地。而对元和时代的两大诗人韩愈、白居易来说，杜甫诗之最具意义的就是这一类作品。跟他们同时代的元稹，看出杜甫的律体是继承六朝的精神发展至极致的成果，这一点，韩、白不可能不知道。但韩、白两人在见解上，都没有特别看重杜甫的这一面。那么，韩、白之所好与韩、白之所偏，也就可以看得出来。可以说，韩、白基本上是和陈子昂、李白、元结等人同属于激烈反对六朝的一派。但元结本人在创作上并没有特殊的成就，而陈子昂、李白的作品证明他们在实际创作上的表现要比理论上的意见折中得多，他们的诗是汉魏与六朝结合之后的结果。而到韩、白的时代，他们要在理论上与实践上同时表现出六朝之外的另一面目，困难就少得多，因为杜甫的某一类作品已为他们打好基础。

就唐代诗人与六朝的关系而论，韩、白的意义在于：从唐代诗人开始注意这个问题以来，陈子昂、李白的反对六朝，理论层面要高出实践层面，而杜甫虽然以实际作品在六朝之外探索另一个世界，理论上他并不反六朝，实践上也还有一半是走六朝的路子。而就在韩、白的时代，他们可以把陈子昂、李白的理论与杜甫的实际作品结合起来，而达到理论与实践的一致。理论与实践能够配合在一起，这才证明，陈子昂以来的反六朝趋势至此已达完全成熟的阶段。所以从历史的客观立场看，韩、白的态度虽然比元稹偏颇，但由于韩、白所代表的是六朝文学到另一种文学的转换关键，其所具有的意义反而更为重大。

当然，韩、白的诗论和作品，与杜甫异于六朝精神的诗，这两者之间的关系，也还有进一步讨论的必要。首先，就理论而言，韩、白论诗都只就杜甫之一端来加以发展。韩愈所特别称扬的，是"万类困陵暴"的一面，而白居易则完全着重于比兴、讽喻的精神，这在前文都已论述过。就实际作品而言，韩、白当然也都只各得杜甫之一偏；同时，韩、白在作品中所表现的，与他们在理论上所注意的，也并不完全相符。以韩愈来说，在他写诗时，他所选择的题材，并不是广阔到足以用"万类"形容的地步。但他之注意到许多前人极少描写的范围，他之开拓许多诗歌的新境界，确实是由杜甫而来的。再说白居易，虽然他论诗的标准狭隘到只推重比兴诗，但实际上，他的作品所涉及的描写对象，其幅度之广甚至还超过韩愈。而他作品的基本性格，不论是讽喻性的，还是非讽喻性的，也主要是从杜甫比较不合乎六朝标准的诗中获得启示。

大多数的元和诗人都和韩、白一样，从杜甫的新精神那里取得许多东西。譬如理论上最重律体的元稹，其作品中仍有不少不合六朝文学观的要素。其实，只要我们仔细分析，就可发现元和诗人的作品里所包含的，六朝美学观点所无法涵括的新要素，几乎都可以追溯到杜甫。在本文的末尾，我们只举出两个例子，来分析杜甫新精神在元和诗人的继承与发展之下，所表现出来的两个极端。

首先，试看韩愈在《元和圣德诗》里描写刘辟全家就戮的情形：

> 解脱挛索，夹以砧斧。
>
> 婉婉弱子，赤立伛偻。
>
> 牵头曳足，先断腰膂。
>
> 次及其徒，体骸撑拄。
>
> 末乃取辟，骇汗如写。
>
> 挥刀纷纭，争刌脍脯。[1]

这一段诗，曾经引起不少议论。有人对韩愈描写死刑之细腻深表不满，而有人则为韩愈辩护。如果从文学观点来看，这无非是承认，甚至极为丑拙、怪诞的题材，也可以成为诗所描写的对象。以杜甫的性格，应该是不会写这样一种诗，但从杜甫作品的某种精神中，却是可以发展出这种诗的。再看白居易所写的另一类作品：

---

[1] 《韩诗集释》卷六，628 页。

元和二年秋，我年三十七。

长庆二年秋，我年五十一。

中间十四年，六年居谴黜。

穷通与荣悴，委运随外物。

遂师庐山远，重吊湘江屈。

夜听竹枝愁，秋看滟堆没。

近辞巴郡印，又秉纶闱笔。

晚遇何足言，白发映朱绂。

销沉昔意气，改换旧容质。

独有曲江秋，风烟如往日。（《曲江感秋》）[1]

　　白居易虽然有所感慨，却把这些感慨写得很平淡。这种平淡和陶渊明的平淡又不一样。陶渊明在质朴的文字之下，常常深藏着极厚的感情，读过陶诗的人都可以体会。而白居易所要表达的感情，要说他并不足以"感动"人，他确实是有"真"情的；但反过来说，这种"真"情，却又让人觉得，不写也罢。仔细体会之后，也许会觉得，人生本来就如此，说是无情，人却是有情的，说是有情，也不是浓厚到足以使人深悲苦痛的地步。白居易所要描写的，就是这平凡人的平凡感情，就这方面而言，不能说他写得不够"真切"。其次，就文字而言，这首诗有不少对仗，但这些对仗，在遣词造句上尽量平易到让人不会去注意那是对仗。特别是前四句那种排偶，简单自然到让人发笑的程度，这跟六朝那种华丽的句式相比，真是强烈到使人不得不想，这是不是

───────────

[1]　《白居易集》卷十一，224 页。

有意地在跟六朝唱反调。仔细地读，可以发现，白居易这首诗并不是随手胡写，不论在感情上，还是在文字上，他都故意地要写得"平易"。

以上两个例子都是极端，一个故意写得怪诞，一个显得非常平凡，表面上南辕北辙，却有共通之处，即完全不合乎六朝的文学观。这是从杜甫所发展出来的两极，在这难、易的两极之间，还可能有各种风格上的变化。但无论如何，这已足够告诉我们，六朝之外的另一个完全不同的文学世界的确已经在杜甫、韩愈、白居易等人的努力探索之后出现在世人面前了，并将成为宋诗形成与发展的基础。

补记：本文原为本人博士论文《元和诗人研究》（台湾东吴大学，1983）的一章，是全篇论文构思的起点。修改时只在少数文字上略加修订，部分注解加入了后来看到的大陆学者的研究成果。

第十章　元和诗的日常生活意识与
口语化倾向

　　一般认为，诗所描写的是崇高的感情或者特殊的题材，并不是生活中的一切事情都可以入诗。杜甫的特色在于，他把日常生活中平平无奇的小事物、小感情写进诗中，把诗歌的题材扩大到几乎无所不写的地步。

　　日常生活的诗歌是杜甫开拓出来的，只要比较杜甫与其他盛唐诗人的题材，即可清楚明白。盛唐是中国诗歌的黄金时代，一般总以为其内容必然千变万化，无所不包。其实不然。杜甫以外，重要的盛唐诗人有李白、王维、孟浩然、高适、岑参、王昌龄、李颀、储光羲等人。根据这些诗人所流传下来的作品加以分类统计，令人惊讶的是，应酬诗或半应酬性的作品竟占一半左右。可以说，盛唐还是以"社交诗"为主的时代。至于非社交诗，大致都只是传统题材的承袭，如咏怀、游仙、山水、宫体之类。真正属于盛唐诗人独创或大力加以发展的题材并不多，可能只有写实的边塞诗、咏画诗、咏音乐、歌咏科第的不得意等数种。从盛唐诗人的作品里，很难看到他们的日常生活。

　　杜甫的情形则完全不同，杜甫诗中有相当完整的个人生活记录。从安史之乱前夕一直到他病死两湖之间，我们可以清楚地掌握他的行踪，了解他每一阶段的生活与感情。大至朝廷中的大事，小至个人生活的琐事与细节，他都会写入诗中，这是杜甫以前或者同时代的人所不能梦想得到的。不过，这只是从作品所涵盖的生活范围来讨论杜诗与日常生活的关系。而所谓日常生活的诗并不只是题材的问题，还是观念的问题。一般的诗虽然脱胎于生活，似乎总是崇高的，似乎总是高出一般生活之上的。日常生活的诗则不然，它所描写、所歌咏的就像一般的生活。它从一般的生活体会出情趣，体会出诗味，并不显得特别"高尚"，但总是亲切宜人。杜甫以前的诗人，有一种什么是诗、什么不是诗的自觉或不自觉的成见存于心中。杜甫也能像他们一样，板起面孔来写有模样的社交诗，也能装出高腔来唱雄壮的调子。但更重要的是，杜甫却也可以欣赏身边的细节琐事。杜甫诗中有一种日常生活的意识，他要把诗写得就像日常生活一般。这是杜甫以前的诗人所缺乏的。

从杜甫的作品中，可以看到他对身边的一草一木都有亲切的感情，譬如：

> 鸱鹠窥浅井，蚯蚓上深堂。
>
> （《秦州杂诗》，《杜诗镜铨》卷六，245 页）

> 仰蜂粘落絮，行蚁上枯梨。
>
> （《独酌》，《杜诗镜铨》卷八，350 页）

> 鸟下竹根行，龟开萍叶过。
>
> （《屏迹》，《杜诗镜铨》卷九，388 页）

这么细腻的体物功夫（尤其"龟开萍叶过"一句），都是源于日常生活中对周遭小动物的观察。比这些还能看出杜甫的日常生活意识的，是他对自己住过的房子的感情：

> 久客应吾道，相随独尔来。
> 熟知江路近，频为草堂回。
> 鹅鸭宜长数，柴荆莫浪开。
> 东林竹影薄，腊月更须栽。
>
> （《舍弟占归草堂检校，聊示此诗》，《杜诗镜铨》卷一〇，482页）

"鹅鸭宜长数，柴荆莫浪开"，这种细致的对家务的关怀，可以看出杜甫对日常人情深刻的体会。

就这样，杜甫对周遭动物、植物、房子、河流、亲戚、朋友、妻子、儿女，都能表现出他亲切而平常的感情，就像我们在日常生活中所常感觉到的一般。这就是日常生活的诗，杜甫是为这种诗奠定基础的人。（请参看本书《杜诗与日常生活》一文）

日常生活的诗和一般所谓的写实诗，事实上是一体的两面，都是平凡人的日常生活的表现。假如日常生活遭遇了问题，引发了悲哀与痛苦，把这种情况描写出来，就是写实诗。譬如张籍、王建的《促促词》，写的是船家妇女的生活，他们所着重的是船家生活困苦的一面，亦即船家生活成"问题"的一面，因此是写实诗。又如，杜甫"三吏三别"所描写的都是平凡的人物，但都是平凡的人物在战乱中所遭逢的痛苦，所以也是写实诗。反过来说，如果平凡的生活与平凡的人物不出现问题，或者不去看那有问题的一面，而只描写那没有问题的更平常的一面，如看人洗马啦，下雨天道路泥泞不好走啦，午睡起来听蝉叫啦，那就是日常生活的诗。

诗人有时虽然以平凡人物为描写对象，却不一定就是写实诗。如李益也以《促促词》来写船家妇女，而其风格却和张、王的作品截然不同。其中的分别在于，张、王具有发现平凡人物的生活问题的"现实感"，而李益却只以闺怨诗的固定观念来处理船家妇女。李益的作品，只能说是写得比较特殊的闺怨诗，不能称之为写实诗。

同样地，仍然有描写平凡的生活却不能称之为日常生活的诗的，这中间的差别就在于前面已提及的思想观念上的问题。譬如王维那一首著名的《渭川田家》：

> 斜阳照墟落，穷巷牛羊归。
> 野老念牧童，倚杖候荆扉。
> 雉雊麦苗秀，蚕眠桑叶稀。
> 田夫荷锄至，相见语依依。
> 即此羡闲逸，怅然吟式微。

这首诗，对于田家黄昏景象的描写，非常真切而生动，但仍然不是日常生活的诗。这诗里存在着"仕与隐"的相对观念，在这个观念下产生了一个诗歌传统，那就是一般所谓田园诗、山水诗或闲适诗的传统。王维这首诗，就是这种固定观念与这个诗歌传统之下的产物，如果再拿杜甫的另一首诗来作为对比，这种微妙的区别即可看得更加清楚：

> 江涨柴门外，儿童报急流。

下床高数尺，倚杖没中洲。

细动迎风燕，轻摇逐浪鸥。

渔人萦小楫，容易拔船头。

（《江涨》，《杜诗镜铨》卷七，320 页）

在这里，杜甫全心全意地投入江涨的景象之中，根本没有"仕或隐"的观念横梗于心中，而在王维的诗里，不论农家的景象多么动人，王维还是一个徘徊于仕隐两极的旁观者。王维的作品可以称之为田园诗，而杜甫的作品却不容易用现成的诗歌类别来加以归类。

我们可再引用黄子云《野鸿诗的》论杜甫绝句的话，来进一步讨论以上所说的区别。黄子云说：

> 绝句……当从三百篇中化出，便有韵味。龙标、供奉，擅场一时，美则美矣，微嫌有窠臼……（浣花）直以风韵动人，洋洋乎愈歌愈妙……少陵七绝，实从三百篇来。（标点本《清诗话》，851 页）

黄子云认为李白、王昌龄的七绝"嫌有窠臼"，正如此处说田园山水诗为某种固定观念所束缚一样。一有窠臼，一有固定观念，就会以此来"约束"景物。"削"景物以"适"我，而不能把我全然投入景物之中。杜甫的写景与杜甫的七绝，之所以具有特殊的美感，就在于他能抛弃固定模式，全心全意地以一个平凡人的自然之眼去观察万物，因而体会万物本身的美。王国维《人间词话》说：

> 纳兰容若以自然之眼观物，以自然之舌言情，此由初入

中原，未染汉人风气，故能真切如此。（标点本《人间词话
蕙风词话》，217 页）

"染汉人风气"，就是有了固定观念与固定模式，就不能以自
然之眼观物。同样地，我们可以说，《诗经》的作品，因为写于
中国诗歌传统未成立之先，当时人之观物，也正如纳兰一样，不
会受制于某些"风气"，"故能真切如此"。而黄子云发现杜甫的
七绝与《诗经》有异曲同工之妙，正好说明杜甫不为士大夫的既
成观念所限制，能时时以平凡人之眼来观物。

当然，日常生活的诗不只是以平凡人之眼来描写景物而已，
也是以平凡人之眼来观察亲戚、朋友、妻子、儿女以及家中房子
及其室内摆设等等。具有这种平凡人之眼，才能写出日常生活的
诗，正如有"现实感"的人才可能创作出写实诗一般。

从楚辞的"贤人失志"之辞产生以来，中国的诗人，大致都
在士大夫的某些观念影响下来写诗，很少看到能摆脱这些观念而
以平凡人的眼光与感受来从事创作活动的。杜甫则不然，除了采
取士大夫的立场之外，他也可以变成平凡人，而以平凡人的所思
所感来写另一类的诗，这一类的诗，正如杜甫的写实诗一样，在
元和诗人身上产生极大的反响，而被元和诗人所继续发展下去。
杜甫所开创的日常生活的诗，在元和时代被普遍接受之后，终于
在中国诗歌史上建立起自己的传统。

元和诗人这种表现平凡美的日常生活诗歌很容易看到，下面
就以白居易、韩愈以及张籍、贾岛、姚合一派的五律作例子来加
以说明。

首先来看白居易。白居易的最大成就很少为人所认识清楚。

白居易的作品最著名的是新乐府一类的讽喻诗和《长恨歌》《琵琶行》一类的长庆体歌行。这两类作品在白居易全部诗作中只占极少数。此外的大多数作品，一般人不太注意。但对真正欣赏白居易诗的人来说，最有意味的还是这些作品。历代诗评家中，最能说出这些作品的基本精神的，要数王若虚和赵翼。王若虚说：

> 乐天之诗，情致曲尽，入人肝脾，随物赋形，所在充满，殆与元气相侔。（《滹南诗话》卷一，标点本《续历代诗话》，614 页）

赵翼说：

> 元白尚坦易……坦易者多触景生情，因事起意，眼前景、口头语自能沁人心脾，耐人咀嚼……香山自归洛以后益觉老干无枝，称心而出，随笔抒写，并无求工见好之意，而风趣横生，一喷一醒。（标点本《瓯北诗话》卷四，36 页）

王若虚、赵翼的评语，翻成现代话来说就是，白居易诗擅长描写日常生活。所谓"情致曲尽""随物赋形""触景生情""因事起意"，不过是说白诗常写身边的小景物、小感情。所谓"入人肝脾""沁人心脾"（王、赵两人的评语极为相近），也不过是说，白诗最大的特长就在于亲切动人。

赵翼比王若虚更进一步地指出，白居易晚年的作品尤其把这些特色表现得淋漓尽致。的确，晚年的白居易几乎是无所事事的老人，所有的时间都消磨于杯酒光景间，作品所写的无非是朋友的往还、老年的心境、季节的变迁等等。一个闲散而有诗情的老人，又具有天生的幽默感，对人事的变化也日渐淡漠，把一切都托之于诗与酒，这是晚年的白居易，而他的诗所写的也就是这一些。因此，白居易是中国诗史上第一个仔细描写老年人日常生活的诗人。赵翼特别指出这一点，很正确地说出白诗最值得注意的特色之一。

下面举一些例子来说明白居易对晚年心境的描写。《闲出》一诗云：

> 兀兀出门何处去，新昌街晚树阴斜。
> 马蹄知意缘行熟，不向杨家即庾家。

（标点本《白居易集》卷二五，561 页）

这里所写的是老年人的闲散心情。"马蹄知意缘行熟，不向杨家即庾家"所表现的情趣，即王若虚和赵翼所谓的"情致曲尽""风趣横生"。又《晏起》云：

> 鸟鸣庭树上，日照屋檐时。
> 老去慵转极，寒来起尤迟。
> 厚薄被适性，高低枕相宜。
> 神安体稳暖，此味何人知。（卷八，165 页）

这里写的是老年人的懒散。诗中意象的选择最能看出白居易体物的细微。"鸟鸣庭树上，日照屋檐时"，表现天明之后已过了许久，但诗中的老人却因天寒，不愿起床。"厚薄被适性，高低枕得宜"，正在享受那舒适的时刻。

白居易在晚年尤其喜欢使用自己所擅长的幽默感，来开自己的玩笑。如《劝我酒》云：

劝我酒，我不辞。请君歌，歌莫辞。歌声长，辞亦切，此辞听者堪愁绝：洛阳女儿面似花，河南大尹头如雪。（卷二一，475页）

这首诗写于白居易任河南尹时。最后两句把对仗应用到谁也想不到的地方，一方面出奇制胜，一方面又取笑自己，令人喷饭。又，《就花枝》云：

就花枝，移酒海，今朝不醉明朝悔。且算欢娱逐日来，任他容鬓随年改。醉翻衫袖抛小令，笑掷骰盘呼大采。自量气力与心情，三五年间犹得在。（卷二一，470页）

这首诗气粗意豪，极为尽兴的样子。原来却只为了"自量气力与心情，三五年间犹得在"，好像再活三五年已是适意不过的事。这种调侃其实寓有悲哀。下面这首《西楼独立》则更为苦涩：

身着白衣头似雪，时时醉立小楼中。
路人回顾应相怪，十一年来见此翁。（卷三四，783页）

"路人相怪"只是基于好奇心，觉得怎么老是看见这个老头。可是，他们怎么体会得到这位老人十一年来时时醉立小楼"等死"的心情。白居易的幽默在于，他居然有闲情去注意路人的"相怪"，而把自己的处境抛开不管。但这种幽默，仔细体会起来，显得非常苍凉。

以上这些例子，足以说明白居易如何在诗里表现平凡的老年人的日常生活。虽然白居易老年以前的作品并没有完全像这样

"称心而出"，但在日常生活中体会出情趣的基本精神总是有的。以这种观点来读白居易的三千首诗，就会发现，白居易的成就绝对不只是《秦中吟》《新乐府》《长恨歌》《琵琶行》等名作所能估量出来的。

白居易之外，最能写日常生活诗歌的元和诗人，恐怕要数韩愈，这是很多人都想象不到的。赵翼批评韩、孟尚奇警，又说主奇警者常只在"词句间争难斗险，使人荡心骇目，不敢逼视，而意味或少焉"。（《瓯北诗话》，36 页）这是一般人读韩诗的印象。其实韩诗并不全然如此，其中也有亲切宜人、沁人心脾的作品。以下举最显著的例子来加以说明：

> 吾老著读书，余事不挂眼。
> 有儿虽甚怜，教示不免简。
> 君来好呼出，踉跄越门限。
> 惧其无所知，见则先愧赧。
> 昨因有缘事，上马插手版。
> 留君住厅食，使立侍盘盏。
> 薄暮归见君，迎我笑而莞。
> 指渠相贺言，此是万金产。
> 吾爱其风骨，粹美无可拣。
> 试将诗义授，如以肉贯丳。
> 开祛露毫末，自得高蹇崭。
> 我身蹈丘轲，爵位不早绾。
> 固宜长有人，文章绍编刬。
> 感荷君子德，恍若乘朽栈。

召令吐所记，解摘了瑟僴。

顾视窗壁间，亲戚竞觇觻。

喜气排寒冬，逼耳鸣睍睆。

如今更谁恨，便可耕灞浐。

（《赠张籍》，《韩昌黎诗系年集释》卷七，831页。）

　　这首诗写的是韩愈的好朋友张籍教韩愈的儿子读书，发现他很聪明，在韩愈面前夸奖。韩愈听了，又喜又惊，半信半疑，自己又考儿子一番，发现果如张籍所言，不觉大喜过望。别人称赞自己的儿子，父母没有不高兴的，这首诗写的就是这么平常的题材。就细节而言，至少有三个地方可以看出韩愈描写的细腻。首先，在第一段里，韩愈的儿子见张籍，因为怕儿子表现不好，"惧其无所知，见则先愧赧"，写父母对儿女的感情深刻入微。其次，在第二段里，韩愈有事先出门，留张籍在家里吃饭："昨因有缘事，上马插手版。留君住厅食，使立侍盘盏。"把朋友间交往的小事写得甚是仔细。最后，韩愈亲自给儿子"考试"，"顾视窗壁间，亲戚竞觇觻"。写家庭生活的情景也很细腻。凡此都可看出，这是以日常琐事为主体的作品。虽然整首诗押险韵、用怪字，稍有生涩之感，但那种亲切的味道还是不能否认。这是韩愈所写的日常生活的诗。

　　这一类的作品在韩愈的诗集中并不是特例。只要能够撇开险怪的外表，从日常生活的观点来读韩诗，就会发现韩诗也有许多亲切感人之处，甚至还可以看到韩愈个人真性情的一面。譬如，韩愈喜欢交朋友，也常常在诗里描写朋友相处的乐趣，如下面这首《喜侯喜至赠张籍张彻》：

昔我在南时，数君长在念。

摇摇不可止，讽咏日喝嗛。

如以膏濯衣，每渍垢逾染。

又如心中疾，箴石非所砭。

常思得游处，至死无厌倦。

地遐物奇怪，水镜涵石剑。

荒花穷漫乱，幽兽工腾闪。

碍目不忍窥，忽忽坐昏垫。

逢神多所祝，岂忘灵即验。

依依梦归路，历历想行店。

今者诚自幸，所怀无一欠。

孟生去虽索，侯氏来还歉。

欹眠听新诗，屋角月艳艳。

杂作承间骋，交惊舌牙馅。

缤纷指瑕疵，拒捍阻城堑。

以余经摧挫，固请发铅椠。

居然妄推让，见谓蒸天焰。

比疏语徒妍，悚息不敢占。

呼奴具盘飧，饤饾鱼菜赡。

人生但如此，朱紫安足僭。

（《韩昌黎诗系年集释》卷五，620页）

这诗所提及的侯喜、张籍、张彻，都是韩愈官位未达以前的患难之交，是韩门中的核心人物。从韩愈贬官，到元和元年召回京师任国子博士，这一群朋友已一两年没有聚会过。这首诗就是描写宦途上灾难已过，朋友又重新会面的欣喜。诗中所表现的感情有一个明显的特色，即平凡而真切。如前半写韩愈对朋友的思念之情，并没有刻意地造成情深义重的印象，但仍然有一份真情。这和白居易《曲江感秋》之描写平凡而真切的今昔之感，实有异曲同工之妙。到了后半，重心移到朋友相处之乐。先是朋友在诗文上的争奇斗胜，再是朋友对自己的推崇以及自己的谦让，最后表示，人生如此亦足乐，何必等待功名富贵的到来。这些都是寻常文友常见的事，但难得有诗人详尽地加以描绘。这里透露出来的日常生活情趣，也不是难字险韵所能掩盖得住的。

韩愈、白居易主要是以古体，尤其是五古来描写日常生活。另外一些才气较小的诗人，则以五律来加以表现。这中间的差别在于韩、白所掌握的日常生活的幅度比较广阔。如前面所举的例子，有老年人的闲散与慵懒、老年人对于年纪的敏感、父亲对于儿子的感情、朋友在诗文上斗胜的乐趣等。这样的范围，实在超出五律派小诗人的能力之外。他们所可能描写的，不过是闲居的情趣与自然风光的清幽。这种主题，和传统的田园山水诗或闲适诗，并无多少不同。于此可以看出，当日常生活已逐渐成为诗歌的题材时，才力较大的诗人往往能够跳出传统的牢笼，把一般人所注意不到的事物写入诗中；而才力较小的诗人，则只能在传统的范围内做小幅度的修改。因此，当韩、白日常生活的诗已远远超出田园山水或闲适的传统模式时，五律派的小诗人则只能把日常生活的某些要素，引进这个模式之中。无可否认，这里面是有一些新的情趣，但这些作品和王、孟的自然诗之间，还是很难看到本质上的区别。

这种"旧瓶装新酒"的五律，在元和时代是由张籍所开创出来的。下面就先以张籍的两首诗作例子来加以说明：

> 渔家在江口，潮水入柴扉。
>
> 行客欲投宿，主人犹未归。
>
> 竹深村路远，月出钓船稀。
>
> 遥见寻沙岸，春风动草衣。
>
> （《夜到渔家》，四部丛刊《张司业集》卷二，16页）

> 野店临西浦，门前有橘花。
>
> 停灯待贾客，卖酒与渔家。
>
> 夜静江水白，路迥山月斜。
>
> 闲寻泊船处，潮落见平沙。（《宿江店》，同上，17页）

这种诗，之所以有别于王、孟的作品，主要在于诗中所描写的情景是比较平凡而常见的事、物。如第二首写江店"停灯待贾客，卖酒与渔家"，就不是王、孟诗中所能看得到的。又如第一首的"竹深村路远，月出钓船稀"，拿王维的"竹喧归浣女，莲动下渔舟"来比较，也可以看出韵味上的差异。王维的诗句，正如张籍的，有竹，也有船，但由于"浣女"与"莲"两种意象的加入，即暗含浣纱与采莲，即有六朝乐府的影子在里面。相比之下，张籍的诗句更为平实，他只是老老实实地写渔家的夜景，并不特别地含藏色泽之美，也没有任何富贵气息。张籍比较如实地写村景，而王维多多少少把文人的观念投射到平民的活动之上。在这个意义上来说，张籍的诗比较接近平凡人的日常生活。

张籍的诗友王建的诗风和张籍极为类似，不但七言乐府如此，五律也是如此。试举最特殊的一例：

春来梨枣尽，啼哭小儿饥。

邻富鸡常去，庄贫客渐稀。

借牛耕地晚，卖谷纳钱迟。

墙下当官路，依山补竹篱。

（《原上新居》，标点本《全唐诗》卷二九九，3395 页）

这首诗，和王、孟的区别太明显了，这是元和时代描写日常生活的五律最为特殊的。

张籍、王建的五律，正如他们的乐府，遣词造句大抵以平实为主，不故作惊人之笔，这是五律中的白居易。至于把韩愈精神应用到五律之上的，当以贾岛为代表，譬如下面一首：

言心俱好静，廨署落晖空。

归吏封宵钥，行蛇入古桐。

长江频雨后，明月众星中。

若任迁人去，西浮与剡通。

（《题长江厅》，四部丛刊《长江集》卷五，23 页）

这并不是贾岛最好的作品，但有三个特色值得一提。首先，"行蛇入古桐"可以看出韩派诗人求险求怪的倾向，又可以体会这种险怪基本上还是从平凡的事物中来的。其次，这首诗写的是小官吏的生活。这是张籍、贾岛一流的五律诗派的重要题材。最后，"若任迁人去，西浮与剡通"一句，又可以看出贾岛一派五律的弊病。这两句结得并不好，只是以一个"固定观念"（仕与隐）作基础勉强造出句子而已。贾岛五律的影响之所以在晚唐大过张籍，一方面是因为"险怪"比"平易"讨好，另一方面恐怕也是因为贾岛的作品比较有痕迹可循。而所谓有痕迹可循，不过是有某些固定观念在决定一首诗的起承转合。贾岛的五律并不比张籍差，但正因为这个特色比张籍明显，其所产生的流弊也就更大。

张、贾的五律，为一些出身寒微、官位不高、没有雍容华贵风度的小诗人提供了方便法门，让他们可以在自己的能力范围内来描写自己的平凡生活。这种作品，经过姚合融合张籍、贾岛之长，加以发扬光大之后，就成为晚唐诗最重要的潮流之一了。

前文提到，黄子云认为，杜甫的七绝没有寒乞，"直以风韵动人"，其原因是这种作品"实从三百篇"来。这种评论还是反映了黄子云的"士大夫气"。其实，与其说是"从三百篇"来，不如干脆说是从口语中来。

在民歌中，口语是根本要素，但在文人所写的诗中，口语的成分虽然因人而异，却说是次要，甚至是微不足道的。近人特别称扬的白话诗人寒山、拾得、王梵志等，远不是正统文人。六朝与盛唐诗人，虽然不能说他们绝对不使用口语，但会尽可能地避免，是可以想见的。在盛唐诗人里，比较不避忌口语，甚至好用口语的，还是要数杜甫。

杜甫的诗有时不太好解释，一方面是因为用典多，或者基于"语不惊人死不休"的精神，遣词造句新奇，使人一时不能接受。另一方面也是因为杜甫好用口语词汇入诗，甚至以说话的方式来写诗，因此使得不熟悉唐代口语的后代读者无法揣测其意。试举例来说明：

> 便与先生成永诀，九重泉下尽交期。
>
> （《送郑十八虔贬台州司户》，《杜诗镜铨》卷四，173 页）

这两句，可依现代用语的习惯解释成：从此"就"与先生永别了，我们九泉之下再尽交期罢。但这里的"便"字，在唐代口语里是"即便""即使"的意思。所以这两句应解作：即使从此与先生永诀了，我们九泉之下还可尽交期（参看张相《诗词曲语词汇释》第60页）。第一种解释语气太无保留，不适合送别的场合；第二种解释较平缓，而且显得情深义重。又如：

桃花一簇开无主，可爱深红爱浅红？

（《江畔独步寻花七绝句》，《杜诗镜铨》卷八，355页）

在唐宋诗词里，"可"字常与"岂"同意，譬如李商隐的"此情'可待'成追忆""'可能'留命待桑田""'可堪'无酒又无人"，即是"岂待""岂能""岂堪"之意（参看张相书第7819页）。但如果以此例推，把杜甫的句子解释成"岂爱"，仍然费解。因为这不只关系到"可"字在当时口语里的意义，还牵涉整句的语法。仔细分析，那应该是个省略句，如全写出来，可能是这样：

岂爱深红？（不，）爱浅红！

或者也可以分析成这样：

岂爱深红？（岂）爱浅红？

这就令人想起杜甫另一个有名的例子：

南市津头有船卖，无钱即买系篱旁。

（《春水生二绝》，《杜诗镜铨》卷八，344页）

第二句是下面句子的省略：

> 无钱，有钱即买系篱旁。

这样的分析虽然有点呆板，但却能看出，杜甫原诗是以口语的唇吻来表现出生动的语气。

杜甫到四川以后的诗，常喜欢把口语的腔调、语法引进来，绝句尤其如此，譬如《春水生二绝》《江畔独步寻花七绝句》《绝句漫兴九首》都是。最明显的句子如：

> 一夜水高二尺强，数日不可更禁当。(《春水生二绝》)
>
> 江上被花恼不彻，无处告诉只颠狂。
>
> 不是爱花即欲死，只恐花尽老相催。
>
> （以上《江畔独步寻花七绝句》）
>
> 眼见客愁愁不醒，无赖春色到江亭。
> 即遣花开深造次，便教莺语太丁宁。
>
> 手种桃花非无主，野老墙低还是家。
> 恰似春风相欺得，夜来吹折数枝花。
>
> （以上《绝句漫兴九首》，《杜诗镜铨》卷八，356 页）

这些绝句之所以令人赏爱，主要原因是杜甫以日常说话的口吻，把他那种春风中癫狂的神态表现出来。即以著名的《戏为六绝句》来说，口语的成分也很重。这组诗之所以"费解"，就是由于诗中的口语语法。如果以文言的句式去了解，当然会困难重重。以文学观点而论，这组诗之所以生动，也要归功于诗中那种说话的腔调。从这里可以看出，口语化是日常生活意识不可分割的组成部分。

以这种角度来读元和时代的诗，就会发现，元和诗人在这方面也受了杜甫的影响。最特殊的例子是卢仝。卢仝的作品，几乎就是白话诗，如：

> 一碗喉吻润，两碗破孤闷。
> 三碗搜枯肠，唯有文学五千卷。
> 四碗发轻汗，平生不平事，尽向毛孔散。
> 五碗肌骨清，六碗通仙灵。
> 七碗吃不得也，唯觉两腋习习清风生。
> 蓬莱山在何处？
> 玉川子乘此清风欲归去。
>
> （《走笔谢孟谏议寄新茶》，标点本《全唐诗》卷三八八，4379页）

这首诗好不好是另一回事，但其语言之接近白话则非常明显。这并不是卢仝诗的特例，同类的作品还有不少。在元和诗人之中，卢仝是最有资格被称为白话诗人的（胡适在《白话文学史》中如此说）。

除了卢仝之外，最容易看出诗中的白话色彩的是白居易。如：

> 元和二年秋，我年三十七。
> 长庆二年秋，我年五十一。

中间十四年，六年居谴谪。

（标点本《白居易集》卷一一，224 页）

不过，白居易比较不会像卢仝一样全篇使用白话。如上例的末句，由于加入"谴谪"一词，已不是纯白话了。而这首诗，也从此句以下转回到正统的诗的语言上去。但正如这首诗之不避口语一般，我们也常会在白居易的作品里发现类似的例子，如：

病知心力减，老觉光阴速。
五十八归来，今年六十六。

（《六十六》，《白居易集》卷二九，672 页）

一日日，作老翁；
一年年，过春风。
公心不以贵隔我，我散唯将闲伴公。

（《和裴令公"一日日一年年"杂言见赠》，卷二九，
673 页）

贫穷汲汲求衣食，富贵营营役心力。
人生不富即贫穷，光阴易过闲难得。
我今幸在穷富间，虽在朝廷不入山。
看雪寻花玩风月，洛阳城里七年闲。

（《闲吟》，卷三〇，680 页）

衣裘不单薄，车马不羸弱。
蔼蔼三月天，闲行亦不恶。
寿安流水馆，硖石青山郭。

官道柳阴阴，行宫花漠漠。(《西行》，卷三〇，680页)

后两例最值得玩味。这不能说是白话诗，但和白话又不是全无关联。其特色是，遣词造句尽可能接近口语语法的简单自然。一般而言，写诗最容易碰到的问题是如何把每句都造成五个字或七个字，又在适当的地方押韵。诗的语法之所以显得非常特殊，和散文、口语大不相同，原因当然不少，但为了适应诗所特有的字数与韵脚的限制，而不得不把平常的句法加以倒装或凝缩，也是不可否认的。白居易写诗的本领在于，他常常可以把散文或口语用最少的力气去剪裁，以写成每句五字（或七字），每两句押一韵的诗。在他的诗里，和散文、口语距离较大的句法要比其他诗人少得多。不仅古诗如此，连近体诗都如此。因此，读他的诗，就会觉得虽然不是纯白话，但白话的色彩却又相当浓厚，上面所举《闲吟》和《西行》两首诗就是最好的例子。在《闲吟》里，"富贵营营役心力"一句，因为用了一个"役"字，显得比较特殊，比较之下其他各句似乎完全没有用上气力去雕琢。至于《西行》，则更没有任何"难句"了。

像这样的诗，可以说是以口语的腔调来写诗，在诗里，可以感觉到讲话那种自然的口气与调子。元和时代的诗，像卢仝那种极近白话的作品虽然是极端的例子，但如白居易一般，尽量让诗的语法接近讲话的腔调的，却并不少见。

譬如韩愈，是以险怪诗风著称于世的，但他的作品，也有这种"作诗如说话"的特色，如下面四句：

中虚得暴下，避冷卧北窗。
不蹋晓鼓朝，安眠听逢逢。

(《病中赠张十八》，《韩昌黎诗系年集释》卷一，62页)

试拿王维《渭川田家》的前四句来作比较：

斜光照墟落，穷巷牛羊归。

野老念牧童，倚杖候荆扉。

以字面而言，王维的诗并不比韩愈的难，但念起来的感觉，却是韩愈的较接近口语。仔细分析可以看出，《渭川田家》的第一句连用"斜光""墟落"两个不太像口语的词汇，第二句又用了一个"穷巷"，第四句"倚杖候荆扉"的语法与口语颇有差距。因此，只有第三句最像白话，然而，其中"野老"一词，又是士大夫的口吻，有一点"文雅"的气息。而在韩愈的诗里，以句法和词汇而论，只有"避冷卧北窗"离口语较远。第三句的"蹋"字非常有口语味道，因此使得原本较复杂的一句，显得有"俗味"，也容易亲近。至于第一、四两句，写自己泻肚子，躺在床上听早朝的鼓声，句法不难，意思又"俗"，读起来就有"如闻其声"的感觉。

从以上的比较之中，也可以看到所谓"作诗如说话"，不只是句法和词汇的问题，跟诗所要表现的内容也有关系。譬如，王维的《渭川田家》，不论用字多么平易，总是"高雅"之士写的诗。而韩愈的诗，不论多么争奇斗险，总有一些"俗人"的亲切，因此，以口语的腔调来写诗，和前面所讨论的日常生活的诗，事实上是一体的两面，是从不同的角度来看同一个问题。

个人读韩愈诗，有一个很有趣的经验，值得一谈。有一个月的时间，我完全浸淫在韩愈诗中。一段时间以后，当我和朋友开玩笑时，竟常常"五字一句"地"出口成章"起来，这时突然领会到，韩愈不过是把讲话的腔调锻炼成诗而已，譬如底下一例：

> 果州南充县，寒女谢自然。
> 童骏无所识，但闻有神仙。
> 轻生学其术，乃在金泉山。
> 繁华荣慕绝，父母慈爱捐。
> 凝心感魑魅，慌惚难具言。
> 一朝坐空室，云雾生其间。
> 如聆笙竽韵，来自冥冥天。
>
> （《谢自然诗》，《韩昌黎诗系年集释》卷一，28页）

这一段十四句，除了"繁华荣慕绝"以下四句较凝炼外，其余全是非常自然的简单句。尤其前六句，几乎可以听到一个人在那边讲一个果州南充县的寒女谢自然的故事。这里，最能体会到韩愈写诗的某种"秘诀"，也能看出韩愈在这方面是和白居易非常相似的。

不只"险怪"的韩愈如此，甚至以苦吟和推敲出名的孟郊与贾岛，也都会写这种诗。如孟郊这首诗：

> 咫尺不得见，心中空嗟嗟。
> 官街泥水深，下脚道路斜。
> 嵩少玉峻峻，伊雒碧华华。
> 岸亭当四迥，诗老独一家。
> 洧叟何所如，郑食唯有些。
> 何当来说事，为君开流霞。（《至孝义渡寄郑军事唐二十五》，四部丛刊《孟东野集》卷七，48页）

"官街泥水深，下脚道路斜"，几乎是纯白话了。"洧叟何所如，郑食唯有些。何当来说事，为君开流霞。"分明是讲话的语气。至于贾岛，也举一例于下：

> 寒月破东北，贾生立西南。
> 西南立倚何，立倚青青杉。
> 近月有数星，星名未详谙。
> 但爱杉倚月，我倚杉为三。
> 月乃不上杉，上杉难相参。
> 眙愕子细视，晴瞳桂枝剜。
> 目常有热疾，久视无烦炎。
> 以手扪衣裳，零露已濡沾。
> 久立双足冻，时向股髀淹。
> 立久病足折，兀然藕胶粘。
> 他人应已睡，转喜此景恬。
> 此景亦胡及，而我苦淫耽。
> 无异市井人，见金不知廉。
> 不知此夜中，几人同无厌。
> 待得上顶看，未拟归枕函。
> 强步望寝斋，步步情不堪。
> 步到竹丛西，东望如隔帘。
> 却坐竹丛外，清思刮幽潜。
> 量知爱月人，身愿化为蟾。

（《玩月》，四部丛刊《长江集》卷一，8页）

这首诗用了不少怪字，又押险韵，但讲话的口气仍然非常明显，因此，最能看出险怪的诗风与口语腔调写诗两者之间并无冲突。但在这诗里，贾岛写了不少拙句，也有趁韵之处。对比之下，就能看出韩愈与白居易的本领。韩、白虽然一难一易，但以口语的腔调作诗，都能自然到令人觉得，"这样的诗我也可以写"。贾岛的例子正好告诉我们，这种诗并没有表面上看起来那么好写。

当然，以讲话的语气来写诗，只是元和诗人的特色之一而已。但如果不知道这种作风，即不能了解元和诗的全貌。甚至还可以说，不知道元和诗与口语的关系，恐怕也无法认识元和诗的长处。正如前面已提过的杜甫晚年绝句，常常能以口语传达出某种神情，韩、白诗中的生动与亲切之感，往往也是这个因素造成的。日常生活的诗，如果没有亲切而自然的口语来配合，那就不成其为日常生活的诗了，这是特别值得注意的。

第十一章　不断成长的诗人

——杜甫诗歌艺术的特质

　　关于杜甫诗歌艺术的成就，历代论述极多，似乎用不着后来者置喙。况且，以一篇一万多字的论文想要综论杜诗的特质，也必定冒着流于泛论的危险。虽然如此，我还是想尝试一下，毕竟深爱杜诗的人总以为自己对杜甫有一些较特殊的看法。唯一可以自我安慰的是：作为学者，不能因为害怕失败和被人嘲笑，就缺乏勇气。

　　本文想要提出的主要看法是：杜甫是一个不断成长、不断变化的诗人，当个人的遭遇随着社会环境的变迁而改变，杜甫永远活泼的心灵总会随之而有深刻的感受，而生活体验的更新，随即也反映在诗歌题材与技巧的变化上。我认为，杜甫"尽得古今之体势，而兼人人之所独专"，并不纯是"诗歌形式"问题，而是他的生命态度、生活遭遇，与他对诗歌艺术的执着密切结合的结果。作为一个诗人，不断成长的艺术体现的就是"苟日新，日日新，又日新"的积极的生命态度。

　　把这一看法加以叙述、分析，需要一本书的篇幅。本文想要做的只是：把杜甫的生活与创作分成五个阶段，并在每一阶段之中突显出一种艺术成就，而这一艺术成就其实就是杜甫每一阶段的生活和创作的结合点，当我们把这五种艺术成就并列起来看，我们就可以得到杜甫这一不断成长的艺术家的具体而微的印象。

一

《望岳》是杜甫现存最早的诗作之一，从这首诗我们可以看到早期杜甫诗的精神：

> 岱宗夫如何？齐鲁青未了。
> 造化钟神秀，阴阳割昏晓。
> 荡胸生层云，决眦入归鸟。
> 会当凌绝顶，一览众山小。[1]

杜甫在赞叹了泰山的广大（青未了）与高耸（割昏晓）之后，产生了登临泰山绝顶、"一览众山"的欲望。对于未来的生命具有信心，并以强烈的意志企图投入于其中，这就是青年杜甫的基本形象。所以当他看到矫健的胡马时，他就想到：

> 骁腾有如此，万里可横行。（《房兵曹胡马》，6页）

当他欣赏画上的苍鹰时，他想的也是：

> 何当击凡鸟，毛血洒平芜。（《画鹰》，6页）

---

[1] 杨伦《杜诗镜铨》卷一，1—2页，上海古籍出版社，1998。以下凡杜诗本文及少数评语引自本书者均随文注明页数。

这里的"会当"与"何当"都是未来式，是主观意志指向未来生命的强烈希望。杨伦说："集中题鹰、马二项诗极夥，想俱爱其神骏故邪？"（91页）事实上，杜甫所喜欢于马与鹰的并不只是"神骏"，而是这种"神骏"所产生的敏捷、果断、勇敢的行动能力。杜甫早期马诗写得最好的可能是《天育骠骑歌》，他称赞这匹飞骑"矫矫龙性含变化，卓立天骨森开张"，相较之下"天育厩""当时四十万匹马，张公叹其材尽下"（90页），杜甫景仰的是像马中之龙的那种人中英豪。

我们如果拿杜甫所看到的李白形象来跟杜甫相比，就可以更清楚地看出青年杜甫的特质。杜甫在《赠李白》一诗说：

> 秋来相顾尚飘蓬，未就丹砂愧葛洪。
> 痛饮狂歌空度日，飞扬跋扈为谁雄？（15页）

"痛饮狂歌"与"飞扬跋扈"也是旺盛的生命力的表现，不过，这是生命力的"虚掷"，而不是指向具体的行动目标，所以只是"空度日"，并让杜甫产生"为谁雄"的困惑。当然，杜甫了解李白的遭遇，同情他的"飘蓬"，但尚属年轻、对未来还怀抱热望的杜甫仍然有质疑李白生活态度的倾向。

在求取功名的过程中，杜甫也逐渐感到幻灭。在幻灭感最为强烈的时候，杜甫偶尔也有类似李白的牢骚和放浪，例如：

> 得钱即相觅，沽酒不复疑。
> 忘形到尔汝，痛饮真吾师。
> 清夜沉沉动春酌，灯前细雨檐花落。
> 但觉高歌有鬼神，焉知饿死填沟壑。

......

不须闻此意惨怆，生前相遇且衔杯。(《醉时歌》，61
页)

但是，拿这首诗来跟李白的《将进酒》相比，仍然可以看出
李、杜之间的差异。杜甫"及时行乐"的态度显然不如李白那么
潇洒、旷达，"得钱即相觅，沽酒不复疑"远比不上"五花马、
千金裘，呼儿将出换美酒"的洒脱。不过，换个角度来看，杜甫
比李白更具有"人间性"。李白的"五花马"似乎招手即有，而
杜甫的"钱"却好像不可多得。所以，这首《醉时歌》不像
《将进酒》那种摆脱一切的豪迈，反而具有"惨怆"之感。

从根本上来讲，杜甫的"失意"不同于李白的"飘蓬"，他
从来没有忘掉他必须在人间"有所行动"的大志。试看他在《同
诸公登慈恩寺塔》所表达的情怀：

> 七星在北户，河汉声西流。
> 羲和鞭白日，少昊行清秋。
> 秦山忽破碎，泾渭不可求。
> 俯视但一气，焉能辨皇州？
> 回首叫虞舜，苍梧云正愁。
> 惜哉瑶池饮，日晏昆仑丘。
> 黄鹄去不息，哀鸣何所投？(35—36 页)

在这个"象教"的胜地，杜甫一点也没有"出世"之感。他
看到的是正在运行的时间与动荡不稳的世界，这唤起他"行动"
的欲望。虽然"回首叫虞舜"只是希望落空之余的绝望的叫喊，

但叫喊仍然表现一种"行动"的希冀，而不是假托看开一切的放达。

就是这样的"放不开"，最后才会把旺盛的、充满企图的意志，转化为批判与愤怒，从这里的"惜哉瑶池饮，日晏昆仑丘"最终变成了"朱门酒肉臭，路有冻死骨"的激烈控诉。这样的道路，也就不同于李白的"明朝散发弄扁舟"和"五岳寻山不辞远"。

从这样的对比，也区别出李、杜诗作的"气魄"。李白说：

> 舒州杓、力士铛，李白与尔同死生。
> 襄王云雨今安在？江水东流猿夜声。（《襄阳歌》）

> 兴酣落笔摇五岳，诗成笑傲凌沧洲。
> 功名富贵若长在，汉水亦应西北流。（《江上吟》）

李白诗的气魄是一种"气势"，是心灵在不顾一切、藐视一切之余所形成的最大程度的自由感。杜甫从来没有达到这种"自由"，因为他从不曾完全看开过。他的气魄来自于意志的贯彻，是具体生命在具体生活中的极致表现，譬如：

> 车辚辚，马萧萧，行人弓箭各在腰。
> 耶娘妻子走相送，尘埃不见咸阳桥。
> 牵衣顿足拦道哭，哭声直上干云霄。（《兵车行》）

最后两句把从军者家属的哀痛表现到"极点"，这就是杜甫的气魄。这不是个人自由的极度扩张，不是"气势"，而是人间感情的极度呈现，是一种特殊的"力量"。这种力量在青年杜甫身上表现为跃跃欲试的旺盛的生命活力，如《望岳》《房兵曹胡马》《画鹰》；表现为这种生命力初受挫折时那种强烈的反弹，如《赠韦左丞丈二十二韵》《同诸公登慈恩寺塔》及《天育骠骑歌》。正是在这些作品中我们看到早期杜甫生命和艺术的结晶。

二

作为一个诗人，杜甫最重大的转变是在安史之乱前后。在天宝末年，他已逐渐发现唐朝政治的问题。正如前引《同诸公登慈恩寺塔》所表达的，他知道唐玄宗晚年的荒废国事（惜哉瑶池饮，日晏昆仑丘）。他对国事的不满的增强，使他写出了《兵车行》《前出塞九首》《丽人行》这些"直指其事"的作品[1]，而不再像《登慈恩寺塔》那样略为涉及。但，真正的转折是在《自京赴奉先县咏怀五百字》一诗上。这首诗的第一大段（自"杜陵有布衣"至"放歌颇愁绝"）主要还是个人不遇的牢骚，类似《奉赠韦左丞丈》。但是，中间一大段对朝政的批评就可以看出杜甫完全成形的新面目：

> 彤庭所分帛，本自寒女出。
> 鞭挞其夫家，聚敛贡城阙。
> 圣人筐篚恩，实欲邦国活。
> 臣如忽至理，君岂弃此物？
> 多士盈朝廷，仁者宜战栗。

---

[1] 细玩诗意，如"坐见幽州骑，长驱河洛昏"（《杜诗镜铨》，105 页）。《后出塞》似为安史乱后所作。

况闻内金盘，尽在卫霍室。

中堂有神仙，烟雾蒙玉质。

暖客貂鼠裘，悲管逐清瑟。

劝客驼蹄羹，香橙压金橘。

朱门酒肉臭，路有冻死骨。

荣枯咫尺异，惆怅难再述。（110页）

　　这里对于"民脂民膏，尔俸尔禄"的全新的体悟，使杜甫完全跳脱出个人的"不遇"问题，而成为儒家理想中的"士"。

　　这样的转变对杜甫成为一个伟大的诗人来讲是非常重要的。如果像李白、孟浩然、高适那样，心中的不平几乎只限于个人在仕途上的挫折，那么，杜甫旺盛的生命力也不过流于个人英雄式的追求。在《自京赴奉先县咏怀五百字》一诗终于成熟的"社会诗人"形象，证明杜甫丰盛的生命如何与社会的脉动生息相应，使他从创作的第一阶段跳跃到更为伟大的下一阶段之中。

　　作为社会诗人的杜甫在这一阶段的创作，现代学者的评述可谓汗牛充栋，不需要再来重复。这里只想补充较少为人提及的两点。首先，这一阶段的杜甫并不只是一个关心民众的社会诗人，他更主要的是关心当时"大事"，特别是平乱过程的诗人，他的生命已和唐政权的兴亡融为一体。我们试读他的《悲陈陶》《悲青坂》《塞芦子》《喜达行在所》《收京》《留花门》《洗兵马》等作，从中可以看出一个"政治诗人"的具体形象。这完全不是"理智"层面的事，而是感情的完全投入。譬如《喜达行在所》的第二首。

　　愁思胡笳夕，凄凉汉苑春。

生还今日事，间道暂时人。

司隶章初睹，南阳气已新。

喜心翻倒极，呜咽泪沾巾。（139 页）

在这里，个人的生死和国家的兴亡已经不可分割地结合成一体。在《北征》里，我们看到个人、家庭、国家的连成一片。儒家的伦理在杜甫身上具体呈现为一个活生生的"生命"，这使杜甫在传统社会中备受赞誉，正如他的社会诗为他在现代社会中赢得推崇一般。

其次，由于战乱的经历，杜甫丰盛的生命发展为：对感情的极为细腻的体会和掌握。试举一般较不会注意到的例子《赠卫八处士》：

人生不相见，动如参与商。

今夕是何夕，共此灯烛光。

少壮能几时，鬓发各已苍。

访旧半为鬼，惊呼热中肠。

焉知二十载，重上君子堂。

昔别君未婚，儿女忽成行。

怡然敬父执，问我来何方。

问答未及已，儿女罗酒浆。

夜雨剪春韭，新炊间黄粱。

主称会面难，一举累十觞。

十觞亦不醉，感子故意长。

明日隔山岳，世事两茫茫。（207—208 页）

关于这首诗，古人评云：

> 全诗无句不关人情之至，情真景真，兼极顿挫之妙。
> （杨伦引张上若，208 页）

写情真切，而真切的极致则在"顿挫"。"顿挫"是指叙述感情的那种曲折的过程。说到底，感情的屈折复杂就是感情的本质，成熟的杜甫对这过程的掌握和恰到好处的精细描写，在中国诗人中无人可以相比。他描写民众的"三吏三别"，描写个人和家庭的《述怀》《羌村三首》《彭衙行》，描写政治的《喜达行在所》和《北征》，其感人之处无不来源于此。譬如《北征》中著名的段落：

> 瘦妻面复光，痴女头自栉。
> 学母无不为，晓妆随手抹。
> 移时施朱铅，狼籍画眉阔。
> 生还对童稚，似欲忘饥渴。
> 问事竟挽须，谁能即嗔喝？（161 页）

这种描写方法已经接近现代的小说家了。

安史之乱使杜甫历尽千辛万苦，但也使杜甫成为伟大的政治、社会、家庭的诗人，也就是儒家理想中的"人伦"的诗人。这再度证明，杜甫的创作与生活的密切关系。

三

　　一般把杜甫安史乱后至入蜀之前的作品都划归为同一时期，这是可以说得通的。但是，这种分期方式往往会让人重视前节所提到的那些诗作，而忽略了杜甫弃官移居秦州、同谷时所写的诗。事实上这些诗有它独特的价值，在杜甫的创作发展上占有特殊的地位。

　　秦州诗作的核心是由《佳人》《梦李白二首》及《有怀台州郑十八司户》构成的一组诗。《佳人》和《梦李白二首》因常被选入各种通行选本、被孤立阅读而不能得到更全面的解读。各选本的注解也常会提到，《佳人》带有"自寓"的味道，但只有把这四首诗联系在一起，我们才能更清楚地了解，乾元二年（759）杜甫丢弃华州司功参军、客居秦州一事在他生活与创作中的意义。

　　这一次的弃官完全不同于安史乱前长期的不遇，对杜甫来讲，这可能意味着：他也许会长期，甚至永远脱离政治，也就是永远丧失实现理想的机会，所以《佳人》等四首诗充满了自怜的情绪。在《梦李白》第二首中，杜甫描写了梦中李白的形象：

> 告归常局促，苦道来不易。
> 江湖多风波，舟楫恐失坠。
> 出门搔白首，若负平生志。

　　在这一形象之后，杜甫发出这样的感慨：

冠盖满京华，斯人独憔悴。

孰云网恢恢，将老身反累。

千秋万岁名，寂寞身后事。（231—232 页）

从"若负平生志"到"冠盖满京华"，"斯人独憔悴"，都很难让人不想到杜甫自己的处境。

讲得更明白的是《有怀台州郑十八司户》：

天台隔三江，风浪无晨暮。

郑公纵得归，老病不识路。

……

山鬼独一脚，蝮蛇长如树。

呼号傍孤城，岁月谁与度。

……

海隅微小吏，眼暗发垂素。

黄帽映青袍，非供折腰具。

平生一杯酒，见我故人遇。

相望无所成，乾坤莽回互。（232—233 页）

这里把郑虔的处境形容得极其孤危可悯，最后提到他们以前的相携相提，以及目前的俱属沦落。如果把《佳人》《梦李白》以及本诗连续阅读，并以此诗作结，那么，杜甫可以说在"不遇"主题上作了相当具有创意的更新。

但是，杜甫在这一时期更大的创造性却在于：他从秦州到成都的流亡过程中所写的二十四首纪行诗。这些作品对于"蜀道"

的艰险的描写，创造了一种奇特的山水情境，完全不同于谢灵运的诗作：

> 山风吹游子，缥缈乘险绝。
> 峡形藏堂隍，壁色立积铁。
> 径摩穹苍蟠，石与厚地裂。
> 修纤无垠竹，嵌空太始雪。
> 威迟哀壑底，徒旅惨不悦。
> ……（《铁堂峡》，289 页）

在这二十四首诗中，到处充满了这一类的描写，而这是为了表现行役之艰难。在这些段落之外，随时适宜地交代一些事情、发出一些感慨。它的基本情调可以用首尾两首来加以代表：

> 日色隐孤树，乌啼满城头。
> 中宵驱车去，饮马寒塘流。
> 磊落星月高，苍茫云雾浮。
> 大哉乾坤内，吾道长悠悠！（《发秦州》，288 页）

这是出发时的感慨。历尽艰险（如《铁堂峡》所描写的）以后，终到达《成都府》。最后一首诗值得全引：

> 翳翳桑榆日，照我征衣裳。
> 我行山川异，忽在天一方。
> 但逢新人民，未卜见故乡。
> 大江东流去，游子日月长。
> 曾城填华屋，季冬树木苍。

喧然名都会，吹箫间笙簧。

信美无与适，侧身望川梁。

鸟雀夜各归，中原杳茫茫。

初月出不高，众星尚争光。

自古有羁旅，我何苦哀伤。（310—311 页）

这首诗本身就写得极好，但如果读完前面二十三首诗（再加上中间《乾元中寓居同谷县作歌七首》那一楚歌体的悲歌），再读这首诗，那么，诗中"欣慨交集"的复杂情绪就会加重一倍以上。

当我们读选本里的杜诗，我们是把每一首诗单独阅读；可是，当我们读编年全集时，我们会更强烈地体会到，杜甫把生活与创作密切结合在一起的"全貌"。在这一方面，秦州至成都二十四首纪行诗是相当突出的例子。在一生中最艰苦的"逃荒"过程中，杜甫写出了一组别开生面的、极具创造性的行役诗。

四

杜甫入蜀以后的作品，一般笼统称之为后期，并强调他在七言律诗这一体式的成就，甚至整体的论述他自己所说的，"晚年渐于诗律细"。这些看法都有其道理，但是，只强调这一面也就容易忽视了杜甫其他可能更重要的方面。

在我看来，杜甫四川时期（特别是上元元年春至宝应元年居住于成都的两年半时间）最大的成就之一是：发展出一种独特的"农村田园诗"。经过四年的战乱时期，杜甫初到四川的那一段时间（在西川兵马使徐知道未反之前），是他生活中难得一见的稳定、丰裕时期。"农村田园诗"的创作基本上就是这种生活的反映。

有些学者把这些作品称为"闲适诗",这是借用白居易对自己诗作的分类而来。但以这一观念来论述杜甫表面类似的作品,容易被既定看法所限制,反而无法突显杜甫这些诗歌的特质。如果一定要使用某一名称,我以为可以归纳吉川幸次郎用以描述某一类宋诗的说法,称之为"农村田园诗"也许还比较适合(以下的论述将会说明这一点)[1]。

杜甫初到四川时,写了一组很有趣的作品,按照杨伦在《杜诗镜铨》的排列顺序,其诗题如下:"卜居""王十五司马弟出郭相访兼遗营草堂资""萧八明府实处觅桃栽""从韦二明府续处觅绵竹""凭何十一少府邕觅桤木栽""凭韦少府班觅松树子栽""又于韦处乞大邑瓷碗""诣徐卿觅果栽""堂成"。前后两首七律,第二首五律,其他全是七绝,这很可能是事先已有的构想。即使不读诗作,单从诗题也可以想见杜甫入蜀以后生活的一斑。

《卜居》与《堂成》这种七律,是杜甫后期七律中的一种类型,其风格可以用更有名的《江村》来说明:

清江一曲抱村流,长夏江村事事幽。

自去自来梁上燕,相亲相近水中鸥。

老妻画纸为棋局,稚子敲针作钓钩。

多病所须唯药物,微躯此外更何求?(320页)

这种可称之为"萧散"的七律,几乎被宋以后的平庸诗人作

---

[1] 参看《宋诗概说》,21—23页,联经出版公司,1977。

熟作烂了。尤其结尾两句，似乎看开但作意太明，后来变成"俗套"，未必非杜甫之罪。这是杜甫最合乎一般所谓"闲适"定义的标准作，但远不是杜甫"农村田园诗"的极致。

《客至》是更为优秀的一首七律：

> 舍南舍北皆春水，但见群鸥日日来。
> 花径不曾缘客扫，蓬门今始为君开。
> 盘飧市远无兼味，樽酒家贫只旧醅。
> 肯与邻翁相对饮，隔篱呼取尽余杯。（342 页）

这首诗写春天来临的喜悦、写与客喝酒的高兴，都颇入情。但其声调、造句（特别是五、六句）仍有成为"习套"的可能。

整体而言，杜甫"农村田园诗"凡是可以构成沈德潜"格调"论的某一声色口吻类型的，大都不是上乘之作，因为这都容易为二流诗人所学。像下面这首五律，就很难找到"格调"的模式：

> 江涨柴门外，儿童报急流。
> 下床高数尺，倚杖没中洲。
> 细动迎风燕，轻摇逐浪鸥。
> 渔人萦小楫，容易拔船头。（《江涨》，320 页）

江涨时儿童入报，下床而望水已有数尺高，出门倚杖而望，已全没中洲了，写水势之迅疾真是无比生动。燕逆风而飞，所以"细动"，鸥顺浪而游，所以"轻摇"，体物极细，用字也极贴切。最后一句纯以口语写渔人好不容易才"拔"好船头，使整首诗显得爽脆、逼真。这些都没有声色口吻可学，完全是"真切"的经验和感觉的掌握，这才是杜甫的真本事。

杜甫这种"农村田园诗"，最不具有"格调"味，因而也最没有蹊径可循的是七言绝句。试看《春水生二绝》：

二月六夜春水生，门前小滩浑欲平。
鸬鹚鹦鹉莫漫喜，吾与汝曹俱眼明。

一夜水高二尺强，数日不可更禁当。
南市津头有船卖，无钱即买系篱旁。（344页）

这两首纯用口语，有一种幽默感，也有一种纯真的对自然现象的欣赏（同时也蕴含了喜悦），完全是"率真"之作。这种七绝决不能以王昌龄、李白那种高格调的七绝标准来衡量。

这种绝句的最佳作品是《绝句漫兴九首》和《江畔独步寻花七绝句》这两组诗。尤其是《江畔独步寻花》，每一首都让人爱不忍释。试随意抄前两首：

江上被花恼不彻，无处告诉只颠狂。
走觅南邻爱酒伴，经旬出饮独空床。

稠花乱蕊裹江滨，行步欹危实怕春。
诗酒尚堪驱使在，未须料理白头人。（354页）

值得玩味的是，历来论诗，惋惜或批评杜甫拙于七绝者所在多有。即以沈德潜选诗之高明，杜甫七绝竟只选三首，以上所提的作品全未选。所选的三首，如以李白、王昌龄之作来衡量，当然不如。舍弃创意而迁就习见，使得杜甫上乘的"农村田园诗"

至今还未获得它应有的评价（欣赏的人不是没有，但似尚未居于多数）。

这也就足以说明，为什么不适于用"闲适"来称呼这些诗作。一称"闲适"，即好像什么要看开，于是说几句话来表明，反而显得俗套，而这正是白居易"闲适诗"容易让人生厌的原因。同样地，也不能说这些是"田园诗"或"山水诗"。因为传统所谓田园、山水也者，似乎总有一个"隐士"，于是也就有必要说几句"得道""隐居"的话，而这又会掉入另一种模式之中。

说到底，最好不要使用任何既定的名称来为杜甫这些诗作命名，因为这完全是杜甫独创的。如果从这一观点来阅读杜甫四川时期的作品，一定会有全新的体会，并惊讶于：怎么杜甫到了四川以后，又"创造"出一些完全不同的杰作来？

<h2 style="text-align:center">五</h2>

到目前为止，杜甫夔州以后的诗作极少受到全面的关注，这是很奇特的现象。因为就数量而言，夔州、两湖的作品不可谓不多——以《杜诗镜铨》来衡量，二十卷之中占了八卷半左右。但是，谈论夔州诗作（不包括两湖所作）的又极为常见。这足以表明，一般评论者所谈的常只是其中部分诗歌，甚至还可能是较少数的诗歌。夔州以后诗作的全面价值如何，恐怕还需等待未来更精细、深入的研究。

不过，一般都同意，就上乘者而言，杜甫在夔州的作品已达到他艺术的最高峰，或者保留一点说，达到他的诗艺的一种极其特异的境界。就传统的意见而言，这些被选来代表夔州创作高峰的作品主要还是七律，其核心是：以《诸将五首》《秋兴八首》《咏怀古迹五首》为代表的精严缜密的七律，并辅以部分风格特异的拗律，如《白帝城最高楼》《暮归》（此首出峡以后作）等。

个人对于最晚期杜诗的阅读，现在还算不上"精熟"，因此也不能提出比较全面的看法，如针对以前各阶段一般。如像一般论者，采部分以代全体，以突显出其最高成就，那么，个人认为，对于"回忆"主题的处理，是这一时期最值得注意的现象。

晚年的杜甫，正如一般老年人，喜欢回忆过去。作为一个诗人，他当然会把这些回忆写进诗中。从现存的作品来看，回忆的创作大约从居梓州的后期开始成为引人注目的焦点，而其高峰在夔州。

引发回忆的较为常见的一种形式，是故友的亡殁。不过，这些作品大都以伤痛为主，而回忆居次。其中最具代表性的是《追酬故高蜀州人日见寄》，这是因为见到高适赠诗的遗稿，想到"今海内忘形故人，独汉中王与昭州敬使君超先在"（1006页），而引发的伤感。

跟回忆有更直接关系的是收在《杜诗镜铨》卷十四的一些作品。《八哀诗》追怀八个朝廷重臣，或跟自己有深交的文人。这几首诗篇幅都长，写得典重矜严，一般的评价并不很高。更有价值的是《壮游》《昔游》《遣怀》《往在》这四首诗。这是对于自己年轻时代的经历的追述，尤其关于早年漫游的部分，是关于杜甫生平极重要的资料。一般的引述，大都着眼于此。就诗论诗，似乎并不属于杜甫最佳作品之列。

就艺术而论，杜甫回忆诗的最高成就表现在《忆昔》《丹青引赠曹将军霸》《观公孙大娘弟子舞剑器行》及《秋兴》《咏怀古迹》两组七律上。其中《忆昔》第二首（此首远较第一首优异）如下：

> 忆昔开元全盛日，小邑犹藏万家室。
> 稻米流脂粟米白，公私仓廪俱丰实。
> 九州道路无豺虎，远行不劳吉日出。
> 齐纨鲁缟车班班，男耕女桑不相失。
> 宫中圣人奏云门，天下朋友皆胶漆。
> 百余年间未灾变，叔孙礼乐萧何律。
> 岂闻一绢直万钱，有田种谷今流血。
> ……
> 周宣中兴望我皇，洒泪江汉身衰疾。（497—498 页）

这首诗的主题是今、昔的对比：以昔日的开元盛世来对比今天的战乱相循。在诗的末尾，杜甫对中兴还有所期望。在这里，回忆和希望并存，回忆还没有成为"纯然挽歌式的追悼"。

回忆变成追悼，这样的主题思想在《丹青引》中初见端倪。《丹青引》的绝大部分都在称赞曹霸的善于画马，并追叙他的开元年间承恩皇上的情景。不过，结尾是这样的：

> 将军善画盖有神，偶逢佳士亦写真。
> 即今漂泊干戈际，屡貌寻常行路人。
> 途穷反遭俗眼白，世上未有如公贫。
> 但看古来盛名下，终日坎壈缠其身。（530 页）

这就有把曹霸的沦落与开元盛世的不再联系在一起的味道。不过，从最后两句看，"伤沦落"的意思显然比哀挽的成分还强。

到了夔州时期的《观公孙大娘弟子舞剑器行》，重点的转移就非常明显了。在这里，描写公孙大娘及其弟子的部分篇幅不多，更重要的反而是后面大半段的感慨：

与予问答既有以，感时抚事增惋伤。
先帝侍女八千人，公孙剑器初第一。
五十年间如反掌，风尘澒洞昏王室。
梨园子弟散如烟，女乐余姿映寒日。
金粟堆前木已拱，瞿塘石城草萧瑟。
玳筵急管曲复终，乐极哀来月东出。
老夫不知其所往，足茧荒山转愁疾。（883—884 页）

对于这一首诗，王嗣奭的评论极其精到：他说：

此诗咏李氏思及公孙，咏公孙念及先帝，全是为开元天宝五十年来治乱兴衰而发，不然一舞女耳，何足摇其笔端哉？（884 页）

从"先帝侍女八千人"到"梨园子弟散如烟"，不过借此以哀挽开元盛世的一去不返。这里并未提及中兴的期望，有的只是难以抑止的哀伤。

以上这些诗作所涉及的主题思想——盛世不再，个人也因此沦落——杜甫以更完整的构思、更精微的艺术，完美地表现在他的七律最高杰作《秋兴八首》和《咏怀古迹五首》这两组诗上[1]。这两组诗使得杜甫整个夔州诗作连带地发出奇异的光辉，并给他一生不断成长、不断变化的艺术与生命作了完美的终结。

六

观察杜甫一生艺术发展的特质，最好的方法之一还是回到他和李白的对比。李白的诗作不可谓不佳，单独阅读其中几十篇，很少人不惊叹其才气横逸，但是，百篇以上即有重复之感。原因在于：我们看到李白始终如一，变化不多。初出蜀的李白和遭逢安史之乱的李白，这两者之间似乎并无太大的不同。

杜甫就不这样。杜甫和李白生长于同样的时代，透过他的诗作我们可以看到时代的变化，也可以看到时代变化对他的情感和思想的影响。杜甫始终忠实于他对生命的感受，始终能敏锐地感受到时代与生活的变化，也始终能跟着变化调整他的艺术。他的诗歌的繁复多变、浑涵万状即由此而来。本文所论不过举个人所见者数端，按时代先后略加铺陈，以见其一斑而已。

---

[1]　对这两组诗的较仔细的分析，请参看本书第六章《杜甫与庾信》。

第十二章　杜诗连章结构
在诗学上的意义

　　有一阵子，台湾学者流行用"连章诗"或"组诗"这样的名目，来讨论古代诗歌中一题多首的现象。我对于这种讨论方式不是很满意，但又不知从哪一个角度来指出这种讨论意义不大。经过长期的思考，我觉得从杜甫诗的连章结构入手，也许是一个较妥当的方式。杜甫对连章结构的应用，比我们想象中的还要复杂；杜甫独特的处理方式，在中国诗学上的意义也许还没有被充分认识。把杜甫的连章诗和在他之前的"一题多首"的作品加以比较，就能突显杜甫这一类诗作的特殊之处；同时也可以体会，把杜甫之前一题多首的作品一律称为连章诗或组诗，恐怕不一定妥当。

一

　　建安时代以降，一题多首的诗作，大致可分成两种类型。第一种以阮籍"咏怀诗"、左思"咏史诗"、郭璞"游仙诗"为代表。用后代的眼光来看，这其实是一种诗的"类别"，写的是某一种情绪或思索；是在某类情感的驱使下，随时写一些作品，最后以一个总名将它们全部编辑在一起。阮籍的《咏怀》最为明显，他把自己处于魏、晋异代之际的苦闷，全部表现在诗作之中，每一首都没有题目，最后笼统称之为"咏怀"。像这样的诗作，在总名之下，其实是众多诗作的汇编，各首之间并没有前后次序的关系，整体上也没有一个结构，这样的诗，很难称之为连章诗。

规模上小于阮籍咏怀，但比起其他一题多首的作品却还是比较庞大的，是陶渊明的《饮酒》二十首。全组诗有一段小序：

> 余闲居寡欢，兼比夜已长。偶有名酒，无夕不饮。顾影独尽，忽焉复醉。既醉之后，辄题数句自娱。纸墨遂多，辞无诠次，聊命故人书之，以为欢笑尔。

这是在某一种类似的情绪状态下，长期写作，事后编辑而成的，所以"辞无诠次"，是没有整体结构的。阮籍的《咏怀》基本上也是如此。其他规模较小的，如左思《咏史诗》、郭璞《游仙诗》、陶渊明的《拟古》九首、《杂诗》十二首、《咏贫士》七首，也属于这种类型。六朝末期庾信的《拟咏怀》二十七首，算是这种类型的殿军。唐代以后，陈子昂以下的拟古派，就是有意识地要传承、发挥这个传统，所以才有了陈子昂的《感遇》三十八首、张九龄的《感遇》十二首、李白的《古风》五十九首。我们只要一想到阮籍的《咏怀》和李白的《古风》，把这一类作品，一律称之为"连章诗"或"组诗"，恐怕是不妥当的。[1]

---

[1]　本文在 2012 年的唐代文学年会宣读时，钱志熙教授指出，汉魏六朝一题多首的作品，时间越晚，主题与结构似有越趋紧密的倾向，我十分同意。但这需要另一篇论文来加以讨论，此处从略。

其实早在建安时代，就已经出现了一种比较严谨的连章结构的诗作，最著名的例子就是曹植的《赠白马王彪》。这首诗共有七首，但自第二首以下，每一首的最后两个字，就是下一首的开头两个字。譬如，第二首以"我马玄以黄"结束，第三首以"玄黄犹能进"起始；第三首的末句"揽辔止踟蹰"，接第四首的首句"踟蹰亦何留"。很显然，这是结构缜密的一首诗，绝对不能割裂。另外一个例子是徐幹的《室思》，这首诗共六章，是写闺中人对远人的思念，前后六首互相照顾，但不像《赠白马王彪》那样浑然一体，所以许多选本常常只选最后一章。另外，刘桢的《赠从弟》，一般都题为三首，其实应该是一首三章，这从全篇采用"比体"就可以看得出来。

建安时代这种独特的写法其实是受四言诗影响。这个时期似乎是四言诗复兴的时代，作品众多，如曹操的《短歌行》和《步出夏门行》就是著名的例子。这些四言诗，一般都模仿《诗经》分章的结构，以四句或六句或八句为一章，全诗由数章构成。建安时代除曹操外，王粲也写了不少四言诗，收入《昭明文选》的就有《赠蔡子笃》《赠士孙文始》《赠文叔良》诸首，其结构也都如此。正始和太康时代，嵇康和陆机也都喜欢写这种四言诗。可以说，这个时期连章的五言诗如上举曹植、徐幹、刘桢所作，其实就是这种四言诗的形式转以五言来写而已。不过这种形式也只到太康时代为止，以后就很少见了。这也证明，这种形式后来不太受重视，反而让阮籍《咏怀》、陶渊明《饮酒》《杂诗》这一类作品后来居上了。

二

杜甫早期的作品留存下来的，恐怕只是他曾经创作的一小部分，但从这里面我们已经可以看出，他很注意连章结构，在这方面表现了不少创意。这些作品，我把它分成三类。首先来看《曲江三章章五句》：

> 曲江萧条秋气高，
> 菱荷枯折随波涛，
> 游子空嗟垂二毛。
> 白石素沙亦相荡，
> 哀鸿独叫求其曹。

> 即事非今亦非古，
> 长歌激越捎林莽，
> 比屋豪华固难数。
> 吾人甘作心似灰，
> 弟侄何伤泪如雨？

> 自断此生休问天，
> 杜曲幸有桑麻田，
> 故将移住南山边。
> 短衣匹马随李广，
> 看射猛虎终残年。

（44—45 页，上海古籍《杜诗镜铨》标点本，下同）

这首诗表面上模仿《诗经》的分章模式，所以题目说"三章章五句"，但它的创意却非常明显。《诗经》的每一章大都是偶数句，杜甫有意用奇数句。又，建安时代的诗经体连章诗除了四言外，用的是五言，杜甫故意用七言。杜甫自己对这些是非常清楚的，所以他在第二首中说，他"即事"而作的"长歌"是"非今亦非古"，是自己创造出来的。《秋雨叹》三首也与此类似，先看第一首：

> 雨中百草秋烂死，阶下决明颜色鲜。
> 著叶满枝翠羽盖，开花无数黄金钱。
> 凉风萧萧吹汝急，恐汝后时难独立。
> 堂上书生空白头，临风三嗅馨香泣。（82页）

这是流行于初盛唐间的一种七言体模式，每一首八句，前四句和后四句韵脚不同，如果前四句押平声韵，后四句则押仄声韵，或者刚好相反，王勃的《滕王阁诗》即采用这种体式。杜甫的《秋雨叹》三首都采用这种体式，前两首先押平声韵，再押仄声韵，第三首则颠倒过来，形式上也是"非今亦非古"。内容上讲，这三首也是彼此关联。第一首以叹息决明的无人欣赏，来暗喻自己的沦落；第二首讲秋雨连绵，导致米价腾贵，生活艰难；第三首说到自己枯守衡门，门外长满蓬蒿。综合起来，我们才能看到杜甫早期在长安时的困苦生活。这首诗虽然没有题上"三章章八句"，但它的结构模式无疑类似于《曲江三章》，应该当作一首诗来读。

早期杜甫连章诗的第二类是《陪郑广文游何将军山林》十首，和《重游何氏》五首。这十五首诗中的某些作品也许可以随个人的喜好，选进选集中，但作为整体来读，感觉就完全不一样。对于前一组诗，王嗣奭评道：

> 此十诗明是一篇游记，有首有尾。中间或赋景，或写情，经纬错综，曲折变化，用正出奇，不可方物。有自为首尾者，有无首无尾者；诗不可无首尾，因有总首尾在也。（《杜臆》20页，上海古籍，1983）

这就是说，其中有些作品不能独立阅读，必须在全组的结构中才能体会其意义，这很清楚地说明了，十首诗必须作为整体来阅读。像这样的连章结构，几乎是前无古人的。根据同样的原则，《重游何氏》五首，不但要当作一首诗来读，而且也应该作为《陪郑广文游何将军山林》的续篇来阅读。我觉得这两组诗的创造性还没有得到应有的重视。

相反地，杜甫早期第三类的连章诗，《前出塞》九首和《后出塞》五首，却得到古今诗评家一致的赞赏。早期的杜甫很少使用旧乐府题，这里虽然用了"出塞"这样的旧题，但每组却以好几首诗构成；同时，其写法完全不袭古人的写作方式，而是每组借由一个出征军士的口吻来叙述，两组各自形成一个叙述结构，而且两组的叙述口吻截然有别。《前出塞》第一首说：

> 戚戚去故里，悠悠赴交河。
> 公家有程期，亡命婴祸罗。
> 君已富土境，开边一何多？
> 弃绝父母恩，吞声行负戈。（48页）

这是一个被迫远离家门到边疆作战的军士，要经过长期的挣扎才能逐渐适应军旅生活。《后出塞》的第一首说：

> 男儿生世间，及壮当封侯。
>
> 战伐有功业，焉能守旧丘？
>
> 召募赴蓟门，军动不可留。
>
> 千金装马鞍，百金装刀头。
>
> 闾里送我行，亲戚拥道周。
>
> 斑白居上列，酒酣进庶羞。
>
> 少年别有赠，含笑看吴钩。（102—103页）

　　这是一个充满锐气的年轻人，准备到边塞追求功名。由此可知，杜甫有意识地设计了两个性格完全不同的人。最后，他们两人都体会到，皇帝和边帅的边疆策略是错误的，合起来看，这是杜甫对天宝时期唐玄宗黩武政策毫不保留的批评。

　　但是，这两组诗在呈现"反战"主题时，也有不同的叙述策略。《前出塞》的第一首，杜甫就让那个不想出征的军士说出"君已富土境，开边一何多"的批评，明白表示现在的边疆战争是没有必要的。在全诗的第六首中，杜甫以议论的方式，让这个军士说出他的看法：

> 挽弓当挽强，用箭当用长。
>
> 射人先射马，擒贼先擒王。
>
> 杀人亦有限，立国自有疆。
>
> 苟能制侵陵，岂在多杀伤？（49页）

　　前四句主要是发挥比喻作用，其目的主要在引起后四句，即"立国"只要能"制侵陵"就可以了，所以"杀人亦有限"，"岂在多杀伤"。这首诗有时候被独立出来，收入选本中。其实，这首纯然议论的诗，只有摆在另外八首以叙述为主的诗中，才能看出它的重要作用。

《前出塞》另一个附带主题，是军士的争功，这让那位本来无心从军的人特别感慨。这个主题到了《后出塞》时成为叙述的重点。《后出塞》强调"六合已一家"，但皇帝却一意开边，使得战士"誓开玄冥北，持以奉吾君"。这样，东北边塞就成为追逐功名的豪侠之士聚集的场所，并且形成这样的局面：

> 渔阳豪侠地，击鼓吹笙竽。
> 云帆转辽海，粳稻来东吴。
> 越罗与楚练，照耀舆台躯。
> 主将位益崇，气骄凌上都。
> 边人不敢议，议者死路衢。（104 页）

这就是安禄山起兵反叛的基础。

关于《后出塞》的写作时间，向来有两种看法。《后出塞》第五首说：

> 我本良家子，出师亦多门。
> 将骄益愁思，身贵不足论。
> 跃马二十年，恐辜明主恩。
> 坐见幽州骑，长驱河洛昏。
> 中夜间道归，故里但空村
> ……（104—105 页）

从第七、八句来看，似乎杜甫已知道安禄山起兵了，所以，仇兆鳌认为，"末章是说安禄山举兵犯顺后事，当是天宝十四载冬作"（标点本《杜诗详注》285页）。但是，也有人不认同这种看法，杨伦就说，"此当在禄山将叛之时，编从浦本"，他跟浦起龙都认为是乱前所作。至于《前出塞》的写作时间，除了早期某些宋人外，大半都认为是在《后出塞》之前几年唐与吐蕃发生剧烈战事时所作。对于诗题同为"出塞"，但加"前""后"两字加以区别，仇兆鳌说：

> 当时初作九首，单名出塞，及后来再作五首，故加前后字以分别之。旧注见题中前后字，遂疑同时之作，误矣。（《杜诗详注》118页）

显然，认为两组诗不是同时所作的人，一定会接受这种看法。但我对此颇表怀疑。这两组诗有太多的相似性，又有其互补性，杜甫在创作这两组诗时，显然经过仔细的考虑。我们当然可以假设，杜甫先写的《前出塞》，几年后写《后出塞》时特别意识到《前出塞》的作法，有意加以区别。但，如果一开始就假设，这两组诗是同时构思、同时写作的，并由杜甫本人加上"前""后"以区别之，不是更自然吗？至于写作时间，我基本上认同仇兆鳌的看法，但认为也许是在安禄山反叛后不久，不一定在天宝十四载冬，也可能是乱后一段时间所作。现在所留存的、王洙本的《杜工部集》是按各种旧抄本整理的，虽然分成古体和近体，但每体之中大体上有一个编年顺序。后来更详密的编年体，大致都按王洙本的编序来调整。王洙本前、后出塞两组诗编在第三卷，两组诗前后相连，与寓居同谷时期的诸作编在一起，因此黄鹤认为是乾元中所作。后人认为编得太晚了，往前提到天宝年间。我倾向于认为，两组诗为同时作品，也许作于安禄山反叛后杜甫住在奉先、白水、鄜州，但尚未奔赴行在的那一段时间。

杜甫在乱后寓居鄜州时，痛定思痛，看清了乱事的根源就在于唐玄宗天宝时期穷兵黩武的政策，引发诸将争功，并导致安禄山在渔阳尾大不掉，所以才写了这两组诗。天宝时期当代诗人反战的声音很大，如李白《古风》第十四首（胡关饶风沙）、第三十四首（羽檄如流星），高适的《燕歌行》和杜甫的《兵车行》都是。但这些作品大都只是同情征戍者及其家人的痛苦，不像杜甫这两组诗经由周密的叙述设计，把好几首短诗组合成一个整体，有叙述，有抒情，有议论，完整地表达了杜甫对唐玄宗晚年政策失误的看法，感情丰沛，见解深入。杨伦评《前出塞》说，"九首承接只如一首"，"借古题写时事，深悉人情，兼明大义……视太白乐府更高一筹"。（《杜诗镜铨》50 页）这些评语同样可以应用在《后出塞》上。所以这两组诗赢得古人一致的好评。我认为这两组诗和《自京赴奉先县咏怀五百字》同为结束杜甫初期创作的最高杰作。在这里，杜甫终于从个人的沦落与失意之中跳脱出来，能够站在更高的视野思考朝政的得失与个人命运的关系。为了表达这些复杂的看法，除了《自京赴奉先县咏怀五百字》那种独特的长诗外，他还用连章的结构，将一些短诗组成一首完整的作品。他必须用这种形式，才能表达他长期蕴蓄于胸中的见解与感情。也就是说，传统以一首一首为单位的、表达一时情绪的写法已经不能承受杜甫创作的需要，杜甫也只有增加这种经他改造的连章形式，才能满足他的感情和艺术的需求。这就充分说明了杜甫作为一个诗人的伟大之处。

三

　　安史乱后，杜甫作品中有一种独特的现象，在目前留存的乱前的作品中似乎从未见到。这就是，他常以成双成对的方式制题写诗，而且同一组诗一定采取同样的体式，譬如《春宿左省》与《晚出左掖》同为五律。现在，我根据王洙本把杜甫安史乱后、入川前的这一类作品列举如下：《哀江头》《哀王孙》（七古），《悲陈陶》《悲青坂》（七古），《玉华宫》《九成宫》（五古），《夏日叹》《夏夜叹》（五古），《曲江对酒》《曲江对雨》（七律），《春宿左省》《晚出左掖》（五律）。另外，王洙本虽然没有并列，但在《杜诗详注》与《杜诗镜铨》却已调整在一起的，如《宣政殿退朝晚出左掖》《紫宸殿退朝口号》（七律），《月夜忆舍弟》《天末怀李白》（五律），应该也可以列入。在这一类诗中，最为特别的是杜甫的两组名作，一组是一般所谓的"三吏三别"，另一组是自秦州至同谷、自同谷至成都的二十四首纪行诗。

　　现在我们必须面对一个问题："三吏三别"是连章诗吗？我个人的答案是肯定的。这六首诗当作完整的一组来读，其感人的程度远远超过选本中单独选出的一首或两首。我们必须承认，杜甫是有意识地连续创作这六首诗的。这个时候，他是以类似史家的笔法，来描述邺城官军大溃败后华州一带人民的苦难。如果不通读这六首诗，就不能了解杜甫作为人民诗人的一面。同样的，自秦州至成都的二十四首纪行诗也是一个整体，只有通读这个整体，才能理解杜甫最艰苦的逃难生活的感受。杜甫在这样的过程之中，还花了这么多的力气去创作这么一组庞大的行役诗，这就是艺术家的杜甫。这个艺术家的杜甫把自己最痛苦的生活经历，提炼为连续性的二十四首五言古诗，每一首都用最大的力量去推敲用字，而且把情绪的变化一气贯注于其中。只有这样阅读杜甫，才能理解杜甫作为一个诗人的伟大之处。因此，哪能够不把"三吏三别"和二十四首纪行诗都视为连章诗呢？

如果考虑到"三吏三别"，以及同谷至成都的二十四首纪行诗都是杜甫有意设计的连章结构，那么就可以发现，杜甫诗集中类似的作品还有不少。例如，杜甫在初到成都时写过这样一组诗：

> 卜居、王十五司马弟出郭相访兼遗营草堂资、萧八明府实处觅桃栽、从韦二明府续处觅绵竹、凭何十一少府邕觅桤木栽、凭韦少府班觅松树子栽、又于韦处乞大邑瓷碗、诣徐卿觅果栽、堂成。（《杜诗镜铨》卷七）

前后两首是七律，第二首是五律中间七首是七绝，杜甫用这组诗来描写他在成都营屋的过程，可以说是依人为生，对了解杜甫的生活很有帮助。又，代宗宝应元年，杜甫送严武还朝，到绵州，因西川兵马使徐知道反，一时不能回成都，只好流连于梓州一带。当年冬天，吐蕃入寇，松州、维州一带警报频传，杜甫非常焦急，连续写了《警急》《王命》《征夫》，以及《西山》三首（《杜诗镜铨》卷十），这些都是五律，可以算一组诗。另外，代宗广德二年春末，杜甫回到成都草堂，连续写了《草堂》《四松》《水槛》《破船》四首五言古诗（《杜诗镜铨》卷十一），风格类似，也是一组诗。

从这个角度可以来回看杜甫在秦州时所写的三首诗，即《佳人》《梦李白》二首、《有怀台州郑十八司户》（《杜诗镜铨》卷五)。这几首诗都是杜甫的名作，前两者选入《唐诗三百首》，几乎无人不知。其实，这些诗作应该是杜甫在一时之间有意识的连续创作，在第一首中，他暗中以战乱中被抛弃的佳人来自况，接着他怀念两个当时正沦落他方的好朋友，他对李白、郑虔的同情是从自己的处境投射出去的，所以才写得那么感人。这一组诗能够让我们看到杜甫的创作心理。

我们可以从这个角度来重新考虑《哀王孙》《哀江头》和《悲陈陶》《悲青坂》这两组诗的关系。我们可以把它们看成是分别独立的两组，也可以看成是紧密联系在一起的一组诗。在前两首中，杜甫对王孙和杨贵妃的同情，其实可以看作是他对"国破"的悲慨的投射，而后两首则表现了他对朝廷命运的焦虑。四首合起来读，更能看出杜甫陷于贼中的心境。这其实更合乎我们平常阅读杜诗时的感受。

说到这里，就可以谈到为什么后人会把杜诗称为"诗史"。在上面所提到的四首诗之后，接着就是《对雪》：

> 战哭多新鬼，愁吟独老翁。
> 乱云低薄暮，急雪舞回风。
> 瓢弃樽无绿，炉存火似红。
> 数州消息断，愁坐正书空。（《杜诗镜铨》125 页）

这首诗读起来就像是《悲陈陶》和《悲青坂》的续篇，所以第一句就说"战哭多新鬼"，而末联的"数州消息断"就仿佛看到杜甫急切地想要了解最近官军的状况。再跳过几首，我们就读到了《春望》，看到了杜甫在"国破山河在"中的绝望心情。再跳过几首，我们又读到《塞芦子》一诗，似乎杜甫每天看着地图，企图了解官军的防守阵势，发现官军好像有一个大疏忽，不由急着大叫，"谁能叫帝阍，胡行速如鬼"（132页）。最后，杜甫终于逃到凤翔，写了三首《喜达行在所》，看到他"犹瞻太白雪，喜遇武功天"，"喜心翻倒极，呜咽泪沾巾"（139页）。我个人极愿意把《哀江头》至《喜达行在所》的这些诗作看成一首完整的叙述诗，但我知道，这不是杜甫的创作意图。但是，就因为前面有了《哀王孙》《哀江头》《悲陈陶》《悲青坂》这一组诗，后面又有了《喜达行在所》三首，我那种阅读方式才可能产生。这就是说，杜甫诗中常常出现的连章结构，是后人形成"诗史"观念的基础。

如果我们把杜甫到凤翔以后，到逃难至成都这一段时间的连章作品，按阶段排列，就能够对这种情况有更清晰的认识：

从凤翔返家
九成宫、玉华宫/羌村三首/收京三首

回朝至贬华州司功参军
宣政殿退朝晚出左掖、紫宸殿退朝口号/春宿左省、晚出左掖/曲江二首/曲江对酒、曲江对雨

华州任上，华州、东都往返
三吏三别/夏日叹、夏夜叹

秦州
佳人、梦李白二首、有怀台州郑十八司户/遣兴五首/遣兴五首/秦州杂诗二十首

同谷至成都

同谷县作歌七首/二十四首纪行诗

　　我们只要阅读表列中的连章作品，基本上就已经掌握了杜甫诗中每一个小阶段的重心。透过这些核心作品，杜甫的许许多多以一首为单位的抒情诗，几乎被连接成一个完整的生活过程，这个过程同时呈现了个人与国家命运的种种面向。这样，整体阅读杜诗，我们就好像在阅读许许多多的抒情诗所构成的一篇非常漫长而又扣人心弦的杜甫一生的叙述诗。也就是说，杜甫透过连章的结构方式，突破了短小的抒情诗的限制，让许多抒情诗的总和形成了很独特的叙述作用，这就是我们一般所说的"诗史"。

　　杜甫的这种特质可以说是中国诗人中独一无二的。我个人也曾经企图用这种方法、以编年的方式来阅读白居易和苏轼的作品。虽然他们两人的作品都比杜甫多很多，而且他们作品的写作先后不难考察，他们跟时代的关系也都非常密切，但是，我总不能像阅读杜甫一样，对他们所生活的时代和他们个人的感情，有那么清晰和感动的印象。连白居易和苏轼都如此，就更不要说别人了。虽然后代的诗人都了解杜甫这个特点，但没有一个人能够像他那样把时代的感受和个人的感情紧密地交杂在一起。就此而言，我觉得，杜甫这种复杂的连章写作方式在中国诗学上的意义再怎么强调都不为过。

四

　　杜甫这种独特的连章写作方式，为什么能成为"诗史"的关键要素呢？这一点值得进一步加以考虑。在我看来，杜甫似乎总能够在生活和时代有了重大变化的时候，产生极大的激情，并对此在诗歌创作上作出回应。譬如，杜甫到了四川以后的前三年，生活相对稳定，这使经过长期颠沛流离的他暂时有了一种满足感，因此，他这时所看到的大自然充满了生机，《绝句漫兴》九首、《漫成》二首、《春水生二绝》、《水槛遣心》二首、《江畔独步寻花七绝句》这些连章作品就成为这种心境的核心。后来，严武入朝，他送严武到绵州，碰到西川兵马使徐知道作乱，不得不避入梓州一带，漂泊了近两年。这段时期四川许多小军阀不听号令，接着吐蕃侵扰松州一带；不久，代宗刚即位，一时疏忽，竟让吐蕃攻进京城。这种种因素促使杜甫分别写了《光禄坂行》《苦战行》《去秋行》；《警急》《王命》《征夫》《西山》三首；《伤春》五首、《有感》五首、《忆昔》二首等作品。杜甫总是在生活发生大变化的时候，感情随着起了变化，而这个时候，他总是会以一些连章作品来着重加以表达。反过来说，这些作品也就成为他反映时代与生活的关键。

从艺术上来讲，杜甫每个时期的连章诗作，为了密切配合他的心境变化，形式上总会有创新。我们甚至可以说，理解杜甫每一阶段的连章作品在形式上的不断变化过程，就是理解杜甫一生艺术追求的关键。上面的分析已经多少指出了这些变化，最后，我想再以夔州时期最著名的两组七律《咏怀古迹》和《秋兴》为例，来说明杜甫最后又以这两组诗创造出后人所公认的连章杰作，达到他艺术上的另一个高峰。

杜甫以这两组诗为他自己以及他所生活的时代作了总结。早年的杜甫为了自己的失意，曾经写过不少诗作。但他逐渐认识了唐代朝政的问题，创作了《自京赴奉先县咏怀五百字》和前、后出塞等作品。在安史乱中，他全心全意地注视着国事，其后又带着全家逃难，对眼前的困难应接不暇。当他在四川居住下来以后，生活的暂时安定，就让他有时间去观察、去思考。乱事的长期不能平定，以及平定以后藩镇的问题没有彻底解决，接着吐蕃入侵，朝廷处置不当，京师再度陷落，这一连串的事情一定会引发杜甫去推想更深远的历史发展。由此他逐渐得到一个结论：唐朝的盛世可能一去不返了，安、史的叛乱已造成一次历史的大变动了。

杜甫企图在《秋兴》这一组诗中表达他的这种历史感受。这组诗虽然由八首七律组成，实际上是密切相连的整体，他把大唐帝国的没落和自己沦落的一生结合在一起，他似乎是以庾信晚年写作《哀江南赋》的心情来创作《秋兴》八首的。

《秋兴》第一首由自己在夔州的思乡写起。第一首"丛菊两开他日泪，孤舟一系故园心"，以自己长年漂泊他乡，暗示了他后半生的飘零无依。第二首"夔府孤城落日斜，每依北斗望京华"，从"每依"两字的眷恋，可以看出他虽然落魄不偶，但对朝廷的关切之情不敢一日或忘。在这里，个人与国家的关系首次出现。第三首"匡衡抗疏功名薄，刘向传经心事违"，正式点出他这一生的一事无成。而"抗疏"、"传经"所界定的个人成就的性质，更进一步地表现了个人与朝政的关系——个人的成就必须要透过政治去体现，反过来说，政治秩序的解体必然导致个人成就的落空。再接下去的第四首，就把这种关联性淋漓尽致地表现出来：

闻道长安似弈棋，百年世事不胜悲。

王侯第宅皆新主，文武衣冠异昔时。

直北关山金鼓震，征西车马羽书驰。

鱼龙寂寞秋江冷，故国平居有所思。（645 页）

这首诗的前六句是对政治解体的最佳描写。政治似弈棋，王侯不断更换，而外患仍不见中止，整首诗充满了不定感。与此对照的是落拓他乡、有理想、有抱负，而无能为力的诗人。在这里，国家的命运与个人命运的照映最为鲜明。

为了跟第四首的政治解体对照，第五首转而回想起过去的太平盛世。"蓬莱宫阙对南山，承露金茎霄汉间"，南山的高大稳定，承露金茎的高入云霄，象征了大唐帝国的稳固与发展。然而这样的帝国毕竟没落了。第六首追溯没落的原因："回首可怜歌舞地，秦中自古帝王州"，两句话道尽了玄宗晚年的歌舞升平，不理朝政，终于招致安禄山的叛变、帝国的解体。

第七首是全诗的最低潮："织女机丝虚夜月，石鲸鳞甲动秋风。波漂菰米沉云黑，露冷莲房坠粉红。"四句描写长安昆明池的落寞凄清，以此来暗示唐帝国目前的处境。对应于这种国家命运的是"关塞极天惟鸟道，江湖满地一渔翁"的个人命运。在这里，两者的关系再度结合在一起。

相对于第七首的黯淡凄凉，在最后一首里，诗人怀想起过去的承平岁月：

昆吾御宿自逶迤，紫阁峰阴入渼陂。

香稻啄余鹦鹉粒，碧梧栖老凤凰枝。

佳人拾翠春相问，仙侣同舟晚更移。

彩笔昔曾干气象，白头吟望苦低垂。（649页）

　　前六句呈现一幅安详（五、六句）、稳定（第四句）、富足（第三句）的太平时代喜乐图，全体意象的色泽之美几乎要构成"黄金世界"的美景。但令人要饮泣吞声的是，这样的美景却是由落魄至白头的诗人所回忆起来的，而目前国家的真相则是第七首所表现的零落不堪。因此这第八首几乎要给人一种凄凉的挽歌的感觉——是大唐帝国太平盛世一去不返的挽歌，也是生活在这个大变动时代的不幸的个人的挽歌。

　　《秋兴》八首描写了一个时代，以及这个时代中的一个人（杜甫自己）。杜甫深切地感受到，时代的不幸是个人不幸的源头。在这种时代中，个人很难有机会发挥自己的才能。杜甫对于自己虚度一生是非常不甘心的，由此，他就进一步思考，过去的历史人物是否也都像自己一样，虽然从小就满怀壮志，最后却一事无成。杜甫从不同的历史时代，选出不同的人物来思考。在杜甫笔下，我们看到这些人物的生命都没有得到完全的发挥，然后我们就会得到杜甫在诗中所要暗示的结论：从过去的历史看起来，个人生命未能充分实现的悲剧是处处可见的。这就是《咏怀古迹》这一组诗的主题。表面上它写了五个历史人物，但要表现的主题却是生命实践的不可能。

　　从这样的主题来看，《咏怀古迹》这五首诗要分成前后两组来看：前三首为一组，后两首为一组。前三首所写的是庾信、宋玉和王昭君。这三人的生命形态都很类似，他们的遭遇使得他们原本美好的生命完全被埋没掉。王昭君可以说是这一类人物的最佳代表。一个天生丽质的美人，本该在深宫中得到君王的宠爱，享尽人间的荣华富贵。但却被荒谬地抛掷到渺无人迹的大沙漠中，把最宝贵的天赋美质丢弃掉。"人才"浪费的悲剧有比这个例子更突出的吗？"千载琵琶作胡语，分明怨恨曲中论"，这首诗所表现的不甘与愤慨使其成为《咏怀古迹》的第一个高潮。

接下来的第四首，笔锋一转，写了一个历史难得一见的良臣幸遇贤君的例子。"一体君臣祭祀同"，千秋万岁之后，人们对刘备与诸葛亮的一体礼敬，似乎肯定了人的生命也有趋于完满的可能。然而，这并不是本诗所要表达的意思。本诗主要是作为引子，以引起下一首更富悲剧性的诗：

> 诸葛大名垂宇宙，宗臣遗像肃清高。
> 三分割据纡筹策，万古云霄一羽毛。
> 伯仲之间见伊吕，指挥若定失萧曹。
> 运移汉祚终难复，志决身歼军务劳。（653 页）

以诸葛亮的才华，再加以得君如此，应该可以一展抱负，了无遗憾的了。然而不是。诸葛亮生长在大厦将倾、独木难支的汉末，他虽然才比伊尹、吕望，但时势只允许他造成一个三分割据的局面，而这只需要他整个才华中的"一羽毛"就可以应付了。他绝大部分的才能还是被埋没掉。他只能以"鞠躬尽瘁，死而后已"的精神来报答知己，只能在历史的局限中尽到他所能尽的力量。

王昭君式的悲剧是，历史完全不给她机会；诸葛亮的悲剧则是：历史给了他机会，但却又讽刺式地把他放在无能为力的历史情境中。这两种悲剧都存在，才能完整地证明，个人在历史中无法充分实现自己才能的悲哀。而这就是整个《咏怀古迹》五首所要表达的主题。

　　杜甫无疑是以自己的命运为基础，来构想《咏怀古迹》这一组诗。假如他没有感觉到，自己的生命完全在不幸的历史时代浪费掉，他也就不会去关怀，在过去的历史里是否有同样的个人悲剧存在。而在《咏怀古迹》里，他也很巧妙地把自己的影子织入全诗之中。第一首所写的庾信和他自己几乎无法分开，而在第二首的开头，他又说：

　　　　摇落深知宋玉悲，风流儒雅亦吾师。
　　　　怅望千秋一洒泪，萧条异代不同时。（651 页）

　　这就公开地把自己的命运认同于宋玉。借着这种方式，杜甫的命运就穿插到全诗的历史架构中。因此，杜甫在历史中沉思个人生命的悲剧时，间接地也就替自己的一生下了结论，而这一组咏古诗，无形中也就成了自叙诗。杜甫就以这么曲折的方式，写出了中国文学史上最特殊的一组怀古诗。

　　杜甫晚年写了《秋兴》八首和《咏怀古迹》五首；再往上推，他在四川平静的生活中写了《绝句漫兴》九首和《江畔独步寻花七绝句》；再往上推，在逃难的高潮，他创作了《同谷县作歌七首》和二十四首纪行诗；再上去就是“三吏三别”、《羌村》三首、《喜达行在所》三首、《哀江头》和《哀王孙》；再往前看就是结束早期创作的前、后出塞，比这更早的就是《曲江三章章五句》和《秋雨叹》三首。很难想象，一个诗人在二十多年的时间之内，能够写出形式和感情变化幅度这么大的这许多连章作品。本文只是提纲挈领地点了一下，更详细的分析还有待于将来。

补记：本文写完后，偶然买到已故王仲镛教授的《居易室文史考索》（巴蜀书社，2011），其中一篇《在夔州精心结撰的一组史诗——杜甫〈洞房〉八首浅说》谈到，这八首诗"结构井然，意义连贯"（130页），"从开元、天宝到广德、大历，从玄宗的生前行乐到死后凄凉，从国事到自己的生事，以至于一代的兴衰治乱、国计民生，一齐概括在内，然而写来却举重若轻，诗味盎然"（140页）。并认为，这是杜甫"诗史"独特的表现方式。这一方面可以跟本文所论相互印证，一方面也提醒我们，杜甫可能还有不少连章作品有待我们去发现、去分析。另外，王教授在谈到《江畔独步寻花七绝句》时，又说"组诗容量较大，有利于表现更为复杂的生活和思想感情，杜甫在这方面下过很大功夫，各种体裁都创作了不少成功的作品。最先致力于五律，承六朝初唐遗绪，加以发展变化，运用自如。至于七律，是在夔州时期才大量组诗的。而七绝的组诗，则是在成都时期开始大量出现"（168页）。所论均与本文一致。事实上，前人注杜诗、论杜诗，早就有不少人注意到杜甫这一引人注意的创作方法，本文不过是更全面而综合地加以讨论，并指出这种连章结构的方法在突破短小抒情诗的限制时，具有重大的诗学意义，一般人在讨论中国的抒情传统时，尚未给予足够的重视。

2012 年 6 月 30 日初稿
2013 年 10 月 28 日修订

附　录

附录一　杜甫行迹及创作年表

本年表据《杜诗详注·杜工部年谱》，参酌《读杜心解·少陵编年诗目谱》编成，各时期存诗数量的统计主要根据《杜诗镜铨》稍加修订[1]。

玄宗先天元年壬子（712）
杜甫生。（本年八月睿宗让位于玄宗，玄宗即位，改元。）

玄宗开元元年癸丑（713）

玄宗开元十九年辛未（731）
杜甫年二十，游吴越（苏州、绍兴一带）。

玄宗开元二十三年乙亥（735）
杜甫自吴越归，赴京考进士，不第。

---

[1]《杜诗镜铨》《杜诗详注》《读杜心解》三书所列杜诗编年顺序略有差距，我目前尚无能力比较其得失，只能就我较为熟悉的《杜诗镜铨》来统计。

玄宗开元二十四年丙子（736）

杜甫二十五岁，《游龙门奉先寺》可能作于此年，此诗也可能是杜甫存诗之最早者。

玄宗开元二十五年丁丑（737）

游齐赵（山东北部、河北南部），《望岳》一诗作于此时。

玄宗开元二十九年辛巳（741）

在东都洛阳。

玄宗天宝三载甲申（744）（五月改年为载）

杜甫在东都洛阳，李白自长安赐金放归，两人在此相识，杜甫作《赠李白》（二年客东都）。

玄宗天宝四载乙酉（745）

杜甫与李白、高适等人同游梁宋（河南开封、商丘一带）、齐鲁（山东）。梁宋之游杜甫未有存诗；齐鲁，杜甫赠李白之作存三首，李白赠杜甫之作存两首。

玄宗天宝五载丙戌（746）

杜甫往长安，因玄宗下诏，凡以为有一艺以上者均可赴京候试。

玄宗天宝六载丁亥（747）

应诏入京者，全部被宰相李林甫黜落，杜甫愤而作《奉赠韦左丞丈二十二韵》一诗。

玄宗天宝十载辛卯（751）

杜甫年四十，进《三大礼赋》，玄宗奇之。

玄宗天宝十一载壬辰（752）

玄宗命集贤院学士召试杜甫，将杜甫名籍列入候选官员名单。

本年秋，与高适、岑参、储光羲、薛据同游慈恩寺，作《同诸公登慈恩寺塔》。

玄宗天宝十三载甲午（754）

长安物价暴贵，杜甫可能于此年或次年年初，将家安置于奉先。

玄宗天宝十四载乙未（755）

杜甫终于授官，先授河西尉，杜甫不肯接受，改为右卫率府胄曹参军。十一月，杜甫自京城赴奉先省家，作《自京赴奉先县咏怀五百字》。同月，安禄山反。

安史乱前，杜甫存诗约 135 首[1]。

玄宗天宝十五载、肃宗至德元载丙申（756）

七月，肃宗即位于灵武，改元。

五月，杜甫自奉先往白水依舅氏崔少府。六月又至自白水往

---

[1] 《杜诗镜铨》卷首至卷三《奉先刘少府新画山水障歌》，另加《行次昭陵》《重经昭陵》（《杜诗镜铨》卷四）、《石砚》（《杜诗镜铨》卷十二）3 首。据最近出版的《杜甫全集校注》（人民文学出版社，2014）考订，此三首作于安史乱前。

郾州。闻肃宗即位于灵武，自郾州奔赴行在凤翔，陷长安贼中。

肃宗至德二载丁酉（757）

春，在长安。自去年至本年春末，**存诗27首，大半为长安贼中作**（包括《哀王孙》《哀江头》《春望》《月夜》等）。[1]

四月，自长安脱走，至凤翔，拜左拾遗。八月，还郾州省家。十月，肃宗收复长安，杜甫随后自郾州回长安。

肃宗乾元元年戊戌（758）（二月复以载为年）

自去年四月至本年六月，**存诗60首**（包括《喜达行在所三首》《羌村三首》及《北征》等）。[2]

六月，出为华州司功参军，冬晚，之东都洛阳。

肃宗乾元二年己亥（759）

春，自东都回华州。其时长安、洛阳一带饥馑，七月，杜甫弃官西去，客秦州。

自去年六月贬华州，至本年七月弃官，**存诗39首**（包括"三吏三别"）。

十月，自秦州往同谷，不久即赴蜀，十二月，至成都。

居秦州，及自秦州至成都，半年间**存诗120首**（含《佳人》《梦

---

[1]《杜诗镜铨》卷三自《晦日寻崔戢李封》至《郑驸马池台遇郑广文》。

[2] 自《杜诗镜铨》卷三《喜达行在所三首》至卷五《立秋后题》，扣除《行次昭陵》《重经昭陵》二诗。

李白二首》《同谷县作歌七首》及二十四首纪行诗）等名作）。[1]

杜甫入川前（48 岁），共存诗 380 首。

肃宗上元元年庚子（760）

卜居城西浣花溪，营草堂。冬晚，间至新津。

肃宗上元二年辛丑（761）

在成都草堂，间至新津、青城及蜀州（新津、青城均为蜀州属县）。

代宗宝应元年壬寅（762）

在成都草堂。

春末，严武至成都任西川节度使。秋，严武还朝。

自上元元年至本年秋，在草堂两年半，**存诗 170 首**。[2]

杜甫送严武至绵州，其时西川兵马使徐知道反，因入梓州。

十二月，往射洪、通泉，皆梓州属县。

代宗广德元年癸卯（763）

在梓州，间往汉州。秋，往阆州，冬晚，复回梓州。

本年，召补京兆功曹参军，不赴。

---

[1] 自《杜诗镜铨》卷五《贻阮隐居》至卷七《成都府》。又，据《杜甫全集校注》，《杜诗镜铨》卷八《所思》（郑老身仍窜），应移至此一时期。

[2] 自《杜诗镜铨》卷六《酬高使君相赠》至卷九《溪涨》，扣除前注所提到的《所思》。草堂时期所作难以分辨哪些作品是哪一年创作，故综合统计。

代宗广德二年甲辰（764）

春，赴阆州，本欲东下，闻严武再镇成都，杜甫即于二月还成都。

自宝应元年秋至本年春首，在梓、阆之间一年半有余，**存诗183首**。[1]

夏末，入严武幕参军事，严武表请为检校工部员外郎。

代宗永泰元年乙巳（765）

正月，辞严武幕，归草堂。不久，离成都南下。[2]

自去年二月回成都，至本年离去，**存诗81首**。[3]

总计杜甫在蜀中五年有余，**共存诗434首**。

自成都南下，经戎州、渝州、忠州，秋，至云安。

在云安患肺病，住半年左右。

自离蜀至居云安，**存诗45首**（大半在云安作）。[4]

----

[1] 自《杜诗镜铨》卷九《大麦行》至卷十一《将赴成都草堂途中有作先寄严郑公五首》。《杜诗镜铨》卷十一《将赴荆南寄别李剑州》一诗，据《杜甫全集校注》新考订，为夔州时期所作，应扣除。

[2] 杜甫何时离蜀、为何离蜀，史文不明。陈尚君教授有《杜甫为郎离蜀考》《杜甫离蜀后之行止原因新考》两文（见陈尚君《唐代文学丛考》，中国社会科学出版社，1997），考证杜甫被朝廷征为郎官（应为严武所荐），故立即离蜀南下，其实严武尚在任。其后，杜甫在云安、夔州长期卧病，未能赴朝，故失去郎官之位。二文考证精详，可从。

[3] 自《杜诗镜铨》卷十一《春归》至卷十二《三韵三首》，扣除《寄李十二员外布十二韵》（《杜诗镜铨》卷十一，据《杜甫全集校注》，此诗应作于两湖时期。

[4] 自《杜诗镜铨》卷十二《去蜀》至《寄岑嘉州》，扣除《石砚》一首，据《杜甫全集校注》考订，此诗应作于安史乱前。

代宗大历元年丙午（766）

春中自云安至夔州，寓西阁。

代宗大历二年丁未（767）

在夔州。春，迁居赤甲，三月迁瀼西，秋，迁东屯，不久，复归瀼西。

代宗大历三年戊申（768）

在夔州，三月出峡。在夔州两年，**存诗483首**。[1]

出峡至江陵。秋，移居公安。冬晚，之岳州。

代宗大历四年己酉（769）

自岳州至潭州，又至衡州，不久，复回潭州。

代宗大历五年庚戌（770）

在潭州。夏，避臧玠之乱，逃至衡州。

欲入郴州，在耒阳遇水患，回潭州。

秋冬之间，病卒，年五十九。[2]

---

[1]　自《杜诗镜铨》卷十二《移居夔州作》至卷十八《大历三年春白帝城放船出瞿塘峡久居夔府将适江陵漂泊有诗凡四十韵》，另加《将赴荆南寄别李剑州》。夔州所作难以分辨写作年份，故混合计算。

[2]　杜甫去世时间、地点向有二说，一说大历五年夏卒于耒阳附近，一说大历五年秋冬之际卒于潭州附近，《杜诗详注·杜工部年谱》有考辨，应以后说为是。

在两湖两年有余，**存诗 154 首**。[1]

编完后记：杜甫自左拾遗贬出华州以后，应酬诗不多，如"三吏三别"、秦州杂诗、二十四首纪行诗等，均有感而发。夔州诗多达 483 首，绝大部分也是如此。间有四十韵、五十韵、一百韵长律寄给亲友，这些诗均流传于后世。这都说明，杜诗传抄似极少遗漏。因此，我在校读后记所引解志熙教授之说（杜甫早期作品流传不多，主要原因为杜甫自己删除，而非佚失），颇有道理，应予考虑。

2015 年 5 月 28 日

---

[1] 自《杜诗镜铨》卷十八《巫山县汾州唐使君十八弟宴别……》至卷末，另加《寄李十二员外布十二韵》一首。《杜诗镜铨》将伪诗二首及互见诗四首附于卷末，故实际编年诗 1451 首。按，互见诗四首应非杜甫所作，另二首伪诗，杨伦只云"纤仄"或"凡浅"，并无确证，即断为伪诗，似不妥。故现存杜诗共 1453 首。

附录二　杜甫行迹图

本图为作者据谭其骧主编《中国历史地图集》(隋·唐·五代十国时期) 第38—39页元和方镇图所绘。行迹参见附录一。

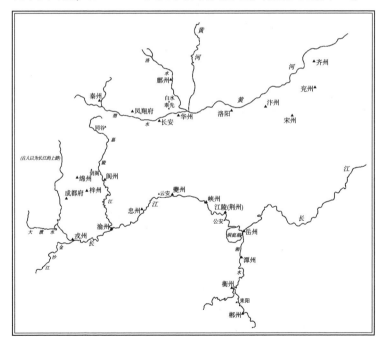

附录三 "杜甫诗"课程提纲及讲授篇目

一、安史乱前

1. 会当凌绝顶，一览众山小——青年杜甫的气象

   望岳　房兵曹胡马　画鹰

   饮中八仙歌　天育骠骑歌

2. 残杯与冷炙，到处潜悲辛——长安的落魄生涯

   奉赠韦左丞丈二十二韵　醉时歌

   乐游园歌　曲江三章章五句

3. 惜哉瑶池饮，日晏昆仑丘——政治的觉醒

   同诸公登慈恩寺塔

   丽人行　兵车行

   前出塞九首　后出塞五首

   自京赴奉先县咏怀五百字

二、安史乱中

4. 国破山河在，城春草木深——战乱中的国与家

　　悲陈陶　悲青坂　对雪　塞芦子

　　哀王孙　哀江头　春望　月夜

　　北征

5. 万国尽征戍，烽火被冈峦——战乱中的人民

　　羌村三首　彭衙行　赠卫八处士

　　新安吏　潼关吏　石壕吏

　　新婚别　垂老别　无家别

6. 三年饥走荒山道——艰苦的逃难岁月

　　佳人　梦李白二首　有怀台州郑十八司户

　　发秦州　铁堂峡　乾元中寓居同谷县作歌七首

　　水会渡　成都府

三、四川时期

7. 清江一曲抱村流，长夏江村事事幽——短暂的清闲生活

　　卜居　江村　田舍　客至

　　江涨　春夜喜雨　春水生二绝　春水

　　江畔独步寻花七绝句　茅屋为秋风所破歌

8. 风尘颯洞兮豺虎咬人——奔走于梓、阆之间

　　光禄坂行　客夜　客亭

闻官军收河南河北　桃竹杖引赠章留后

遣忧　早花　释闷　忆昔二首（之二）

春归　题桃树

四、晚期作品

9. 万里悲秋常作客，百年多病独登台——苦难中成熟的
七律

野望　登楼　宿府

阁夜　登高　将赴荆南寄别李剑州

10. 彩笔昔曾干气象，白头吟望苦低垂——回望一生

丹青引　观公孙大娘弟子舞剑器行

秋兴八首　咏怀古迹五首

11. 飘飘何所似，天地一沙鸥

旅夜书怀　江汉

短歌行赠王郎司直　夜闻觱篥

登岳阳楼　江南逢李龟年

1983 年，我在台湾清华大学中文系，初次讲授杜甫诗，草有
提纲一纸，夹在诸散稿中。今遍寻不着，凭记忆重补，犹仿佛七
八。此次讲授，印象至深，犹记某次课后，心情激荡，对案而不
能下箸。

杜诗一千四百五十余首（据浦起龙《读杜心解》统计，共
1458 首），至少需选八百首，始能曲尽其妙。此一选目，意在突

显杜甫一生行迹之大节，与夫诗作关乎时代之关键，其后《不断成长的诗人》《杜诗连章结构的诗学意义》二文即据此而草成。若能读此二文，则知此一选目之用意，其非完整的杜诗选集亦可晓然矣。

2014 年 11 月 16 日记

后　记

　　1968 年 9 月到 1969 年 6 月，作为台湾大学中文系本科二年级的学生，我们有幸上到叶嘉莹先生的"诗选"课。这是叶先生最后一次在台湾上课，第二年她就到美国去了，随即又到了加拿大。那一年，叶先生还为大三、大四的学生开"杜甫诗"，我想去旁听，可惜教室"太小"了，我怎么也挤不进去。事实是，作为小学弟，我不好意思和学长们抢位子。

　　不过，就在"诗选"课上，叶先生花了好几个星期讲杜甫诗，给我留下极深刻的印象，激发我进一步阅读杜甫诗的欲望。那时候，我从大四学长吕兴昌处借到一本《杜甫诗选》（很久以后才知道，这是冯至编选的），一读之下，极为惊讶，因为我看到了一种我以前既不熟悉，现在又让我极感兴趣的诗歌风格。接着，我开始细读杨伦的《杜诗镜铨》，在很短的时间内，就把前八卷读完了（跳过用典繁多的排律）。

　　大三的时候（1970 年），我的大学长吴宏一负责为《中外文学》杂志的中国文学组稿，问我能不能给他一篇稿子，我因此写了《杜诗与日常生活》。因为我是本科的学生，发表时就用了一个不为人知的笔名"李石"。今年年初，我在整理自己的著作目录时才发现，原来这篇文章写得这么早，自己都非常惊讶。

大约1979年，我在东吴大学读博士班时，郑骞先生开了一门"六朝诗"，事实上就只讲谢灵运和鲍照二人。之前我已读过谢诗，但鲍照诗我却是第一次通读，一读之下就好像发现了新大陆，因为我突然警觉到，影响杜甫最深的前代诗人原来是鲍照。我把这个感想写成一篇读书报告《鲍照诗小论》（1980年发表），郑先生看完报告后，非常高兴，这大概是他第一次公开褒扬我。顺便说一句，我对谢灵运诗较深入的领会，也得益于郑先生这一次的讲授。

有了这个基础，我在1982年1月到5月间撰写博士论文《元和诗人研究》时，杜甫与元和诗人的关系就成为论文的重点之一。事实上，本书所收入的《元和诗人与杜甫》和《元和诗的日常生活意识与口语化倾向》都是从博士论文中摘录出来的，发表时只有极微小的改动。

1983年至1985年，我在台湾清华大学中文系两次讲授"杜甫诗"，这些经验加深了我对杜甫的认识。1988年我准备升教授，花了将近一年的时间撰写《杜甫与六朝诗人》（1989年出版）。很可惜的是，也就在1988年，我因为几篇台湾当代小说的评论文章引起注意，稿约不断，终于逐渐把已经成形的研究耽搁了下来。本拟撰写的《不断成长的诗人》和《杜诗连章结构》两文，都是在中断很久以后，利用空档匆忙赶写出来的。

如果我是一个目标明确、意志坚定的人，像目前这样一本书，早就该在1990年中期出版了。20世纪70年代以降，我太过关心台湾的现实政治，陷入痛苦的深渊而不能自拔，以至于自己都不知自己该做什么。说实在的，目前以这样的形式出版这本书，在几个月前连我都想象不到。

2014 年 11 月 18 日

校读后记

一

　　花了一个多星期的时间，我把这本小书细读了一遍，权作校对。上半部《杜甫与六朝诗人》是二十七八年前的旧作，出版后从未再看过。我每读一篇，心里就涌起一阵惊讶，难以理解三十八九岁的我为什么会写出这样一部小书。

　　写这本书，是付出代价的。那时我住的台湾清华大学宿舍，距离我的研究室，步行只需五六分钟。每天吃完晚饭后，稍事休息，我就到研究室读书、写文章，日子过得非常沉静。一段时间后，每到十点左右，我就觉得疲累，必须休息，但脑筋却无法停下来。于是我决定买烟，以抽烟来缓冲紧绷的神经，就这样，我染上抽烟的习惯，至今未改。

　　《杜甫与六朝诗人》出版后，不久我就升了正教授，同时还接了清华（台湾）中文系的系主任。中文系一位年轻的同事，也是我台大的学弟，跟我说：你这本书只能算论文集，不是专著。我怀疑他是否从头到尾读过这本书，但我只是笑一笑，并未跟他争辩。另外一位年纪稍长于我、在台湾学术界一向受尊重的学者，跟我说：你用希科罗夫斯基的理论来谈论谢灵运，非常勉强，难以说服人。我初听有一点惊讶，但因为我一向尊敬他，也没有反驳。记忆中，好像只有我的大学长吴宏一颇为赞许，在我申请"国科会"补助时，让我得到一个小小的"优等奖"（更高一层的是杰出奖）。这件事，我一直谨记在心。

在此之前一年，我把近两三年内所写的台湾当代文学评论，集成《小说与社会》出版，这本小书让我获得一些不虞之誉，我的古典文学研究者身份突然被台湾文学评论家所取代，所以，《杜甫与六朝诗人》出版后，几乎没有听到朋辈的赞许之言，我一点也不感到奇怪。在其后的几年间，我参加硕士论文答辩时，有两篇论文完全以我在《杜甫与庾信》一文中所提出的"杜甫的回忆诗"作为论文的主题，其他年长于我的答辩委员都很惊讶，而且毫不保留地表示不高兴，其中有一位还当着我的面说，年轻学者的意见不要随便相信。因为都是我的师长辈，我当然什么话都不能说。

讲坦白话，二十七八年后重读这本书，我自己竟然觉得："这本书写得真不坏啊！"别人的沉默，好像也导致我自己二十多年来对这本书的忽视，所以，我要再次感谢促成这本书在大陆出版的朋友。

2015 年 5 月 22 日晚

二

去年年初，我整理自己的著作目录时，突然发现《杜诗与日常生活》竟然是本科三年级时候写的。两年后，我决定硕士论文题目时，完全没有想到可以根据这篇文章来发展，却选择了研究白居易和元稹。我想大概是因为研究杜甫的人太多了，我从来不敢想拿杜甫的作品来写一篇硕论。1977年我开始读博士，1979年因为上郑骞先生的"六朝诗"课，我通读了鲍照的诗集，突然发现，鲍照才是杜甫的不祧之祖。但很奇怪的是，我还是没有想到，要以"杜甫与六朝诗人"为题来写博士论文，我仍然按原定计划写完《元和诗人研究》。等到我想写一篇升教授论文时，《杜甫与六朝诗人》的题目，才逐渐在脑海中成形。但是，即使我把这本书写完了，我也不认为自己是一个杜甫诗专家，这也是我没有再接再厉撰写相关论文的原因。杜甫实在太伟大了，我觉得自己还没有研究他的资格。

五月初，我到北京找朋友聊天，因为所住的旅馆距离解志熙教授的家很近，我们很痛快地聊了两个晚上。很难想象的是，志熙竟然一直在跟我谈杜甫，并且还说，杜甫是谈不完的。我也深有同感，但我还是不敢自命为杜甫专家。回到重庆后，我继续在博雅学院为本科生讲授杜甫诗。这个时候，我想编一个杜甫年表让学生参考。在编年表时，我突想搞清楚，杜甫到底流传下来多少诗。我查了浦起龙的《读杜心解》，发现他已经作了精确的统计，1458首，接着我想统计，杜甫在每一段时间内各写了多少诗。按照杨伦编年体的《杜诗镜铨》，杜甫于乾元二年（759）从华州逃难到秦州，又从秦州逃难到成都，在大约半年的时间内，竟然作了119首，而且，绝大部分是极好的作品。这就印证了我的一个主观印象，从秦州到成都，是杜甫创作的一个非常突出的高峰。然后，我就统计杜甫在夔州写了多少诗。杜甫于大历元年（766）春末到达夔州，大历三年三月出峡，在夔州两年有余。按杨伦的编年，共作诗436首，占现存杜诗百分之三十以上，这个比例也是非常惊人的。但是，我根据杨伦本，把杜甫在每一个阶段所作的诗的总数分别统计，再加总，发现竟然是1456首，比浦起龙的数字还少两首。我努力地想要找出我到底在哪个地方出了差错，但我今天已经花了整整一天的时间，还没找到问题所在。我想，我现在大概可以称之为"杜诗的爱好者"了。

5 月 24 日晚

又经过一天的奋斗，我终于把1458和1456的矛盾解决了，我把《读杜心解》每一分卷所注明的首数，全部重算一遍，发现浦起龙在两个地方搞错了：卷一之三是五古57首，而不是他说的55首；另外，卷三之六是五律111首，而不是114首。这样，总数就是1457。我再根据中华书局点校本所附的本书《篇目索引》点算一次，再一次证明确实是1457。有了这个底以后，我想我应该也把杨伦《杜诗镜铨》的数目算错了。于是，我重新检查一次，果然我把《杜诗镜铨》的某一卷少算了一首，《杜诗镜铨》也是1457。现在可以完全肯定，流传下来的杜诗，精确的数字是1457首。当然，这里面有四首又见于别人的诗集，未必是杜甫所作。依我的看法，这四首应该不是杜甫的作品，所以，实际流传下来的杜诗数量是1453首。我花了整整两天的时间，终于得出这个数字，自己还是觉得挺有价值的。

我又想起我和志熙聊杜诗时，他所说的一段话。他说，杜诗能够相当完整地流传下来，宋人的整理功不可没。但是，想得更深一点，我们也许更应该感谢韩愈、元稹和白居易三个人。他们在贞元、元和之际大力推崇杜甫，让杜甫普遍为当时人所知。韩、元、白三人是当时最著名的文人，他们的意见不能不影响到杜诗的传抄。应该说，自元和年间开始，杜诗就一直传抄不断，这样，宋人才有了据以整理的好基础。杜甫卒于大历五年（770），到元和元年（806）也不过三十六年，元和八年癸巳（813），杜甫的孙子杜嗣业，将迁葬杜甫时，路过江陵，请元稹为杜甫写墓志铭，其时距杜甫之卒也不过四十三年。杜甫把他的诗集传给他最喜欢的儿子宗武，宗武传给嗣业，元稹一定可以从杜嗣业手中看到完整的杜诗抄本。杜诗应该是很完整地流传下来的，杜甫早期的诗作所存不多，也许是杜甫自己不想保留，而不是失传。志熙的话非常精彩，我好像没有看过类似言论。这一点，既可补充本书的第九章，也可以提供唐诗学者参考，因此，特别在这里记上一笔。

5月26日晚